탈식민지 시대 지식인의
글 읽기와 삶 읽기 1

바로 여기 교실에서

탈식민지 시대 지식인의
글 읽기와 삶 읽기 1
바로 여기 교실에서

조혜정 지음

도서출판
또 하나의 문화

나는 여기서
"자신의 문제를 풀어갈 언어를 가지지 못한 사회,
자신의 사회를 보는 이론을
자생적으로 만들어 가지 못하는 사회"를
'식민지적'이라고 부르고자 한다.
여기서 '식민지성'은 딱히 구체적인 역사적
사건과 관련된 현상을 뜻하기보다는
지식과 삶이 겉도는
현상을 뜻한다.

책 머리에

1.

 이 책은 겉도는 글, 헛도는 삶에 관한 책이다. 글을 읽을 때 우리는 당연히 그 내용을 우리 자신의 삶과 연결하여 적극적이고 창조적으로 읽어낸다. 당연히? 아니, 대부분의 우리는 그렇게 하지 않는다. 이 책에서 나는 왜 우리가 책을 자신의 삶과 연결지어 읽어내지 못하는지를 캐묻고 있다. 인문사회과학 계통의 책을 읽으면서 텍스트를 자신의 삶과 연결지어 적극적이고 창조적으로 읽어내지 못한다는 것은 무엇을 의미하는가? 대다수의 대학생들이, 그리고 활동하는 지식인들이 그렇게 된 이유는 어디에 있을까? 이런 상황에서 벗어나기에 도움이 될 묘안은 없을까? 이런 질문을 던지다 보니 작게는 우리 사회의 현행 입시 위주 교육이 생산해 내는 '인간'에 대해, 크게는 지난 일세기에 걸친 근대적 지식 생산과정에 나타난 '지식인'에 대해 생각이 모아지고 있었다. 간단히 말해서 이 책은 자아 성찰의 기록이며 '지식과 식민지성'의 문제를 다루고 있다.
 개인적으로 나는 더이상 '겉도는 강의'를 하지 않기 위해 이 책을 써야 했다. 어떤 과목을 강의하든 이 '지식과 식민지성'의 문제는 본격적인 토론을 하는 데 커다란 걸림돌이 되어 왔다. 이 책에 담긴 나의 선생으로서의 고민은 나만의 것은 아닐 것이다. 사회과학자만이 아니라 인문과학을 가르치는 동료 교수들도 이 문제로 많은 고민을 하고 있음을 나는 잘 알고 있다. 얼마 전 문학을 가르치는 한 친구는 자신의 심정을 다음과 같이 표현했었다: "나는 이제 오파상 문을 닫는다." 그의 선언은 매우 비장하게 들렸는데 나 역시 이 책에서 그런 선언을 하고 있다. 이제 '식민지 지식인의 옷'을 벗겠다는 것이다. 이 책을 씀으로써 이제 좀은 가뿐한 마음으로 교실에 들어갈 수 있을 것 같다.

그런 면에서 이 책은 '가르침'과 '배움'에 관한, 곧 '페다고지에 관해 생각해 보는' 책이기도 하다. 강의를 하지 않기로 한 나의 결심이 학생들을 '배움'으로 이끌었고 이 책의 지면을 가득 채우고 있는 학생들의 소리가 선생인 나를 '가르쳤다'. 여기에 실린 학생들의 글은 분명 오랫동안 90년대 전후 지성사를 알아가는 데 중요한 자료로 남으리라 생각한다. 이 책은 작은 교실 상황에서 내뱉아지고 되받아지고 또 모아지는 말을 살펴보고 있지만, 실은 여성이 '최초의 식민지'가 된 이래의 장구한 인류 역사에서부터 지난 한 세기에 걸친 한국의 구체적 식민지 역사, 그리고 '종말론적' 위기 상황이라고 말해지는 후기자본주의적 상황에 이르기까지 광범위한 영역을 다루고 있으며 근본적인 시각 전환을 주장하는, 의도가 강한 글인 만큼 논의가 거칠고 단순화된 부분이 없지 않을 것이다. 독자들은 누구에게 무엇을 배운다는 생각보다 자아 성찰을 위한 토론에 참여하는 자세로 적극적인 책 읽기를 해주었으면 한다.

원래 이 책은 한 권의 책으로 출간될 예정이었는데 초고를 읽은 이들의 지배적 의견에 따라 두 권으로 나누어 내게 되었다. 우선 분량이 많은데다가 앞부분과 뒷부분의 연결이 내용에 있어서나 논의의 수준에서 약간 무리한 데가 있다는 의견이었다. 첫번째 책은 교실 상황에서 실제 있었던 자아 성찰적 토론을 토대로 우리가 어떻게 책을 읽고 또 삶을 읽어 내는지를 '보여주고' 있다. 두번째 책은 이러한 상황을 극복해 가기 위한 방법론을 다루고 있는데 '보여주기' 식의 서술보다는 논리적 설명과 주장이 강한 '말하기' 식의 서술형이다. 나는 이 글을 새로운 문화를 만들어갈 새로운 세대를 염두에 두고 썼다. 강의실에서 이루어지는 그러한 만남이 책을 통해서도 이루어질 수 있을지……

2.

그 동안 종잡기 어렵다고 악평이 나 있는 나의 강의 〈문화이론〉을 수강했던 학생들, 특히 1991년 봄학기에 이 강좌를 수강한 학생들이 이 책의 주인공들이다. 이 책 속에 그들의 말이 담겨져 있으며 혼자 작업하는 동안에도 내내 그들이 내 마음 속에 있었다. '식민지 지식인'의 범주에서 제대로 벗어나지 못해서인지 아직도 글을 쓰면서 나는 자주 허망함을 느낀다. '책 쓰기'를 중단하고 싶은 충동이 일 때 나를 잡아끈 것은 바로 내 마음 속에 자리한 그들의 진지한 모습이었다.

실질적으로 이 책에는 더 많은 사람들의 생각이 실려 있다. 1991년 가을 학기 〈현대사회론〉을 수강한 대학원생들은 이 책의 일부를 읽고 여러 가지 토론과 아울러 자신의 글 읽기에 대한 솔직한 반성의 글들을 써주었다. 또, 겉도는 연구가 아닌 '진짜' 연구를 해보자고 금요일 저녁이면 모여 많은 이야기를 나누어온 '문화/권력 연구모임'의 친구들, 우리 모두는 시인이면서 소설가이면서 문학평론가이면서 문화비평가이면서 사회이론가이면서 연극연출가이면서 영화제작자가 되는 것이 꿈이다. 이 책의 완성된 초고를 읽고 대폭 수정을 강요해온 것도 그들이다. 끝으로 딸의 표현을 빌면 "엄마의 쉼터이자 교회인" 〈또 하나의 문화〉 편집 동인들, 나는 그들과 함께 많은 일들을 벌여왔다. 그들과 함께 일하면서 얻은 '새 문화 만들기'에 대한 확신이 없었다면 나는 여전히 방황중일지도 모른다. 이 책을 쓰는 동안 나는 〈또 하나의 문화〉 월례논단에서 종종 '민족' 문제로 논쟁을 벌인 벗, 지금은 지리산 뱀사골 어딘가에, 아니 천왕봉 근처에서 정령이 된 고정희 시인을 자주 생각했다. "자기는 왜 그래?" 하며 나의 '민족 사랑 부족함'을 비난하던 그의 '오해'를 나는 끝내 풀어주지 못했다.

이 책 전반을 통해 우리들의 '구체적 만남'에 커다란 의미를 걸고 있는 나의 의도를 읽어내 주기 바란다. 동시에 이 책에서 간간히 부렸을지 모르는 횡포도 너그럽게 받아주고…… 작은 공동체가 깨지면서 활성화된 문자매체는 새로운 공동체가 만들어지지 않은 지금까지 여전히 인간적이기보다는 횡포한 매체로 남아 있음을 인정하지 않을 수 없다. 나는 궁극적으로 이 책에서 '서로 마주보며 하는 말'이 중심이 되는 공동체 만들기에 대해 이야기하고 싶었다. '삶'과 '말'과 '글'의 거리가 좁혀진 세상, 우리가 원하는 바의 공동체가 만들어질 때 문자매체는 보다 선한 기능을 갖게 되리라.

1992년 3월 17일 신촌에서 저자 씀

감사의 말

이 책의 초고를 읽고 많은 자극과 실질적인 도움을 준 이들, 김성례, 이영자, 김찬호, 박일형, 김혜순, 김애령, 이상화, 정유성, 조형, 조옥라, 이수정, 김경미, 이지훈에게 감사한다.

겁없이 이미지를 활용해 보고 싶었다. 사진 도서관이 제대로 없다는 것을 알았고, 이 땅의 문화적 척박함을 또 한 번 절감하였다. 현장 분위기 뿐 아니라 우리 속 분위기까지를 드러내는 사진을 구하려고 여러 곳을 다녔다. 월간《우리 교육》의 이경호 기자, 계간《진리·자유》의 양진 기자, 그리고 삽화를 그려준 전기윤씨와 박은국씨의 도움이 컸다. 표지 디자인을 맡아준 정병규 선생, 출판을 맡아준 도서출판 또 하나의 문화의 주춧돌 안희옥씨께 고마움의 마음을 전하고 싶다.

이 책 군데군데에 인용되고 있는 문구의 주인들에게 인사를 하고 싶다. 비교적 최근에 나온 책의 저자인 이인성, 김혜순, 역자인 이진우 선생께는 직접 허락을 받았지만 다른 이들에게는 지면을 통해 고마움을 전한다.

차례

탈식민지 시대 지식인의
글 읽기와 삶 읽기 1
바로 여기 교실에서

책 머리에 —————————————————— 6
1장 겉도는 말, 헛도는 삶 ————————————— 15
2장 저자란 무엇인가? ——————————————— 39
3장 텍스트의 역사성과 당파성 ——————————— 61
4장 문화 읽기는 왜 어려운가? ——————————— 87
5장 예비지식인의 책 읽기 반성 —————————— 125
6장 삶을 이야기하는 교실 ———————————— 187
따로 읽기—박완서 문학에서 비평은 무엇인가? ————— 195
찾아보기 ——————————————————— 255

꼴라쥬 - 김호근 편집 스튜디오

과학기술주의와
거대관료주의 시대로 들어서면서
세계 구석구석에 "일상적 삶이 식민화되고
있다"는 위기감이 감돌고 있으며 중심과 주변,
타자화된 주체와 권위적 언설의 해체 등이
이 시대의 문제를 풀어가는 주요 개념으로 부각되고
있다. 지난 3-4세기 동안에 있은 제국주의적
역사 진행이 중심과 주변에 사는 모든 이들의
삶을 황폐하게 만들어 버렸다는 것을 우리는
지금 피부로 느끼고 있지 않은가?

1장 겉도는 말, 헛도는 삶

> 우리의 지식인 사회는 식민지성에 찌들어 있다.
> 우리는 우리 자신의 문제를 토론할 언어를 제대로 갖고 있지 못하다.

본론에 들어가기 전에 제목에서 던져진 단어를 중심으로 말머리를 풀어가 보려고 한다. 왜 '삶 읽기'이며 왜 '지식인'이며 왜 '탈식민지 시대'인가? 왜 '삶 읽기'가 중요하며 그것이 왜 구태여 '글 읽기'와 나란히 등장하는가? 대중사회로 들어서는 지금 왜 새삼스럽게 '지식인'을 들먹이며, 또 지금쯤은 잊어버려도 좋을 '식민지'라는 단어는 왜 들고 나오는가?

먼저 왜 내가 '삶 읽기'에 집착하는지 얘기해 보겠다.

인간이 지금까지 지구상에 생존해올 수 있었던 근거 중 하나는 자기 성찰 능력일 것이다. 자기가 처해 있는 상황을 객관적으로 바라볼 수 있고 그 판단에 따라 고쳐갈 수 있었기 때문에 인간은 생물 중에서 매우 약한 신체를 지닌 동물임에도 불구하고 스스로를 '만물의 영장'이라 일컬으며 이제껏 살아왔다. 인간은 자신의 '삶 읽기', 곧 자기 성찰과 자기 진단을 끊임없이 하고 스스로를 고쳐나감으로 살아남았던 것이다. 현대는 이 '자아 성찰'의 능력이 '의식적인 수준에서' 크게 강조된 시대이다. 그리고 그 능력이 인류 역사 어느 때보다도 문제시되고 있는 때이기도 하다. 급속한 속도로 진행된 거대규모의 산업자본주의화가 나름대로 충분한 자아 성찰을 토대로 이루어져 왔는가? 인간은 이 어려운 시대도 역시 '지혜롭게' 극복해 갈 수 있을까?

소위 '선진국'들의 강압에 밀려 근대화를 급격하게 추진해야 했던 제3세계의 경우를 살펴보면 이 자아 성찰의 작업이 더욱 문제가 되고 있음을 알게 된다. 그것은 심하게 비틀어져 있다. 그들은 외부 자극에 의한 급한 변동 과정에서 자기 진단을 차분히 해낼 여유가 없었을 뿐더러 설혹 성찰을 한다 하더라도 '서구'라는 절대기준에서 벗어날 수 없었던 것이다. 우리의 경우에 국한해서 보면 우리가 '근대적 언어'를 가지기 시작한 것이 일제 강점기를 지나면서였던 만큼 우리의 자아 성찰은 다분히 식민지적 틀 속에 가두어진 상태에서 이루어졌다. 그래서 우리의 자아 성찰은 사회를 총체적으로 건드리는 성찰이 되기에는 크게 모자랐던 것이다.

이 책은 자아 성찰의 부족함이 일상사의 무대에서 어떻게 나타나고 있는지를 다루고 있다. 자기 자신에 대한 성찰을 유보하거나 회피하는 것, 일상적 대면이 진정한 대면이 되지 못하는 것, 자아 성찰의 형태로 가장한 언설들이 더 깊은 자기 기만을 낳는 현상에 대해 이야기하겠다는 것이다. 이 글을 쓰면서 나는 여러 번 지겹고 괴로왔다. "왜 우리들의 패배주의적 감상을 또 자극하는가? 안 그래도 괴로운데……" 라는 항의의 소리가 들려오는 듯했다. 다른 편에서는 자신감에 넘치는 새로운 자기 규정의 소리가 들려오고 있었다. "선진국 대열에 들어섰다. 조금만 더 허리띠를 졸라매자! 우리는 해냈다. 만주 땅은 우리 땅!" 열기에 가득찬 쇼비니스트적이고 파시스트적인 언설이 일제 때부터 일었던 자포자기적인 '엽전론'에 가학성을 더한 형태로 지금 우리 앞에 뭉클거리며 일어나고 있다. 한 사회의 건강을 장기적으로 유지하기 위한 언설이 아니라 만병통치약으로서의 일회성 언설이 대중매체를 통하여 무성하게 일기 시작한 것이다. 여기에 또 다른 위험한 비틀림이 일고 있다. 사회적 무질서와 도덕성의 부재를 한탄하면서 "예수를 믿으시오"를 전하는 사람들의 수가 날로 늘어나고 "전통으로, 유교로 돌아가자"는 복고주의의 소리도 그에 못지않게 일고 있다. 자, 우리는 누구이며 어디에 서 있는가? 이제 우리는 자아 성찰을 제대로 하지 않으면 안되는 기로에 서 있지 않은가?

　이 책에서 나는 우리에 대한 하나의 규정을 내리고 있다. 우리가 "뿌리가 뽑힌 상태"에 있다는, 달리 말해서 우리 자신을 제대로 성찰하고 규정할 말을 갖고 있지 못하다는 규정이다. 제대로 된 말을 갖지 않은 상태에서 이 소리 저 소리 하는 것 자체가 헛도는 말을 더 만들 뿐이다. 그런 면에서 나는 또 하나의 헛소리를 하고 있는 셈이다. 그럼에도 불구하고 나는 우리 사회에 만연한 말의 헛돌기, 자기 성찰을 회피하게 하는 그 무엇들, 겉도는 글들에 대해 이야기하고 싶어한다. 내 말이 헛돌며 또 얼마나 헛도는지, 그리고 내 말이 헛돌 때 나는 어떻게 느끼는지 알고 싶어한다.

　그런데 왜 하필 '책 읽기' 인가?

　우리가 어떻게 삶을 읽어내는지를 알아가는 방법론으로 나는 교실을 현장으로 잡았고 '책 읽기'를 집중적으로 살펴보고자 했다. 삶 읽기는 글 읽기와 깊은 관련이 있기 때문이다. 특히 산업사회에 들어서면서 문화란 문자 매체와는 떨어져 이해될 수 없는 어떤 것이 되어버렸다. 엘리트 문화의 경우 문자 의존도는 더욱 높다. 그런 면에서 대학생들이 책을 어떤 식으로 읽어내는가에 대한 탐구 작업은 우리의 삶 읽기 방식을 이해하는 아주 좋은 시작이 될 것이다. 이런 '깨달음'의 과정에서 나는 지난 1991년 봄에 〈문화이론〉 강좌의 내용과 방식을 크게 바꾸어 '글 읽기와 삶 읽기'라는 주제 아래 실험적 강좌를 마련했고 이 책은 바로 그 강좌의 기록이다.

〈문화이론〉 교실의 '획기적인 실험'은 일반적으로 그런 강의 명칭을 가진 강좌에서 읽는 교재들, 기어츠와 메리 다글라스와 살린즈와 그람찌와 르페브르와 데리다와 보르디외와 보들리아르와 푸코와 홈스바움과 윌리스와 제임슨과 아도르노와 하버마스와 기든스의 책들을 중심에 놓지 않았기 때문에 가능했다. 교재는 우리에 관한 글이거나 외국 것이라도 번역된 글로 골랐으며 학생들은 매주 읽은 것에 대해 자기 생각을 자기 말로 풀어내 와야 했고 나는 그들이 써온 것에 대한 내 생각을 빨간 펜으로 써서 전했다. 우리가 〈문화이론〉 교실에서 주로 한 것은 책 읽기를 자신의 개인적 삶 읽기와 연결시켜 보는 작업이었다. 그럼으로써 배움이란 어렵든 쉽든 상관없이 재미있어야 하며 살아 있는 지식이어야 함을 알아가려고 하였다. 그리고 그 작업의 연장선에서 우리들의 '일상'에 대한 '지식'들이 왜 무의미하고 '사소한' 것들로 치부되었던지를 알아보려고 하였다.

이런 착상을 하기까지의 배경에는 내 나름의 상당한 실망과 좌절의 경험이 있다. 문화인류학이나 문화이론 강의를 할 때마다 나는 학생들이 새로운 사고의 지평을 열어갈 수 있게 되기를 바라서 여러모로 실험을 해왔다. 그러나 번번이 기대한 만큼의 효과를 얻어내지 못하였다는 느낌으로 학기를 마무리해야 했다. '문화'에 대한 새로운 인식이 우리네 삶을 바로잡아가는 데 필수적이라는 생각은 날로 강해져서 갖가지 방식으로 실험을 해보았지만 결국에는 일학년이나 군대서 갓 제대한 학생이 들으면 정신분열증이 걸린다고 듣지 말라는 '경고 딱지'가 붙은 과목으로 남게 되었다. 왜 이렇게 어려울까? 무엇이 나와 학생들 사이를 가로막고 있는가? 왜 내가 전하고자 하는 지식을 그들은 소화해 내지 못하며 때로는 아예 소화하려고 노력하지도 않는 것일까? 그들은 입시전쟁을 치르느라 완전 바보처럼 머리가 굳어버렸는가? 이런 고민 가운데서 나는 한두 가지 중요한 관찰을 하게 되었는데 하나는 내가 가르치려는 강의 내용이나 교재 자체가 학생들에게 의미로 다가가기 어려운 내용이더라는 점이며 다른 하나는 학생들 자신이 깊이 내면화시킨 글 읽기 방식과 관련된다.

우선 교재가 학생들에게 다가가기 어려운 점에 대해 생각해 보자. 사실상 다른 대부분의 교과과정도 마찬가지이지만 문화이론에서 가르치는 중심이론과 개념은 서양 학자들이 그들의 역사적 삶의 현장에서 만들어낸 것들이다. 나는 1986년에 안식년을 영국 캠브리지 대학에서 보냈는데, 그곳에서 인류학자와 사회학자와 역사학자들이 금요일 저녁에 하는 작은 규모의 토론회에 참석했었다. 그런데 세미나 내용을 담은 책들이 다음 해에 출간되어 학회에서 논쟁을 일으키고 전세계의 대학에서 주교재로 사용되는 것을 보면서 "아차!"를 외칠 수밖에 없었다. 그들 몇 명이 벌리던 열띤 토론, 곧 자신의 사회가 나아갈 길과 개인적 고민이 어우러져 만들어진 '소서사'가 순식간에 '보편적 진리'가 되고 있는 것이다. 그렇다면 그러한 현상의 이면에는 우리의 열띤 토론이 '지엽적' 이야기일 뿐이라고 치부되는 현실이 맞붙어 있지는 않은가?

현재 우리가 사회과학을 하면서 쓰는 언어는 궁극적으로 서구 사회의 변화를 알아가는 과정에서 만들어진 것이다. 물론 서양의 학자들은 보편적 진리를 이야기하려고 노력을 하며 그들은 오랫동안 스스로가 세계의 중심임을 믿어 의심치 않았기 때문에 더욱 보편적인 논의를 하고자 한다. 그러나 그것을 이루기에는 한계가 있으며 따라서 그들이 만든 이론이나 개념들이 곧바로 우리 사회를 설명할 것을 기대한다는 것은 무리일 수밖에 없다. 내가 늘 부딪치는 '문화적 상대주의'라는 개념을 예로 들어보자. 이 개념은 이방문화와의 접촉에 있어서 긴 역사를 가졌고 문화간의 교류가 실제적 효과를 거두어온 서양의 역사——제국주의적 팽창이 그 주요한 시대를 장식하는——속에서 탄생한 개념이다. 이방 사회가 지배와 호기심의 대상이었던 서양 사회의 경우에 비하여 그런 접촉 자체가 별로 없었던 우리의 경우, 학생들에게 그 뜻을 전달하기란 매우 어렵다. 서양에서 하는 식으로 부족사회의 문화기술지를 읽히면 그들은 "사람 사는 것이 어디나 다 다른 것을 누가 모르냐? 달라서 어쨌다는 거냐?"라는 극히 마땅한 질문을 던져온다. 그래서 차라리 로버트 벨라의 《마음의 습관 Habits of the Heart》[1]과 같이 학생들이 '선망'하는 미국 사회에 관한 문화기술지를 읽히면 세부적인 것을 이해하려다 시간을 다 보내고 만다. 여러 가지 시도를 해보다가 결국 우리 자신들의 삶으로 돌아와, 현재 우리 사회의 부모와 자식 세대 사이를 가로막고 있는 문화적 단절을 극복하기 위한 하나의 방법론적 태도로 상대주의적 개념을 부각시키니까 학생들은 비로소 감을 잡기 시작하였다. 여기서 나는 문화적 상대주의의 개념이 서양에서 나왔으므로 불필요하다거나 부적절하다는 말을 하려는 것이 아니다. 이미 전지구적 자본주의 체제 속에 깊숙이 들어가 있는 우리 사회에서 그 개념을 내면화시키는 것은 매우 중요한 일이다.

---

1) Robert Bellah et al., 1985, *Habits of the Heart*, Harper and Row.

문제는 무수한 수입된 이론과 개념들을 익히는 것에 우리가 너무나 많은 시간을 쏟고 있는 것은 아닌지 가늠해 보고 또 필요한 개념인 경우 그것을 제대로 전달하기 위해——우리의 일상적 체험과 맞닿는 부분을 알아내기 위해——남다른 노력을 해야 한다는 것이다.

그러면 학생 자신들은 어떤가? 흥미롭게도 학생들은 추상화 수준이 높으면 그 나름대로 쉽게 소화하는 방식을 갖고 있다. 구태여 자신의 삶과 연결시켜 볼 필요 없이 공식을 외우듯 머리 속에서 처리해 버리는 것이다. 사실상 이것은 입시 위주의 교육 체제에서 숨쉬듯 해오던 것이라 이 치열한 입시 전쟁에서 살아 남은 학생들은 매우 빠른 시간 내에 어려운 텍스트를 끄덕없이 요약해 낸다. 물론 이것은 전혀 바람직한 학문 하는 방법이 아니나 학생들 자신이 무엇인가 어려운 것을 배웠다는 뿌듯한 느낌을 갖기에는 충분하다. 대부분의 사회과학 공부가 지금까지 그런 재미 속에 이루어져 왔다고 해도 과언이 아닐 것이다. 그러나 일상적 삶을 비추어주는 개념을 다루게 될 경우 사정은 달라진다. 문화와 관련된 강의는 현실을 보는 감각을 공유하는 바탕이 없이는 의미있게 이루어질 수 없다. 그것은 숫자나 추상적 수준에서 처리되는 것이 아니라 바로 '나' 자신의 문제로 풀려져야 하므로 여간 어렵지 않다. 이는 곧 우리의 인식 체계, 우리 자신들의 문제를 논의하기 위해 사용하는 언어 자체가 우리 것이 되지 못한다는 사실을 또 한번 인식하게 한다. 지식과 권력 체계, 지식인 문화, 지식인에 대해 근본적 질문을 던질 것을 강하게 요구하는 것이다.

이쯤해서 "왜 지식인인가?"라는 질문으로 넘어가자. 지난 일세기 동안 우리는 지식인은 누구이며 무엇인지에 관한 질문을 무수하게 던져 왔다. 지식인이란 이론에 대한 논의를 하는 사람이다. 산업화 이전의 소규모 사회에는 이론에 대한 논의를 전문적으로 하는 지식인 집단은 없었다. 그러나 현실을 보다 추상적으로 생각하고 멀리 내다보면서 삶의 문제를 해결해 나가는 지혜로운 사람들은 있었다. 그들이 바로 그 사회에서 존경을 받는 현자이며 지도자였을 것이다. 사회가 커지고 복잡해지면서 보다 많은 사물, 그리고 보다 많은 사람들을 '다스리기' 위해서 전문화가 이루어져야 했으며 그 전문화의 정도는 추상화, 이론화의 수준과 비례한다. 사물을 '다스리는' 전문인 집단이 과학기술자들이라면 사회 성원을 '다스리며' 여론 형성을 돕는 전문인 집단은 인문사회과학자 또는 지식인들이다. 현대 사회는 개인들이 실제 삶에서 일어나는 여러 문제들을 나름대로 정리하면서 살아가기에 너무나 많은 새로운 사건들이 한꺼번에 일어나고 너무나 많은 다양한 사람들을 만나가게 된다. 따라서 수많은 자세한 것(구체성)을 생략하고 단순화된 (추상)범주로 현상을 '처리'하지 않으면 안되게 되었고 이런 '처리'를 담당해온 것이 바로 지식인들이다. 따라서 지식인들은 이론을 먹고 산다.

좋은 사회란 어떤 면에서 그 사회의 지식인들이 만들어 내는 이론이 현실을 보다 잘 보게 하는지 아닌지에 달려 있다. 현실과 유리된 이론으로 먹고 사는 지식인이 많을수록 그 사회는 문제가 있는 사회인 것이다. 달리 말해서 이론과 실천이 유리된 생활을 하는 지식인이 많은 사회는 자체 내 문제를 제대로 풀어가지 못하는 사회이다. 나는 여기서 "자신의 문제를 풀어갈 언어를 가지지 못한 사회, 자신의 사회를 보는 이론을 자생적으로 만들어 가지 못하는 사회"를 '식민지적'이라고 부르고자 한다. 여기서 '식민지성'은 구체적이고 역사적인 사건과 관련된 현상을 뜻하기보다는 지식과 삶이 겉도는 현상을 뜻한다. 사회가 복잡해지고 거대해질수록 삶을 총체적으로 알아가는 작업은 더욱 어려워지고 그런 면에서 사회가 복합적이 될수록 삶과 앎의 괴리가 멀어질 가능성은 높아진다.

제3세계의 경우에 문제는 좀더 복잡하다. 제3세계의 지식인은 '식민 지성'을 재생산하는 데 앞장선 사람들일 가능성이 높기 때문이다. 그들이 흔히 보이는 징후는 이론에 치우치면서 그 속에 담긴 자신의 삶에 대한 암시를 애써 외면하는 것, 자신의 삶이 전혀 담겨 있지 않은 글 읽기에 일생을 기꺼이 바칠 수 있는 것, 아니면 책 읽기를 너무나 지겨워 하는 것 등일 것이다. 지식인들도 즐거운 삶을 살 권리가 있다. '식민지적 지식인'들이 터무니 없는 자만심으로 목소리를 높이거나, 세상 모든 고통을 지고 가다가 탈진해 버리거나, 열등감과 자책감에 시달리다가 포기해 버렸다면 '식민지 지식인의 옷을 벗은 지식인'은 개인적으로 즐겁게 살고자 하는 자신의 노력이 사회 전체의 진보와 직결되는 삶을 사는 사람일 것이다. 나는 지식인이라는 전문 집단의 권위가 더이상 필요없는 사회가 이상적인 사회라고 생각한다. 그러한 방향으로 가기 위해서, 지금 우리의 삶에 엄청난 권력으로 작용하고 있는 지식인 집단은 심각하게 자기 반성을 해야 하는 것이다.

또 한 가지 나를 괴롭히는 문제가 있다.

삶에서 오는 진정한 기쁨을 포기한 사람들이 들끓는 곳이 소위 지식인의 생산지인 우리의 대학이라면 우리 사회는 도대체 어떤 사회인가? 나는 최근 몹시 어려운 입시 지옥문을 통과하여 들어온 이들 대학생들 중에서 의외로 자신의 삶을 사랑하는 학생들을 찾아보기 어렵다는 점에 주목해 왔다. 20년 전 내가 대학 다닐 때도 자포자기한 대학생들이 꽤 있었는데 지금도 그 자포자기의 양상은 다를지 모르나 상당수의 학생들이 갖가지 형태의 패배주의에 젖어 있다. 내게 있어 대학생들의 이러한 '자기 사랑 없음'은 앞에서 말한 입시 교육과 지식인 문화가 지닌 '식민지성'과 맞닿아 있는 것으로 보인다. 자신의 앎이 자신의 삶으로 이어지지 못하는 지식인이 갖는 허망함 내지는 패배감을 나는 이들 세대에서도 여전히 보고 있는 것이다. 지식인들의 사고 성향에 관한 성찰은 실은 강의실 안에서만이 아니라 대학 캠퍼스 밖에서 내가 참여해온 사회운동의 장에서나 사회 전체가 돌아가는 와중에서 수시로 느끼는 여러 문제들과 맞닿아 있다. 한마디로 우리 사회의 지식인 문화는 우리 사회의 '식민지성'을 가장 첨예하게 보여주는 현장이자 그 온상이다.

그러면 무슨 근거로 '탈식민지 시대'라는 단어를 쓰는가?

우리 지식인계는 현재 우리의 상황을 식민지와는 무관한 상태로 보는 이들과 '신식민지적' 상태로 보는 사람들로 나뉘어져 있다. 나는 이 두 입장 어느 것에도 동조를 하지 않는다. 우선 앞에서 말한 여러 가지 이유로 나는 '식민지'라는 단어가 아직 우리 상황을 밝히는 데 유용성을 지닌다고 생각한다. 그러나 내가 '신식민지'라는 단어를 쓰지 않은 것은——사실은 이 단어를 쓸지 약간은 고민을 했다——그렇게 부르기에는 소위 '지배권력'이 너무나 다원화, 분산화되어 있고, 동시에 우리 자신들이 그 상태를 벗어날 가능성을 상당히 갖고 있다고 보기 때문이다. 바로 이 부분에 대한 논의가 이 책에 이어지는 두번째 책에서 집중적으로 이루어지고 있다.

어떤 면에서 우리는 최근에 나름대로 자아 성찰의 작업을 진지하게 해나가면서 자기 변신을 꾀할 조건을 마련했다고도 볼 수 있다. 절대적 빈곤이나 전쟁, 그리고 절대적 외세의 위협이라는 것을 더이상 체제 유지의 '명목'으로 내세울 수 없게 된 사회경제적 변화라든가, 이전에 강했던 서양의 여러 나라들은 그 나라 나름대로 휘청거리면서 다른 나라에 예전과 같은 절대권력을 마구 휘두르지는 못하게 되었다. 세계 질서는 정보화의 물결을 타면서 아주 새롭게 재편될 가능성이 없지 않지만 이러한 재편성을 위한 청사진을 가진 '주체'들 역시 상당히 혼란된 상태에 있다. 한편에서는 유럽 공동체가 서서히 힘을 모으면서 새로운 형태의 지방분권적 삶의 양식을 모색해 나가고 있고 다른 한편에서는 소련이 '해체'된 상태에서 미국이 신명나게 세계의 경찰 노릇을 하려고 그 특유의 공격성을 다시 드러내기 시작하지만 국가 경제가 흔들리고 사회 전반적 기운이 해이해지고 있는 것은 또한 아무도 부정하지 못할 사실이다. 사회주의권 국가들은 소규모 단위로 분산되기 시작한 반면 유교권 국가들은 태평양을 중심으로 협력 체제를 이루어보려고 서로를 더듬고 있다. 우리 기업들은 그동안 당한 것에 대한 복수라도 하듯 이윤을 남기는 곳이면 어디든 불사하고 찾아가서 그곳의 땅과 인력과 자존심을 흔들어대기 시작했고, 국내에서는 높은 인건비를 들먹이며 인력 수입을 강력하게 요구하게 되었다. 우리는 더이상 '큰 권력'에 대고 목청을 돋우기만 하는 자리에 있지 않게 된 것이다. 우리에게 대고 '항의'를 해올 상대방 국가들에 대해 우리 국가는, 기업은, 또 국민은 어떤 준비를 하고 있는지 궁금하다. 국내 중산층들은 세어진 원화로 세계 여행을 다니며, 텔레비전에서는 우리들의 수치심을 자극하며 유럽 여행에서 지켜야 할 예절을 가르치는 프로들을 방영하기에 바쁘다. 공해로 서울에 사는 사람들은 사시절 노곤해 있고 한구석에서는 환경운동이 일기 시작했다. 공해추방을 위한 세계 시민들의 연대, 성폭력 추방을 위한 운동 등 인간과 자연을 살리기 위한 갖가지 연대 모임들이 국가의 변경을 무시하며 맺어지고 있다.

내가 여기서 구태여 '탈식민지 시대'라는 단어를 쓴 것은 우리가 식민지 시대를 벗어났다고 생각하기 때문이 아니다. 이런 급격한 변화상황 속에서 우리를 순전한 '피해자'인 피식민지로, 상대 집단을 순전한 '가해자'인 식민종주국으로 단정하기는 어려우며, 오히려 그런 경직된 이분화는 우리가 식민지성을 벗어나는 것을 가로막는 벽이 될 수 있음을 암시하는 뜻에서 이 단어를 썼을 뿐이다. '탈'식민성에 대한 새로운 토론을 일으키고 탈식민화를 위한 보다 효과적인 방안을 모색해 나가려는 것이 바로 이 책의 목표이다. '명제적 지식에 중독됨'은 구체적 식민지 역사를 가진 사회에 팽배한 현상이지만 이제는 꼭 그런 사회에만 국한하여 나타나는 현상이 아님은 이미 앞에서 밝혔다. 과학기술주의와 거대관료주의 시대로 들어서면서 세계 구석구석에 "일상적 삶이 식민화 되고 있다"는 위기감이 감돌고 있으며 중심과 주변, 타자화된 주체와 권위적 언설의 해체 등이 이 시대의 문제를 풀어가는 주요 개념으로 부각되고 있다. 지난 3—4세기 동안에 있은 제국주의적 역사 진행이 중심과 주변에 사는 모든 이들의 삶을 황폐하게 만들어 버렸다는 것을 우리는 지금 피부로 느끼고 있지 않은가? 이는 식민지적 상황이 단순히 정치적 독립을 통해 해결될 수 있는 성질의 것이 아니며 또한 식민 통치 기간에만 국한되는 것이 아님을 뜻하기도 한다. 어쨌든 '탈'근대, '탈'식민, '탈'가부장제의 과제는 이 시대 우리에게 지워진 무거운 짐이며 이 책에서는 '탈'식민의 문제를 시작으로 '탈'의 과제를 풀어가고자 하였다.

 이 정도에서 제목에 대한 궁금증이 풀렸기를 바라며 동시에 이 책에 대해 나름대로 감을 잡을 수 있었으면 한다. 첫번째 책은 인류학자이며 강좌를 구성해 가는 교수인 내가 학생들에게 자극을 던지면서 참여 관찰한 것, 그리고 그 토론의 와중에 쓰여진 학생들의 글로 채워져 있다. 교실을 현장으로 하여 쓴 일종의 '문화기술지'로 생각하며 읽어주기 바란다. 우리들이 일상적으로 해온 책 읽기 습관을 미루어 볼 때 분명 지루한 느낌을 가질 이들이 많을 것이다. 그러나 자신이 그 어디쯤에 있는지 살피면서 읽는다면 달리 읽힐 수 있으리라 믿는다.

학생들은 학교에 들어간 이후 줄곧 이런 일방적 학습에 길들여져 왔다.
나는 이런 교실 상황 자체가 학생들에게 자동반사적으로 어떤 체질화된 거부감과
무조건 견뎌야 한다는 인내심 그리고 침묵을 불러일으킨다는 느낌을 받아왔다.

1991년 봄학기 실제 강의는 다음과 같이 진행되었다.

문화이론 강의 계획서

1991 봄학기
강의 시간 : 월 3, 금 3,4 교시 (종합관 405호)

개요:

이 강좌의 목표는 문화에 대한 이해를 높이는 데 있다. 궁극적으로 문화 이해는 가족, 학교, 지역, 국가, 동양, 인류 공동체 등 여러 집단적 생활세계의 구성원으로서 자기 이해와 직결된 것이며 후기산업사회적인 상황에서 그 필요성은 더욱 커지고 있다. 이 강좌를 통하여 학생들이 이론적으로 유식해지는 것을 교수는 바라지 않는다. 실은 현재 상황에서 이론적 유식함이 얼마나 공허한 것인가를 우리는 이 강좌를 통해 토론하게 될 것이다. 일반적으로 이론적 유식함이 식민, 사대주의적 틀을 고수함으로 가능한 현 상황에서 학생들은 기존의 틀을 깨고 스스로 의미를 만들어갈 자세로 교실에 들어오기 바란다. 이 강좌를 통해 교수가 가르치려는 바가 없지 않으나 그것은 이미 정해져 있는 내용이 아니라 하나의 자극으로 던져질 것이다. 우리는 그 자극을 매개로 새로운 담론의 장을 열어가 보려는 것이다.

강좌의 앞 부분에서 우리는 사회 현상을 도식적으로, 그리고 서구 편향의 이론을 통해 읽어온 방식에 대해 토론할 것이다. 중반부에는 우리의 일상적 주변을 읽어내는 작업으로서 문화/권력, 전통문화, 가족문화, 성과 사랑의 각본 등에 대해 살펴볼 것이다. 끝으로 실제 공동연구를 해봄으로써 새로운 문화 만들기의 감각을 익혀 나가기로 한다. 교재로는 가능한 한 이론서를 피하고 우리 글로 쓰여진 논문과 문학 작품, 그리고 영화 등 예술적 텍스트를 이용할 계획이다. 이 강좌를 통하여 학생들이 그냥 지나쳐 버리던 사회 현상들을 붙잡아 두고 새롭게 읽어내는 습관을 갖게 된다면, 그리하여 기존의 문화적 압력에서 벗어날 수 있는 지혜와 힘을 기를 수 있게 된다면 강좌의 목표는 달성된 셈이다.

강의 진행

1부

1−2주 : 강좌 소개와 각자 소개

3주 : 우리들의 책 읽기:소설이란 무엇인가? ──이인성의 〈당신에 대해서〉와 〈나의 자기 진술, 당신의 심문에 의한〉[2]을 읽고, 쓰고 토론하기. (김성곤의 '스탠리 피쉬'와 '사이드' 참조[3]. 시간이 나면 구로사와의 〈라쇼문〉 영화를 보고 토론할 것.)

4주 : 호두 까기와 양파 까기──포스터의 《푸코, 마르크시즘, 역사》 6장과 윌리엄스의 《이념과 문학》 2장 읽고 토론하기.[4]

5주 : 텍스트의 역사성──이링 페처 1991의 《누가 잠자는 숲속의 공주를 깨웠는가?》 읽고 쓰고 토론하기.[5] 노리스, 라카프라 참조.[6] 영화

---

2) 이인성, 1989, 《한없이 낮은 숨결》, 문학과 지성사.
3) 김성곤, 1990, 〈독서이론의 새로운 장〉, 〈세계로서의 텍스트와 세속적 문학비평〉 《포스트모던 시대의 작가들》, 민음사.
4) 마크 포스터, 1990, 《푸코, 마르크시즘, 역사》 (이정우 옮김), 인간사랑.
  레이몬드 윌리엄스, 1982, 《이념과 문학》 (이일환 옮김), 문학과 지성사.
5) 이링 페처, 1991, 《누가 잠자는 숲속의 공주를 깨웠는가?》 (이진우 옮김), 철학과 현실사.

〈1900년〉 보고 토론.

6주 : 텍스트의 당파성 —— 조혜정의 "박완서 문학에 있어 비평은 무엇인가?" 읽고 쓰고 토론하기.[7]

7주 : 김지하 파문 : 현재 지식인들의 담론 —— 김지하의 조선일보 기고문이 일으킨 반응, 신문과 잡지 기고문 읽고 토론하기.

2부 : 주변 읽어내기 — 일상적 삶 속에서 문화적 각본 찾기

8주 : 문화/권력 —— 정 찬의 〈얼음의 집〉, 이문열의 〈우리들의 일그러진 영웅〉, 강내희의 〈롯데월드론〉 읽고 쓰고 토론하기.[8]

9주 : 전통의 재창출 —— 김광억의 〈정치적 담론 기제로서의 민중문화운동 : 사회극으로서의 마당극〉, 조혜정의 〈유교적 전통부활운동과 사회변동〉 읽고 쓰고 토론하기.[9]

---

6) 노리스, 1989, 〈니이체:철학과 해체〉, 이광래의 《해체주의란 무엇인가?》, 교보문고.
  라카프라, 1989, 〈지성사에 대한 반성과 원전 해독〉, 이광래의 위 책.
7) 조혜정, 1990, 〈박완서 문학에 있어 비평은 무엇인가?〉《작가세계》 8호, 세계사. 또한 이 책 마지막에 약간 수정된 형태로 실려 있다.
8) 정 찬, 1991, 〈얼음의 집〉, 《문학과 사회》 13집, 문학과 지성사.
  이문열, 1987, 〈우리들의 일그러진 영웅〉《11회 이상 문학상 수상작품집》, 문학사상사.
  강내희, 1991, 〈독점자본주의와 '문화공간' : 롯데월드론〉, 《한길문학》 8호.
9) 김광억, 1989, 〈정치적 담론 기제로서의 민중문화운동 : 사회극으로서의 마당극〉《한국문화인류학》 21집.
  조혜정, 1990, 〈유교적 전통부활운동과 사회변동〉, 《연세사회학》 10,11합본호.

> 10주 : 가족주의와 가족문화——조혜정의 〈한국사회변동과 가족주의〉, 〈결혼, 사랑, 그리고 성 : 우리 시대의 문화적 각본들〉 읽고 토론하기.[10]
>
> 11-12주 : 조별 연구 발표——자기가 몸담고 있는 공간(집단) 객관화해 보기. (발표는 될 수 있는 한 창조적으로 한다. 비디오, 라디오, 슬라이드를 활용하여 작품을 만들어 보거나 연극을 해도 좋다.)
>
> * 조별 연구의 주제들 : 대학생의 성과 사랑 1,2, 서클룸 날적이, 동화 분석, 처세술 분석, 군대 문화, 가족과 모성.
>
> 13주 : 종합토론과 가족사 쓰기

　이 과목은 사회학과 3,4학년 전공선택과목이었다. 1991년 봄학기 수강생은 3학년 24명, 4학년 9명, 그외 학년이 2명으로 전부 35명이었다. 전공별로는 사회학과 학생이 25명, 그외는 심리학, 신학, 교육학, 주생활학, 아동학, 국제학과 전자공학과에서 온 학생들이었다. 남녀의 비율은 3대 1 가량으로 여학생이 9명이었다. 이 구성이 연세대 문과대의 평균적 교실이라고 할 수는 없을 것이고 학생들 수준도 그렇게 보기는 어렵다. 글쓰기 부담이 많은 편이고 학생들의 표현에 따르면 "필기가 불가능한" 강의를 하기 때문에 인문학적 관심이 많은 학생 중에서도 좀더 새로운 것을 추구하는 학생이 든다고 보면 크게 틀리지는 않을 것이다.

---

10) 조혜정, 1985, 〈한국사회변동과 가족주의〉,《한국 문화인류학》17집.
　1991, 〈결혼, 사랑, 그리고 성 : 우리 시대의 문화적 각본들〉, 또 하나의 문화편 《새로 쓰는 사랑 이야기》, 도서출판 또 하나의 문화.

나는 매번 강의 때마다 새로운 실험을 시도하는 편이지만 이번처럼 본격적으로, 그리고 착실히 해본 적은 없었다. 이번 '문화이론 교실'에 운영 원칙이 있다면 다음 세 가지 면에서였다. 첫째로는 '함께 만들어가는 교실'이라는 느낌을 가질 수 있기 위해 교실 분위기를 바꾸려 노력하였다. 우선 교수가 한 단 높은 강단에 서서 학생들을 굽어보며 '일방적으로 가르치는' 분위기를 지양하였다. 학생들은 자신의 지난 10여년간 이런 일방적 학습에 길들여져 왔으며, 나는 이런 교실 상황 자체가 학생들에게 자동적으로 어떤 체질화된 거부감과 무조건 견뎌야 한다는 지독한 인내심, 그리고 침묵을 유도한다는 느낌을 받아왔다. 강단에 서는 것 자체로 사실상 강사는 상당한 권위로 군림하게 된다. 페미니스트 학자들이 늘 강조해 왔듯이 사소한 것처럼 보이는 공간 배치가 실제로 그 공간 속에 있는 성원들을 구속한다는 것을 인정한다면 토론 중심으로 수업을 하려는 경우 강단은 불필요한 것이 되는 것이다. 둥그렇게 둘러앉아서 수업하는 공간적 배치는 이번 강좌의 성격상 매우 중요한 부분이었다.

두번째로 우리는 매우 자발적이면서 동시에 서로에게 솔직하고 충실하려 노력했다. 나는 수업 시작 후 얼마 되지 않아서 학생들이 자신의 내면을 솔직하게 드러내는 것을 원하고 있음을 알게 되었다. 그러한 욕구는 어쩌면 의미깊은 관계를 맺기가 어려운 상황에서 상당히 자연스럽게 생기는 것이라는 생각도 하게 되었다. 나 역시 꼬박꼬박 그들이 써온 글들을 읽고 내 의견을 적어 돌려주었다. 수업을 통해 나 역시 그들의 생각과 태도를 읽어가려고 했기 때문에 그들의 글을 읽는 것은 과제물을 읽는다는 느낌보다는 숨겨진 보물을 읽는 듯 즐거울 때가 많았다. 또한 그들의 생각이 깊어지는 것을 느낄 때 기쁨은 더하다. 글을 수시로 내야 하고 때로는 자기 고백을 해야 하는 것에 대해 더러는 귀찮아 하거나 자신의 내밀한 부분을 심하게 건드린다는 느낌 때문에 수업에 들어오기 싫어졌다는 고백을 한 학생도 없지 않았지만 전반적인 분위기는 진지하고 열성적이었다.

세번째 원칙은 출석을 부르지 않는 것이다. 이것은 내가 강의를 시작한 이후 이제까지 고수하는 원칙인데 실은 학교 규칙을 어기는 것이다. 사실상 그렇게 많은 쪽글을 내야 할 경우 출석은 부르나마나 출결 상황은 나오기 마련이다. 그러나 나는 대형강의라도 출석은 부르지 않는다. 수업에 빠지면 자기가 손해라는 생각쯤은 할 수 있는 것이 대학생이라고 나는 생각한다. 수업에 빠져도 그 수업에서 요구하는 책을 읽어 스스로 터득할 수 있는 학생이면 들어오지 않아도 그만이다. 이번 수업에서는 도중에 군대에 간 휴학생 세 명을 빼고 서른다섯 명이 끝까지 수강하였는데 항상 스물다섯 명 안팎의 학생들이 들어와서 토론을 벌였으며, 빠진 학생들도 꼬박꼬박 쪽글을 내었고 때로는 녹음해 둔 것을 듣곤 했다. 이렇게 자율적으로 진행된 수업이었던 만큼 학점도 자율적으로 매겼다. 자신이 받아야 된다고 생각하는 학점과 그 이유를 쓰게 하였고 나는 거의 그들이 원하는 대로 학점을 주었다. 그들이 매긴 점수는 내가 생각하던 것과 거의 일치하였다. 사실 이런 과목의 경우 등급으로 점수를 매긴다는 것은 실없는 짓이다. 하여간 이 과목의 성적 기록표에는 스물세 명이 A, 여덟 명이 B, 두 명이 C, 한 명이 D, 또 한 명이 F로 올라 있다.

이 수업에서 토론이 가장 중요한 부분이었던 만큼 초반부에 서로에 대한 약간의 정보를 교환함으로 토론 공동체를 제대로 이루어내고자 했다. 그래서 각자 소개를 하였는데 거의 5시간에 걸쳐 각자 소개를 하게 되었다. 처음에는 1분 30초씩 자기를 가장 잘 표현하는 식으로 자기 소개를 하라고 하면서 "자신을 억압하는 주체, 자신이 좋아하는 음악, 작년 일년 내 재미있게 본 영화, 고교시절의 회고, 가족관계, 그리고 지하철 탔을 때의 의식 상태" 등에 대해서 이야기하면 된다고 하였는데 학생들은 모범생의 껍데기를 벗지 못해서인지 이 모든 주제에 대해 답하고자 하였고 그러다 보니 자연히 많은 시간이 가버렸다. 처음에는 쭈빗거리다가 곧 자신을 드러내는 것에 매우 적극적인 모습을 보면서 "이해받고 싶어하는 강한 욕구"에 대해 다시 한번 생각케 되었다. 강좌 첫머리에 자신을 드러내는 것은 참여의식을 높일 수 있어서 좋았고 특히 이 강좌는 전공이 다양한 것 이상으로 다양한 사회경제적 배경에서 온 성원들로 이루어졌다는 사실을 알게 되어 앞으로의 수업 진행에 크게 도움이 되었다. 우리가 토론을 잘하지 못하는 이유 중 하나가 바로 상대방과 자신이 매우 다른 전제를 가진 인간이라는 것을 미처 인정하지 않는 데서 오는 만큼 각자 소개 시간은 그만큼 유용했다. 나는 '식민지성'에 대한 종강을 빼고는 강단에 올라가지 않았다. 우리는 시간마다 마주보는 식으로 둘러앉기 위해 의자를 이리저리 당기며 삐꺼덕 소리를 내었으며 다행히도 이 강좌 수강생이 30여명이어서 열악한 대학교육 환경에서도 토론 강의가 그나마 무리없이 진행되었다.[11] 토론은 그리 썩 잘된 편은 아니었다. 나 자신이 토론을 잘하는 형이기보다는 자기 생각에 몰두하는 편이고, 학생들은 주제

---

11) 나는 도시공학을 전공하는 분이 "대학은 게토"라고 이야기할 때 동감할 수밖에 없었다. 어두컴컴한 방과 복도, 불필요하게 높은 천정으로 울리는 소리, 마이크를 써야 하는 대형 강의실, 두 시간 속강을 하고 나면 고개가 아플 정도로 경사가 심한 계단 교실, 영상자료를 활용할 공간을 찾지 못해 매학기마다 이리저리 쫓아다녀야 하는 교수, 항상 교실이 모자라서 시간표 짜기에 고심하는 조교, 거기다가 교실 바로 옆에 붙은 비좁은 주차장에서 공을 차며 놀아야 하는 학생들의 협소한 놀이공간에 이르기까지 대학은 제대로 된 학문공동체를 담아낼 공간 구성을 갖추지 못하고 있다. 열성적이고 예리한 감성을

자체가 워낙 생소하여 초반부에는 상당히 황당해 하고 있었다. 반면 그들이 써내는 글은 매우 훌륭했고 갈수록 나아졌다. 당연한 이야기이지만 토론은 주제에 따라 자신의 삶과 연결이 될 때는 아주 훌륭하게, 아닐 때는 형편없게 이루어졌다. 이 강좌가 끝날 즈음, 참여자 대부분은 문화에 대해, 그리고 자신의 삶에 대해 근본적으로 돌아볼 기회를 가졌고 나름대로 새로운 고민을 안아가고 있었다. 실험이 성공했다는 생각과 함께 나 자신 교사로서 큰 보람을 느낀 것은 물론이다. 이번 강의는 제대로 이루어졌으며 기존의 문화이론을 강의하지 않음으로써 비로소 문화이론을 제대로 가르칠 수 있었던 것이다. 그렇다. 학습 방식은 혁명적으로 바뀌어야 한다는 생각은 옳았다. 그리고 내용도…….

이 첫번째 책에 실린 내용은 강의의 처음 몇 주간 동안에 한 토론과 글쓰기에 국한되어 있다. 머리글에 이어지는 다음 장에는 실험적 소설인 이인성의 단편을 읽고 '저자의 권위'와 '저자와 독자간의 상호작용'에 대해 생각해본 내용이 실려 있다. 3장에는 '동화 다시 쓰기'를 통해 '책'이 가진 역사성과 당파성을 살펴보는 토론이 실려 있고 4장은 문화맑시즘의 입장에서 논의를 펴고 있는 윌리엄스의 글과 포스트–맑스적인 논의를, 그동안 맑시즘이라 불리우는 이론에 상당한 관심을 기울여온 이 시대 대학생들이 어떻게 읽어내고 있는지를 보여주는 글과 토론으로 채워져 있다. 5장에서는 몇 차례에 걸친 글 읽기에 대한 논의로 자신들의 사고경향을 성찰해볼 기회를 가진 학생들의 글과 그 글을 토대로 한 예비지식인들의 책 읽기와 삶 읽기에 대한 나의 분석이 실려 있다. 6장은 그냥 뒤풀이로 몇마디 넋두리를 한 것이다.

지난 한 젊은 시간강사가 "대학은 양로원이자 고아원이라는 생각이 들 때가 많다"면서 슬퍼할 때 나는 또한 그의 감정에 동조할 수밖에 없었다.

부록으로 싣는 〈박완서 문학에서 비평이란 무엇인가?〉라는 비평문은 '책 읽기'라는 것에 구체적 관심을 기울이기 시작할 즈음에 쓴 것으로 본문을 읽고도 책 읽기와 삶 읽기에 대한 감이 잡히지 않는 독자에게 도움이 될 것 같아서 싣는다.

인용한 학생들의 글은 생략한 부분이 많지만 전혀 가필한 것이 아니다. 초고를 읽은 동료 중에는 학생들의 글이 나의 논조와 너무 비슷한 부분들이 있다면서 혹시 가필을 하지 않았는지 묻는 이가 있었다. 토론 원고는 으레 토론이 그렇듯 엉성하여 논의가 약한 부분을 쪽글로 보충하기도 했다. 학생들의 글을 인용할 때 입학년도와 전공학과를 명기하였다. 학생들의 이름은 모두 가명인데, 그 가명은 내가 지은 것도 있고 학생들이 가족사를 쓸 때 나의 부탁에 따라 스스로 자기 이름을 새로 지은 것도 있다. 사실상 나는 이 강의를 시작하기 전부터 글 읽기와 삶 읽기 주제에 관한 책을 구상하고는 있었지만 교실 상황을 이렇게 중점적으로 다룰 생각은 없었다. 수업 끝무렵에 이 수업을 바탕으로 풀어가는 작업 자체가 매우 의의 깊은 일일 것이라는 느낌이 들어서 학생들에게 가명 내지 필명을 주문을 해두었던 것이다.

"이제, 이것으로 한 매듭을 짓는
이 소설을 읽고 난 후의 당신은,
이전의 당신과 실오라기 간격만큼이나
달라진 어떤 당신일까?
이제, 지금의 당신은
나의 다음 소설을 다시 읽으려 할까?"
(이인성, 〈당신에 대해서〉 중에서)

서구 문학비평가의 글을 읽다가 아이디어를
얻었건 순전한 자생적 아이디어로 썼건 그건 내
관심거리가 아니다. 지금 내게 중요한 것은 이
땅에 살고 있는 한 소설가로서의 그가 절실하게
이 글을 썼다는 사실과 그보다 더 중요한 것은 이
교실의 학생들이 그 글을 읽고 많은 중요한
이야기들을 나눌 수 있었다는 사실이다. 중요한
생각이라니? 중요하다는 기준은? 그 기준은
누가? 내가 정한 것이다. 내가 우리에게 의미
있으리라고 생각한, 결국은 임의로 내가 정한
것이고 그 기준의 유용성은 우리들 사이의
토론을 통해 확인될 것이다.

2장 저자란 무엇인가?

"당신은 누구인가?" 등으로 나에게 질문하지 말아 주십시오.
언제나 똑같은 채로 있으라는 식으로 질문하지 말아 달란 말입니다.
미셸 푸코

 책 읽기 습관에 대해 생각해 보기 위하여, 특히 텍스트가 끊임없이 누군가에 의해 쓰여지고 고쳐 쓰여진다는 것을 알기 위하여 이인성의 단편, 〈당신에 대해서〉와 〈나의 자기 진술, 당신의 심문에 의한〉을 그 첫번째 교재로 선택했다. 이 글이 교실에서 어떻게 읽혀졌으며 어떤 자극으로 다가왔는지 살펴보자.
 이인성의 단편은 "소설이란 무엇이며 저자란 누구이며 독자는 무엇인지"에 관해 생각해 보게 한다. 우선 이 글은 기존의 범주를 크게 깨뜨리고 있다. 새로운 내용과 형식으로 기존의 소설 범주를 깨뜨리는 것에 대해서 학생들이 어떻게 느끼고 있는지를 알아보는 데 적절한 글이라 하겠다. 특히 이 글은 "소설이란 무엇인가?"에 대한 근본적인 질문을 던짐으로 "문학이란 무엇이며 사회과학이란 또 그것과 어떻게 다른지"에 대해서도 생각해 보게 한다. 그런 면에서 이인성의 〈당신에 대해서〉와 〈나의 자기 진술, 당신의 심문에 의한〉은 학생들이 스스로 자신의 책 읽기와 경험에 대해 생각해 보고 책 읽기 전반에 대해 성찰하기를 자극하는 아주 적절한 텍스트인 것이다.

이 책을 읽지 않은 이들을 위해서 이인성의 글을 간단히 소개해 보자. 〈당신에 대해서〉는 다음과 같이 시작한다.

"우선, 이 소설을 읽으려는 당신에게, 잠깐 동안 눈을 감도록 권하겠다.

눈을 감지 않고 위의 비어 있는 한 줄을 뛰어넘었다면, 제발, 아래의 비어 있는 한 줄을 건너기 전에, 꼭, 눈을 감아보기 바란다.(중략)

분명, 당신은 눈을 감지 않았거나 너무 일찍 눈을 떴다. 그렇다면, 그러므로, 이제 이 순간, 돌연히, "오, 빌어먹을! 늘 똥 마려운 듯한 그대, 성급한 독자여! 속물이여! 개새끼여!" 라는 격한 욕설──써놓고 나니 지나치게 시적이다──을 당신에게 퍼부어버려도 상관은 없으리라. 용기 있게 그랬던 그 누군가들처럼. 그러나, 그렇게 강풍처럼 당신을 몰아치는 것이 결코 무턱댄 짓은 아니더라도, 그러나, 현재의 나──나? 나, 누구?──로서는 그러고 싶은 생각이 전혀 없다. 다름아닌 당신에 대해 당신에게 이야기하기 위해서는, 지금 여기서, 끝끝내 당신을 끌어안아야만 하겠기 때문에. 아니, 아무래도 '전혀'라는 말은 좀 거짓이다. 죄송하다. 게다가 글이란 대개 순서적으로 읽히는 것이니까, 앞서의 문장들에서 당신은, '그러나'의 반전이 일어나기 전까지 잠깐 동안, 이미 약간의 불쾌한 충격을 느꼈음 직하다. 솔직이 이야기해, 이런 시대──어떤 시대?──를 함께 살면서, 그 미풍 같은 충격조차 빼버리고 싶지는 않았다고나 할까. 이 마음이 당신에게 이해되기를. 지금 당장은 아니더라도 그 언젠가는.

그렇다, 그 '그 언젠가'를 향해 막막히 이 소설은 시작되고 있다."(11-12쪽)

끝이 어떠하든 별 상관이 없을 이 단편은 다음과 같이 끝난다.

"이제, 이것으로 한 매듭을 짓는 이 소설을 읽고 난 후의 당신은, 이전의 당신과 실오라기 간격만큼이나마 달라진 어떤 당신일까?
이제, 지금의 당신은 나의 다음 소설을 다시 읽으려 할까?"(33쪽)

이 소설만으로 의미를 만들기 힘들다고 느끼는 학생은 김성곤과 스탠리 피쉬의 대담 원고인 〈독서이론의 새로운 장〉과 역시 김성곤과 사이드와의 대담이 실린 〈'세계로서의 텍스트'와 세속적 문학비평〉을 참고로 읽었다. 나는 학생들에게 이 소설을 읽고 난 자신의 느낌을 솔직하게 써줄 것을 부탁했고 대부분의 학생들은 내 부탁대로 자신을 드러내는 글을 써주었다. 이인성의 글을 읽고 나서 느낀 당황스러움과 불만은 여러 명의 학생들에 의해 표현되고 있다. 소설이라는 기존의 형식에서 벗어나는 소설을 읽는 데서 오는 당혹감이 가장 자주 나타났다.

"이 소설은 제목부터가 묘하다는 느낌이다. 소설이라면 으레 주인공이 있고 사건들이 펼쳐지고 그 사건들은 작가의 짜임새 있는 구성에 의해 풀려나가는 것이라고 생각했던 내게는 제목에서 느껴지는 낯설음이 소

설이 끝날 때까지도 이어졌다."(89학번 사회학과 3학년 수빈)

"형식이 특이한 글이기에 일단은 낯설고 난해했다……작가는 작가와 독자와의 만남――그것은 작가와 독자가 서로의 입지점에서 부분적으로 일치하는 것이 아니라 완전한 만남, 즉 '우리'가 되기를 갈망하고 있음――을 원하고 있다고 본다……현실에서 보이는 껍데기적 요소(조작된 것)들을 해체시키고 의심하는 과정을 통해 진정한 변혁을 희구하기도 하고, 현실과 꿈의 괴리 속에서 동요하는 작가의 모습을 볼 수도 있었다. 그러나 그것은 동요라기보다는 오히려 자기 자신의 정체성의 불안이라고 말하는 것이 적절할 것 같다"(89학번 사회학과 3학년 연지)

"모든 소설이 이같은 형식으로 씌여진다면 문학작품을 읽는 사람의 수는 많이 줄어들 것 같다……소설은 작가가 느끼고 말하고자 하는 것을 독자라는 다수의 사람에게 전달하는 정형화된 양식이라고 생각한다. 그런데 그런 기본적인 양식마저 깨어져 버리는 상황에서는 소설이라는 형태에 관하여 어떤 대체물이 생길 것인지 염려스럽다. 물론 시대의 변화에 따라 양식의 변화가 있어 왔다는 것은 알고 있다. 그러나 이와 같은 변화에는 다수의 공감대와 이전 양식으로부터의 연속적 요소가 있다고 생각한다. 사실, 고전음악 양식의 많은 변화에도 불구하고 현대의 전위적인 음악보다는 모짜르트나 베토벤의 음악이 더욱 친밀하고 편하게 느껴짐이 솔직한 생각이다."(86학번 사회학과 3학년 승준)

위의 글들에서 우리는 틀을 깨는 것에 대한 막연한 불안감을 읽을 수 있다. 사실상 나는 이 글을 읽힘으로 자신의 그런 느낌에 대해 성찰해볼 기회를 갖기를 바랐다. 다시 말해서 자신이 틀에 매이는 편의 사람인지, 틀을 깨뜨리는 편인지를 알아보라는 것이며 이런 느낌이 사실은 자신의 책 읽기 내지 삶 읽기와 밀접한 연관성을 가진다는 점도 알아채기를 바랐다.

두번째로 이인성은 글을 통해 "도대체 소설이 소설다와야 한다는 것이 무엇인지" 묻고 있다. 다시 말해서 글 쓰기와 글 읽기, 언어행위에 대해, 그리고 저자와 독자에 대해 이 글은 새로운 질문을 던진다. 그는 끊임없이 독자를 부르면서 다음과 같이 중얼거린다.

"일단 당신 소리에 귀를 기울이고 말았으니, 한번 당신 뜻을 따라봅시다. 그럼, 당신들의 용어를 빌어 대꾸해볼까요? 이런 소설을 쓰는 건 바로 이 소설을 읽는 독자로서의 당신을 해방시키기 위해섭니다, 라고." 그 : "해방? 이게 어떤 식으로 인간 해방과 관련을 맺는지 말해보겠소?" 나 : "대개가 다 그렇지만, 이 소설도 삶의 여러 양상 중 어떤 하나에 초점을 맞추고 있다는 걸 미리 염두에 두어줬으면 좋겠군요. 여기선, 내 소설을 읽는 독자 자신이 스스로 느끼고 스스로 꿈꾸고 스스로 반성, 비판하는 정신적 실천의 영역에서지요." 당신(계속 읽고 있을 뿐이므로 이 대화에 직접 끼어들 수는 없어도, 독립된 말 자리만은 갖추어 두어야겠기에) : "   ." 그 : "구체적인 현실이 삭제된 소설을 통해 정신적 실천이 행해진다는 건 공허한 관념론으로 들리는데……" 나 : "가볍게 반문해 봅시다. 밥 벌어먹기 위해 몸을 움직여 일하는 것만이 구체적인 현실이고, 소설을 읽고 몽상하고 성찰하는 건 그렇지 않다는 건가요? 그거야말로 독단적 관념론이 아닐까요? 지금 나는 독자의 책 읽기라는 '구체적인 현실'을 겨냥하고 있는 겁니다.(중략) 물론 문학적 의미의 사회화는 독자들이 그걸 통해 얻은 정신 능력을 집단적 생활 속에 발현시키는 데서 비롯됩니다만, 그 진실된 발현을 가능케 하려면, 우리는 현체계의 근원적 뿌리부터, 즉 문학적 소통의 출발점부터, 그러니까 글 쓰기와 글 읽기의 과정에 개입되는 여러 국면부터 정면으로 문제삼아야 된단 말입니다.(중략) 책 읽기로 한정시켜 이야기하자면, 작가가 일방적으로 제시해

주는 바를 그대로 주입받는 독서는 내가 생각하는 독서의 이상형이 아닙니다. 해방된 사회의 해방된 독자는 최소한 주체적인 사고인이자 몽상가여야 합니다. 그때 작가란 단지 그 사고와 몽상의 계기를 그답게 주체적으로 마련해줄 뿐이지요. 거기서 작가와 독자의 평등한 대화가 이루어지는 것 아닐까요?……"(22-25쪽)

약간은 설교조인 이 부분에서 이인성은 독자의 수동적인 글 읽기를 지적하면서 글 읽기와 글 쓰기가 좀더 적극적인 행위가 되는, 즉 언어 행위가 보다 힘있는 행위가 될 수 있는 사회에 대해 말하고 있다. 아래와 같은 학생의 글에서 이인성의 글이 큰 효과를 내고 있음을 읽을 수 있다.

"나에 대한 진술을 한다는 것은 우리가 서로 공유할 수 있는 무엇을 인정했다는 말이며 작가와 독자는 비로소 서로에 대해 느끼게 된다. 이것에 대한 배반은 책 읽기를 멈추는 것이 될 것이다. 또 하나의 배반은 작가의 글이 일방적으로 독자에게 주어진다고 생각하는 일이다. 나는 그동안 책을 읽으면서 작가가 쓰는 말은 곧 '성경'의 말이나 혹은 '국정교과서'처럼 받아들여 왔다. 그것은 작가의 자기 진술, 그리고 나의 진술, 우리의 진술을 가로막는 장애물이 된다는 것을 이제 알았다. 자기 진술이 하나의 넋두리에 불과하다고 생각할지 모르지만 무척 많이 내 자신 언뜻 이해하지 못하는 혹은 이해할 수 없다고 생각되는 부분이 어찌된 일인지 나의 진술과 삶을 이해하는 데 더 많은 정리를 하게 한다. 구조적으로 꽉 짜여진 듯한 사회에서 직선만을 그리던 사람들이 함께 엉클어지고 혼란된 그 무엇을 느끼고 자기가 그 일부가 되었다고 생각하게 되었을 때의 행복, 그것은 결코 작은 것이 아닐 것이다. 내 진술은 거부하며 일방통행만을 강요당한, 혹은 강요한 나는 아직도 내 위치를 고수하려고 하는 경향이 있다. 이것은 변화에 대한 막연한 두려움과 공포 때문인지도 모르고……"(89학번 사회학과 3학년 창현)

작가의 말을 국정교과서나 성경처럼 읽던 버릇을 버리고 대화하는 식으로 읽으려는 노력을 이 글에서 읽을 수 있다. 저자에게 씌여져 있던 후광을 벗기고 (저자도 실수를 하거나 모르는 것이 많은 사람이다는 인식을 갖게 되고) 책이 어떤 경로로 만들어졌으며 또다시 쓰여질 수 있을지를 생각해 보는 것, 이 시대의 저자는 자신의 책이 비판적으로 읽히기를 바란다는 것, 책은 토론을 위해 있는 것이지 완벽한 진리를 담고 있는 완성물이 아니라는 것을 앎으로써 그는 지식인의 담론에 참여할 준비 태세를 갖추기 시작하는 것이다.

〈나의 자기 진술, 당신의 심문에 의한〉에서 이인성은 이 문제를 다음과 같이 언어 행위 자체와 연결시킨다.

"그것은 절망의 진술이 아니다. 더구나 당신이 보았듯 얼마든지 더 속물스러울 수 있는 나 같은 사람에게는. 그나마 문학은 스스로를 직시하게 해주고, 실현되지는 않았으나 가능성을 꿈꾸게 해주지 않았는가. 그러니 '말로만'이라고 말하기보단, 먼저 '말로나마' '말로부터' '말과 더불어'라 말해야 하지 않겠는가. 되뇌이지만, 나에게 문학은 위대한 영감도 소박한 도구도 아니다. 그건 삶의 약한 활시위이긴 해도 강한 버팀대이기도 하다. 적어도 그 문학은 희미하게나마 '우리'를 의식시키고, 그 속에서 보다 뚜렷한 '당신'을 주었다. 그 당신 뜻은 어떠한가? 이 소설을 쓰게 해주고 읽어주었기에 고맙게 되묻는 바, 이런 언어 행위가 아무리 치열하더라도 삶이라는 대설 앞에서는 역시 쓰잘데 없는 소설에 불과한가? 언어란 그다지도 삶에 밀착해 있으면서 그다지도 허약하거늘, 그렇다면 당신은 언어를 훌쩍 뛰어넘는 무슨 더 큰 복안이라도 가지고 있는가?

아아, 독자여, 용서하라. 내 자기 진술의 마무리가 어찌하여 당신에게 글자의 침을 옮겨 튀게 하는지. 그런데 뭐, 마무리? 마무리라고? 이걸로 끝낸단 말인가? 도대체 내가 자백다운 자백을 얼마나 했길래? 당신의 심문은 더 쌓여 있는데. 그리고도 또 쌓이고 있는데. 나는 아직 내 무엇을 두려워하는지 자세히 자백하지 않았고, 무엇을 사랑하며 무엇을 증오하는지도 아직 제대로 진술하지 못했는데…… 나는 아직, 그러니까, 그……, 그런데, 그래도, 이건, 그냥, 이대로……"(58쪽)

언어가 '우리'를 깨어 있게 하는 강한 삶의 버팀목임을 믿으면서 동시에 언어가 현재의 삶에서는 허약하기만 하다는 느낌을 지울 수 없어 하면서 이인성은 삶을 표현하는 적절한 '말없음' 내지 '말더듬'으로 소설을 끝맺고, 아니 끝을 맺지 못하고 있다. 적절한 우리말 찾기의 숙제는 이제 시작임을 암시해주는 것으로 나는 그를 읽었다. 이는 곧 내가 강조하고자 하는 세번째 주제로 이어지는데 그것은 해석집단에 관한 것이다. 그의 글을 다시 빌려 보자.

"지금 나는 쓰고 있고, 지금 당신은 읽고 있기 때문에. 도대체 어떻게 된 일일까? 간격이 있는데 간격이 없다! 신비한 말의 모순이랄지, 현재가 과거로 불려가고 과거는 미래로 불려가 서로 엉겨붙는다. 황홀한 반죽이다! 우리——문득 이 어휘의 실감이 스치는구나——가 마음살을 비비며 합쳐지는. 그러므로 글을 쓰고 읽는다는 건 애당초 그 결합의 첫걸음을 실천하는 일? 오, 이럴 수가……, 이렇듯 당신이 이미 나의 과거이자 미래이자 현재라니!……그래서 당신은 내가 숨쉬는 공기 같은가? 등뒤를 돌아본다. 당신은 없다. 몸을 되돌린다. 당신이 등뒤에 있다. 그

보이지 않는 무수한 입자들로 떠도는 당신. 그러고 보니, 당신들끼리도 그렇다. 당신은 당신들이니까, 나의 이 지금으로부터 당신들은 시간과 공간의 거대한 좌표 위에 무수히 흩어진 점들이지만, 그러나 이 소설이 그 좌표 위의 어느 곳으로도 같은 형체로 다가가듯, 우리——뚜렷이 이 어휘를 새겨 지니고 싶구나——의 '지금' 속에서 그 간격을 지울 것이다. 그래서 어느날 함께 말하게 될 터. 서로의 이 몹시도 작은 사랑에 대해서. 모래알 하나에 하나가 덧붙여지고 그 둘에 또 하나가 덧붙여지듯, 더디게 더디게, 하지만 또 어느 날 무겁고 거센 모래 사태로 몰아치려고. 나와 당신은, 당신과 또 다른 당신은, 또 다른 당신과 나는, 그렇게, 철조망처럼 가로놓인 온갖 절차를, 검열을 광고를 소문을 기사를 비평을 거래를, 정치를 사회를 경제를 뛰어넘을 수 있으리라. 한없이 아득하지만 그래도 아무려나 갈 수 있으리라, 가야만 하리라."(32-33쪽)

이인성은 여기서 우리 사회의 지배적인 지성계가 오랫동안 포기해온 '대화주의', 언어의 회복, 담화 공동체의 형성에 대해 이야기하고 있다. 그 자신이 이 가능성에 대해 얼마만한 신뢰를 주고 있는지는 글에 나타나 있지 않으나 하여간 이 글을 통해 학생들은 분명 담화 공동체에 대해 생각해볼 기회를 가졌으리라. 한 학생의 표현을 빌려 보자.

"여지껏 내가 읽었던 소설과는 형식면이나 내용면에서 상당히 달랐기에 혼란스러움을 금할 수 없었다. 누군가의 일기장을 훔쳐보는 듯한 마음으로 읽었다. 혼자 읊조리는 듯한 나지막한 어조의 글이나 일방적인 글만을 접하다가 알몸을 드러내 보이는 듯한 글을 통해서 나와는 뭔가 신분의 차이가 있는 듯 느꼈던 작가에게서 나와 같은 평범한 인간으로서의 동질감을 느낄 수 있어 재미있었다. 동질감을 느낄 수 있기에 별말이 아닌 말을 해도 다정한 형제의 말처럼 강하게 사로잡힐 수 있었다."

(89학번 사회학과 3학년 미라)

이인성의 단편에 나타나 있는 이 세 가지 주제, 즉 기존의 틀을 깨는 것, 주체적 글(삶) 읽기, 그리고 주체적 글(삶) 읽기와 글(삶) 쓰기를 통한 힘있는 담화 공동체의 형성은 바로 내가 〈문화이론〉 교실에서 다루고자 한 중심 주제였다. 이 논의는 물론 푸코나 데리다나 사이드나 스탠리 피쉬의 글을 통해서도 읽어낼 수 있는 내용이다. 사이드[12]는 텍스트란 사회화의 과정, 저자와 독자가 만들어가는 과정임을 강조해 왔다. "더욱 견고해지는 구조"에 대한 우려와 "오리진이 아닌 시작"에 대한 탐구도, 주어진 틀 안에 있는 본질을 찾으려는 데서 벗어나 기존의 틀을 깨고 구체적 시작에 초점을 맞추자는, 역사성을 제대로 찾아가자는 면에서 강조된 측면이다. 그러기 위해서는 기존의 저자에게 부여된 권위에 대한 도전이 필요한 것이다. 내가 구태여 이인성의 글을 통해 이 주제를 끄집어낸 이유는 앞에서도 이야기했듯이 그것이 학문적 논문이 아니라 소설적 형식으로 쓰여졌기 때문이다. 그의 글은 소화불량기가 남아 있는 번역투가 아닌 우리 말로 매끄럽게 쓰여져 있어 잘 읽힌다. 그리고 그 글에서 적어도 나는 공동의 문제로 고민하는 '우리'를 느낄 수 있다. 이 책에서 내가 하고자 하는 궁극적인 목표인 우리 문제를 풀어갈 '우리'──이때 우리는 전문가라는 선을 뛰어넘어 서로 만나게 되어 있다.──를 만들어가야 한다는 말을 매우 설득력 있게 하고 있다고 나는 생각한다.

---

12) 김성곤, 1990, 〈'세계로서의 텍스트'와 세속적 문학비평〉《포스트모던 시대의 작가들》, 민음사.
1984, 〈에드워드 사이드의 '시작'과 '오레엔탈리즘': 왜곡과 허구의 텍스트로서의 역사〉, 《외국문학》 제3권.

물론 학생들이 제출한 글 중에는 내가 원하는 책 읽기 방식과 거리가 먼 글들이 있다. 텍스트 안에만 머무는 글들이 주로 여기에 속한다. 내용을 파악하는 식의 책 읽기인데 글과 자신간에 늘 일정한 거리를 남겨두고 있다. 현학적으로 소설적 분류를 하는 경우에서처럼 자신은 무대 뒤에 머물면서 주어진 텍스트에서 무엇인지 대단한 것을 알아내고자 하거나 그것이 실패할 경우 가차없는 비판을 할 태세가 엿보이기도 한다. 글 읽기는 의무적인 업무수행 수준에서 이루어지며 저자와 자신의 사적 자아는 분리되어 있으므로 상대방(작가)의 마음속에 들어가 보려는 노력보다는 성급하게 규범적 규정을 내리거나 개념들의 연결로 글을 '읽어치우려는' 경향을 보인다. 그런 책 읽기의 전형은 아니지만 그런 일면을 보이는 글 한편을 읽어보자.

 "이인성의 글이 의도하고 있는 바, 글 쓰기를 통한 독자와의 '집단적 얽힘'이라는 과제는 그 표현의 양식이 '의식적인' 자기 해체로부터 벗어날 수 있을 때 가능하다. 유사한 시도로서, 그리고 고정된 구조로서의 私소설의 양식은 이즈음의 소위 '해체주의'의 그것과 대비하여, 정형성과 견고한 자기 방어의 틀을 지니고 있다. 그것이 또 다른 측면에서 함정이 될 수 있다고 해서 역으로 '해체' 위주의 글 쓰기에 우위를 가져다 주지는 않는다. 문제는 정당한 자기 표현으로서 고백과 투사가 과연 '의식적으로' 이루어질 수 있는가 하는 점에 있다. 문학에 대한 다종다기한 개념 규정과 의미 부여가 있어왔지만 본질적으로 그것은 정제된 이야기(말하기)이며 이야기거리에 대한 손질(의식적인 걸러냄)이 될 수밖에 없다. 스스로 해체한다는 것과 의식적으로 그 작업을 수행한다는 것은 말하기가 아닌 글 쓰기인 이상 논리적으로 서로 상치된다." (83학번 사회학과 3학년 영준)

여학생들에 비해 남학생 중에 이런 '논리적인' 글을 쓰는 사람이 많다. 이런 측면은 이 책의 다른 부분에서 남성적 글 쓰기의 일면으로 다루어 볼 것이다. 위의 글과 대조적으로 이인성의 소설을 매우 강한 감정으로 읽어내린 경우를 살펴보자.

"작가의 자기 고백 또는 자기 통찰은 중요한 일이라 생각된다. 그러나 독자 중의 하나인 내가 이 글에서 가장 크게 느끼는 것은 작가의 외로움이다. 가장 목에 걸리는 말은 작가가 아주 어렵게 또는 조심스럽게 쓰는 '우리'라는 말이다. 무시할 수도 없고 당연히 전제되어 있는 것도 아니지만 작가의 자기고백을 가능케 하는 희망으로서의 우리. 우리란 단어가 나올 때마다 책을 덮어버리고 싶었다.
　왜 구구절절이 자신을 설명해야만 하는가? 이런 의문은 이 글의 문학적 맥락을 전혀 파악하지 못하는 나란 독자의 무식함의 표출일는지도 모르겠다. 그렇지만 고집을 계속 부리고 싶다. 자기가 스스로를 분석해야만 하는, 아니 분석해야만 마음이 편해지는 사람의 소외된 현실을 나는 별로 보고 싶지가 않다. 이인성씨가 쓰고 있는 말 하나하나가 공감이 가지만 그것이 더욱 이 글 읽기를 고통스럽게 한다. 차라리 독자의 어리석음과 작가의 교활함이 통할 수 있는 세계가 이런 강박적인 자기 부정보다는 어떤 의미에서는 편안할지 모르겠다."(87학번 심리학과 4학년 유라)

심리학과 학생의 글이라 심리적 분석이 많이 개입되어 있는 듯하나 타인의 고백을 들어주어야 하고 그래서 '우리' 되기를 강요당하면서 느끼는 감정을 잘 그려주고 있다. 우리는 이런 구구절절한 고백에 익숙해져 있다. 그러나 그것은 대면적 상황일 때만이었지 엄청난 권위를 가진 문자를 통한 상황에서는 있을 수 없는 일이었던 것이다. '강박적인 자기 부정'에 대한 강한 거부감과 대화하는 식의 글 형식 자체에서 받는 부담감이 글에 잘 나타나 있다. 이 불만은 이인성의 글에 대한 또 다른 불만, 즉 '진리'가 담겨 있지 않다는 불만과 연결되는 부분이 있다. 이인성의 글이 충분히 계몽주의적이지 않고——위의 글에서는 '작가의 교활함과 독자의 어리석음'이라는 말로 표현되고 있다——분명한 대안을 제시하고 있지 않다는 것이다. 이들은 계몽주의적이기를 포기한 듯한 작가의 자기 고백을 몹시 못마땅하게 생각하고 있다.

"처음에는 도대체 무슨 뜻인지 몰라 어리둥절하고 왜 이런 책을 읽는지 짜증이 났다. 읽어갈수록 작가가 의도하는 바는 독자와 작가 사이의 알 수 없는 벽——그것이 자본주의적 문화이든지 무엇이든지 간에——에 대한 냉소와 욕지거리가 아닌가 생각되었다. 또한 개인적으로 성장하면서 자신에게 진정한 의미를 주는 것이 아니라 형식적이고 허식적인 껍데기로 느껴지는 삶 속에서 드는 회의들——소아병적 반발심으로 느껴진다——을 기술한 것 같다…… 작가가 끊임없이 냉소함으로써 무엇을 얻을 수 있을까 의문이다. 작가는 사회의 여러 가지 모순을 느끼면서도 이후 방향성, 실천적 대안의 획득에 실패한 것 같다." (89학번 사회학과 3학년 진성)

"이인성의 글을 읽어보면서 느낀 것은 자신의 글에 대한 냉철함과 신중함이 아닌, 지식인 특유의 호들갑과 과장됨, 나약한 패배주의, 허무주의의 극단이었다.…… 마지막 부분에, 작가가 '사회인'으로서 안고 있던 여러 가지 건강한 문제의식들을, 결국 그것들을 '말로나마' 되뇌이는 것에 상당한 진보성을 부여함으로써 작가는 가치판단과 실천의 여지들을 스스로 거세해 버리는 한계를 극복하지 못한다. 이인성의 글을 읽고 내릴 수 있는 판단은 '작가가 몹시 혼란스러운 상태에서 글을 썼고 읽고 있는 나 또한 혼란스럽다'란 사실이며, 만약 그가 우리에게 원한 것이 이러한 단순한 깨달음과 그 과정이 낳은 극심한 두통이라면 일기장에 써가지고 서재에 혼자 편히 앉아 혼자 골아프게 읽을 일이다. (아마 작가 자신도 자신이 써 놓은 글을 다시 읽어 본다면 글의 몰가치성, 아무것도 지향하는 것이 없음, 그리고 그러한 것을 은폐하기 위한 의식의 과장됨, 혼란함에 정신이 하나도 없을 것이다.)"(89학번 사회학과 3학년 동석)

"내게는 화자의 머리 속에 남은 기억들은 한결같이 자신의 정체성이 명확했던 과거에 대한 회구들로 보인다. 현재의 화자는 '모두가 똑같기만 해서 자신을 구분할 수 없는' 현실에 대해 절망하고 공허감을 지우지 못한다…… 이 글이 '아, 아무래도 안돼. 찾을 수가 없잖아.' 하는 작가의 한숨처럼만 느껴진다."(89학번 주생활학과 3학년 희경)

"스스로를 솔직하게 드러내보이는 것은 물론 대환영이다. 하지만 이미 세상에 진리가 존재하지 않는다는 규정 자체로 인해 인간의 삶이 더더욱 무모한 수렁 속에 빠지는 것처럼 될 때, 스스로를 동물과 별 다른 것이 없는 하잘것 없는 존재로 여길 때 인간 삶에 있어서 비전은 상실되는 것이라고 생각한다. 형식만이 중요한 것은 절대로 아니지만 속옷 정도는 입고 있어야 하듯이 어느 정도의 예의는 필요하지 않을까?"(89학번 사회학과 3학년 미라)

위의 네 글에서 책은 어떤 보편타당한 진리를 드러내 주어야 한다는 전제를 읽을 수 있다. 이런 류의 글 읽기를 하는 경우, 독자는 자신을 글 속에 쉽게 개입시키지 않는 경향을 보인다. 객관적인 진실이 있다고 믿는 경향이 있으므로 그 외의 낯선 것들을 자신과 연결시키는 데 주저함이 따르는 것이다.

마지막으로 이인성의 글이 곧바로 자기 성찰로 이어지는 글을 읽어보자.

"읽는 매순간순간 많은 생각을 하게 하는 글이다. 이 글은 독자의 심판을 수동적으로 기다리는 작가와 소설이 '좋다 나쁘다' 하는 느낌 정도만 가질 뿐 그 동안 서로 격리되어 왔던 작가와 독자간의 벽을 허물고자 시도하고 있다. 제목에서 느낄 수 있듯이 "당신의 심문에 의한"이란 말은 독자를 자신의 글 세계에 끌어들임으로써 작가나 독자 모두가 능동적인 자세로 참여하기를 부추긴다. 작가는 자기 해부적인 글을 보임으로써 독자가 읽는 순간에 자기 자신에 대해 생각하게 한다. 흔히 소설을 읽으면 자기 자신을 망각하고 다른 세계에 빠져들어 남의 삶에 즐거워하고 슬퍼하다 만다. 이 글은 결론은 없지만 자기를 돌아보게 한다. 그의 고백을 통해 내가 미처 깨닫지 못한 나의 의식, 느낌들이 일깨워짐을 느낀다."(88학번 사회학과 4학년 은희)

"처음 접했을 때 복잡하게 나열된 지시사들과 앞뒤 문장의 배열이 체계──늘 접해오던 구문의 체계──가 없어 어리둥절하였다. 특히 물음표가 연속되는 나, 당신, 그리고 우리…… 읽혀서 자백하는 나와 썪여져서 심문하는 당신은 비단 문학작품 속에서만이 아니라 모든 인간의 삶에서 일어나는 일일 것이다. 즉 내 가슴으로 들어와 내 안에서 들끓으며 나를 심문하는 당신은 곧 나를 바라보는, 나를 지켜보는 나일 수도 있으리라. 결국 침묵으로 겹쳐진 당신을 통해 나는 더 많은 내가 될 수 있으며 그것은 내가 더욱 성숙해지고 보다 근본적으로 바뀔 수 있는 가능성을 말해준다. 나는 무엇보다도 많은 나를 가지고 있다. '그런' 나를 '이런' 모습으로 규정하고 있는 것은 안전한 삶, 위기 없는 삶을 위한 노력일 것이다…… 나에 대한 성찰, 나의 다양한 모습, 의식적인 스스로의 해체가 안전한 삶으로의 각본만 충실히 연기해온 '나'에게, 그리고 곧 '우리'에게 필요하다."(89학번 사회학과 3학년 수경)

"글을 읽고 있는데 재미없다고 느끼는 순간 작가는 나의 의중을 알고 있었다는 듯이 재미없다는 느낌을 왜 가졌으며, 재미가 도대체 뭔줄이나 아느냐고 도리어 반문하면서 끌어당긴다. 작가는 자신의 자서전적 진술을 소설의 허구라는 형식을 빌어 독자인 나를 심문하고 또한 그를 심문한다. 그러는 가운데 이인성 자신이 작가가 아닌, 자신의 모습을 보이려고 하고 나 자신도 허구적 존재가 아닌 내 존재를 깨닫게 한다. 지금까지 우리가 보아온 소설, 작가가 의도한 내용을 일방적으로 전달하는 것이 아니라 일상적 이야기를 상호 질문하고 대답하는 형식을 통해 현실을 인식하게 해주는 것 같다. 사실주의는 비판적 거리를 지키지 못하고 모더니즘은 거리는 있는데 예술로 도피하는 것에 대해서 이런 소설은 이 둘의 결함을 보충하며 못다한 혁신을 이루려는 것이 아닌가 한다. 이 글을 읽으면서 작가가 의도한, 아니 내 자신이 의도한 것은 편안한 질서와 거기에 안정하고픈 욕망을 떨쳐버리고 자신을 인식할 수 있도록 하는 것 같았다."(86학번 사회학과 4학년 장호)

〈시네마 천국〉이라는 영화를 보면 1930, 40년대 헐리우드 영화가 세계를 휩쓸면서 이태리 한 농촌도시에서도 예외없이 영화관이 마을의 중심이 되는 것을 보게 된다. 영화의 주제는 주로 사랑과 이별, 전쟁을 소재로 한 것들이며 관객들은 영화를 여러 번 보아서 그렇기도 하겠지만 영화의 스토리 전개가 어떤 식으로 이루어지는지를 잘 알고 있다. 사실상 당시의 사랑과 이별과 전쟁의 이야기는 한정된 각본 안에서 약간의 각색 과정을 거칠 뿐이다. 끈끈한 가족애, 보호막이면서 한편 억압적인 부모와 고향을 떠나 영원한 사랑의 동반자를 만나고자 하는 낭만적 꿈, 아니면 민족주의적 감정으로 온통 들끓던 시대였으니까…… 이 시대는 남의 이야기가 곧 자기 이야기였다. 남의 삶에 즐거워하고 슬퍼하며 자기 삶을 확인했던 것이다. 그러나 지금은 어떤가? 우리들의 삶은 상당히 단절적이다. 직접 한 체험은 말할 것도 없고 자신을 표현하는 방식에서 상당한 차이를 보인다. 이런 시대에 소설은, 영화는 무엇을 어떻게 이야기해야 하는가? 이인성의 소설은 이렇게 서로를 연결할 끈을 쉽게 찾을 수 없는 변화된 상황에서 소설가로 남기 위해 안간힘을 쓰는 한 소설가의 실험이다. 이 시대에 글을 통해 서로를 만난다는 것이 가능한가? 가능하다면 그것은 어떤 방식으로 가능한가를 그는 떠보고 있는 것이다. '나'가 이미 통합된 하나가 아니고 '나'가 누군지 알 수 없는 시대를 사는 독자들에게 이인성은 만남을, 곧 '말'을 포기해서는 안된다고 말하고 있다.

혼란기에 '나'에 대한 물음을 다시 제기함, 푸코는 이를 역설적으로 한 바 있다.[13] "당신은 누구인가? 등으로 나에게 질문하지 말아 주십시오. 언제나 똑같은 채로 있으라는 식으로 질문하지 말아 달란 말입니다." 홍수처럼 쏟아지는 광고 이미지 속에 허우적대며 극심한 세대 갈등과 자기 분열의 위기를 느끼고 있는 현대인은 어디서 '나'를 찾을 수 있을까? 전하고자 하는 내용을 분명히 가진 '너'를 우리는 신뢰할 수 있으며 아니라면 적어도 좋아할 수 있을까? 새 세대는 새로운 글 쓰기를 원한다. 그들은 중압감을 주는 글을 읽고 싶어하지 않으며 그 중압감 때문에 자신의 생 자체, 대화 자체를 거부하게 되었음을 후회하고 있다. 그들은 자신의 이야기를 담을 수 없는 형식의 글 쓰기를

---

13) M.Foucault, 1972, *The Archeology of Knowledge*, (trans. by A.M.Sheridan Smith), New York:Random House.

끝내고 새로운 글 쓰기를 하고자 한다.

"이인성은 한 가지 커다란 일을 해주었다. 바로 우리를 윗세대 작가들의 '생'에 얽매인 듯한 글들로부터 해방시킨 것이다. 그들의 눈물, 웃음, 한숨 등에서 느끼는 중압감, 답답함, 그리고 일종의 질투 섞인 부러움에서 벗어나게 해준 것이다. 우리들이 (내가) 우리들의 위치를 다시금 바로 바라볼 수 있도록 그는 도와주었다. 그의 글 쓰는 작업 자체가 우리에게 하나의 가능성을 열어주었다. 또한 작년에 알게 모르게 나를 숨막히게 했던 '리얼리즘'의 강요에다가도 한번 가벼운 웃음을 던질 수 있게 했다. 우리들 생 자체가 그리 가벼운 것이 아니며 무게를 지녔다는 느낌을 나는 이인성의 글을 통해 새삼 확인했으며 그 느낌은 바로 우리들이(내가) 글을 쓸 수 있는 것을 뜻한다."(89학번 아동학과 3학년 윤희)

"그러한 상태에서 읽었다는 것을 밝히며 쪽글을 시작하는 게 좋을 것 같다. 소설 속에서 작가가 얘기한 바와 같이 중요한 것은 '당신'이란 어떤 말상대와 함께 '나'에 대해 이야기하고 싶은 것일지도 모르므로……

4학년으로, 그리고 빵구난 학점까지 때우기 위해 앞으로 3학기를 남겨 놓은 채 지금은 새로운 기분으로 시작한 새 학기가 일주일이 지났고 머릿속엔 지난 금요일 수업 때의 자기 소개 모습이 인상지워져 다음 수업 시간에 어떻게 소개를 해야 하나 하는 공상, 망상이 오락가락하는 상태에서 이 글을 읽게 되었다. 마치 이인성씨의 이야기를 듣는 듯 읽고 난 뒤 한 가지 느껴지는 것은 지난 수업시간의 자기 소개와의 연관성이다. '당신의 심문'이 형사의 그것과 같이 되어가는 것처럼 우리들은 그 누구를 만나건 어느 정도는 얼토당토않은 형식에 지배되는 습관이 있는 것 같다는 평가를 내리게 되지만 방관자처럼 평가만 내릴 수는 없다는 생각이 더 절실하다. 어떻든 수업이란 장 속에서 새로운 사람들과 관계를 맺어가야겠다는, 그 속으로 뛰어들지 않으면 얻을 수 없는 그 무엇이 있을지도 모른다는 생각이 든다.

　소설에서 공감 가는 부분은 '편안한 삶, 계획, 계략'과 작가로서의 '내'가 가지는 현실주의냐? 작가라는 껍데기로 위장한 채 그렇고 그런 '내'가 가지는 현실주의냐?를 묻는 부분이다. 마치 입시에서처럼, 취직이라는 것에 다시 걸려 있는 대학인이라면 누구나 고민하는 문제이겠고 특히 운동이 무엇인지 고민해 보았던 사람이라면 좀더 심각한 문제로, 한 2학년 후반부쯤 되면 안게 되는 반복되는 지겨운 문제, 아무리 생각해도 우리는 적당히 사는 데서부터 출발할 수밖에 없다는 생각이 들지만 한편 그런다는 것은 너무 수세적인 것 같고 빈 배알을 가지고 사는 비생명적인 일이라는 생각도 떨쳐버릴 수 없다. 무엇을 할 것인가?와 어떻게 살 것인가? 그러나 말뿐인 때가 너무 많았기에 조심스러워진다. 앞으로 실천적인 고민이 있었으면 좋겠다는 생각이 든다. 마지막으로, 역시 우리 말, 우리 글로 쓰여진 우리의 얘기가 좋구나 하는 것을 느꼈다."(87학번 사회학과 4학년 한솔)

　이인성의 글을 읽고 자신에 대해 돌아보고 또 적어도 번역투는 아닌 '우리 말'을 읽는 기쁨을 알고 표현하는, '우리' 속에 뛰어들지 않으면 얻을 수 없는 그 무엇이 있음을 느끼는 글은 나를 기쁘게 했다. 이 글의 초고를 읽은 대학원생은 학생들이 여전히 '눈치'가 빨라서 선생의 의도를 파악하고 쓴 것이 아니겠냐고 했지만, 글쎄다. 시험도 보지 않고 자기 스스로 생각하는 힘을 기르자고 하는 이 수업에서 보는 '눈치'라면 배우는 입장에 있는 이들에게는 필요한 눈치가 아닐까?

　이 정도에서 이인성 읽기를 마무리지어 보자. 이인성씨가 이 소설을 '독자중심비평'에 근거한, 최근 서양에서 유행해 들어온 포스트모던적인 풍을 모방해서 썼으며 그래서 자생적인 작품이 아니라는 등의 말을 하는 사람들을 나는 만났다. 그러나 그런 것은 실은 별 의미가 없다. 그가 어느 서구 문학비평가의 글을 읽다가 아이디어를 얻었건 순전한 자생적 아이디어로 썼건 지금 내게 중요한 것은 이 땅에 살고 있는 한 소설가로서의 그가 절실하게 이 글을 썼다는 사실과 그보다 더 중요한 것은 이 교실의 학생들이 그 글을 읽고 많은 중요한 이야기들을 나눌 수 있었다는 사실이다. 중요한 생각이라니? 중요하다는 기준은? 그 기준은 누가? 내가 정한 것이다. 내가 우리에게 의미 있으리라고 생각한, 결국은 임의로 내가 정한 것이고 그 기준의 유용성은 우리들 사이의 토론을 통해 확인될 것이다.

   나는 왜 이인성의 글을 그렇게 읽었는가? 그리고 그의 작품이 가진 문제점에 대해서는 한가지도 지적하지 않고 그를 이용하여 자신이 하고 싶은 이야기만 하고 있는가? 사실상 나는 벌써 이인성씨의 글만이 아니라 학생들의 쪽글까지도 '잘못 읽기'를 해가면서 뭔가를 열심히 이야기해 왔다. 교과서적 책 읽기와 수동적 인간, 저자의 권위와 권력, 지적 공동체의 형성과 그 잠재력에 대해서, 그리고 '우리'들의 말이 궁극적으로 가장 중요하고 권위 있는 것이며 그래서 지금 이 자리에서의 만남이 그러하다는 말을 해왔다. 하여간 적어도 이제 이 책을 읽는 독자들은 나의 의도와 이 교실에 들어와 있는 학생들의 성격과 자기 성찰의 자세 등에 대해 어느 정도의 감을 잡았으리라. 이제 좀 다른 성격의 텍스트 읽기로 넘어가 보자.

상용 : 꿈이 깨지는 기분이다.
디즈니의 《숲속의 잠자는 공주》를 읽으면서 느낀
그 환상적인 기분, 외국에 대한 동경
그리고 옛날에 대한 그리움 등이
적나라하게 깨지는 기분이 들었다.

그림 - 〈새로 쓰는 신데렐라 이야기〉, 전기윤, 1992

희경 : 꿈이 깨지기는 하지만
내게는 그것이 오히려 해방적이었다.
특히 성차별적인 면에서 보면 신데렐라를
매우 주체적인 인물로 만들고 있는데 신이 났다.
우리가 알고 있는 신데렐라와 같은,
그렇게 소극적이고 나약한 여성상이
왜 대두되었는지 역사적으로 생각해 보게 되고,
그래서 보다 자유로운 새 꿈을 갖게 되는 측면이 있지 않은가?

3장 텍스트의 역사성과 당파성

혼란시킬 수 있다는 것은 바로 스스로 혼란을 피하는 것이다.
(Hi Hi-hao Dsu, B.C. 2500년 경)[14]

 모든 글은 새롭게 쓰여지거나 다시 고쳐 쓰여지기 위해서 쓰여진다. 우리는 책의 독자이자 동시에 저자인 것이며 그것은 우리의 사회적 삶이 변하는 한 진리일 수밖에 없다. "텍스트는 고정된 것이 아니다. 적극적 해석을 기다리고 있다"는 명제를 좀더 깊이 있게 살펴보기 위해 동화를 읽어보기로 하였다.

---

14) 위에 인용한 문구는 이링 페처가 쓴 《누가 잠자는 숲속의 공주를 깨웠는가?》(1991, 이진우 옮김, 철학과 현실사)의 책 첫머리에 나와 있는 문구이다. 이것은 중국 신화시대 삼황오제 중 소호시대 서경에 관련된 글인 듯하다고 중국 철학을 전공하는 어느 교수가 일러주었는데, 그 옛말이 지금 독일 철학자에 의해 인용이 되었고 그것을 서울에 사는 내가 다시 인용하고 있는 것이다. 주눅들지 않는가? 모든 지식은 이제 서구에서 재정비되어 들어오는가?

동화를 새로 쓰고 재해석한《누가 잠자는 숲속의 공주를 깨웠는가?》의 저자 페처 교수는 1922년에 독일서 태어난 정치학자로 맑스철학과 맑스주의 전문 연구가라고 한다. 이 책은 기존 동화들이 현대적 상황에서 별 의미가 없거나 편견을 조장하며 때로는 상상력을 죽일 뿐이라는 것을 안 저자가 1974년 자신의 아이들에게 들려줄 겸 쓴 것이다. 저자는 매우 변혁지향적인 지식인으로서 역사문헌학, 정신분석학, 그리고 역사적 유물론적 방법으로 그림 형제 이후 정리된 (고정화된) 동화 판본을 분석하여 새 판본을 만들어 내거나 원래 판을 복원해 내고 있다. 저자는 특히 중세기말에 전래되어 오던 민중적이고 해방적인 동화가 자본주의적 안정기에 들어서서 변색하였음을 밝히고 있는데, 지금 우리가 알고 있는 동화는 자본주의가 정착하는 시대에 낭만주의적인 그림 형제(1790-1860?)가 근대적 소시민의 취향에 맞도록 각색한 것이 인쇄화된 '반동적인 전설'이라는 것이다. 그러한 전제 아래 페처는 초기의 시민적이고 혁명적인 내용이 담긴 원형을 복원하고자 하며, 복원이 불가능한 경우에는 자유로운 상상력으로 부족한 부분을 메워 자기 나름의 해석본을 만들어 내고 있다. 그는 독자들에게 이러한 '동화 혼란놀이'를 함으로써 동화의 무의미성에서 탈피하고 스스로 텍스트를 창출해 내갈 것을 권한다. 그는 이 방법이 바로 혼란기에 스스로를 지키는 길이라고 말하고 있다.

　글 쓰기가 시대 변화에 따라 다시 쓰여져야 한다는 점을 이 책은 아주 잘 보여주고 있다. 이 책을 통해 자신들이 어릴 때 별 생각없이 읽어온 동화가 실은 서양의 한 특정한 역사적 시기에 쓰여졌으며 또 계속 새로 쓰여져 오고 있다는 것을 알게 된 것만으로 학생들은 충분한 충격을 받았다. 먼저 이미 우리에게 익숙한 〈백설공주〉의 원본이라고 제시하는, 이링 페처가 쓴 판본을 들어보자.[15]

새로 쓰는 백설공주 이야기

옛날에 백설공주라고 불리우는 그림같이 예쁘고 착한 소녀가 양친의 성에서 부귀와 영화를 누리며 자라나고 있었습니다. 소녀의 머리는 흑단나무처럼 까맣고, 뺨은 눈처럼 희고, 입술은 피빛처럼 빨갛습니다. 그렇지만 공주는 궁궐의 모든 부귀 영화가 백성들의 가난과 고된 노동을 통해 얻어진다는 것을 알고부터는 마음 속 깊이 슬픔을 안고 살아가고 있었습니다.

어느 날 말을 타고 숲속을 가다가 거친 수염을 기른 청년을 만났습니다. 공주는 청년에게 말을 걸어 세상살이에 대해 알아보려 했습니다. 그리고는 그 청년이 바로 자기의 슬픔을 해결하는 일을 하는 것을 알아냈습니다. 죽도록 일하고 시달리기만 하는 백성들을 해방시키는 것을 목적으로 삼은 반란군에 그가 속해 있다는 사실을 알아낸 것입니다. 헤어질 때에 그는 공주에게 조그맣고 빨간 책 하나를 선물하면서 몰래 그 책을 읽고 궁 안의 아무에게도 보여주지 말라고 부탁했습니다.

백설공주는 일곱 밤 동안을 이 책을 읽어서 거의 외울 정도였습니다. 그리고 공주는 그 청년이 하고 있는 일이 옳다는 확신을 갖게 되었습니다. 다음에 숲속에 갔을 때에 공주는 몰래 식량과 칠판, 그리고 몇 개의 무기를 가지고 갔습니다. 공주가 일곱 언덕을 넘어 반란군들의 진영에 도착하자 그들은 열광적으로 환영을 했습니다. 물론 그들에게 유용한 물건을 가져왔기 때문이기도 하겠지요. 아름다운 공주가 반란군에 가세하였다는 소식은 산불처럼 왕국에 퍼져 나가서 자유 해방군에 더 많은 추종자들이 생겼습니다.

---

15) 이링 페처, 1991, 앞의 책 80-83쪽.

> 여러 번 왕의 군대의 교활한 음모를 물리친 반란군들은 드디어 성을 함락시키고 왕정을 무너뜨렸습니다. 그리고는 백설공주가 가담한 혁명 정부를 수립하였습니다. 사악한 왕비는 감옥에서 평생 동안 뜨개질하는 형을 받았습니다. 그 동안 백성들과 민중에게 행한 잘못을 보상하기 위하여 옷을 만드는 것입니다. 혁명 정부에서 백설공주는 여성 해방을 위하여 일을 하였습니다. 그래서 나라의 모든 백성들은 백설공주를 좋아하고 존경하였습니다. 아마 죽지 않았다면 지금도 그렇게 열심히 그런 정의로운 일을 하면서 살고 있을 것입니다.

또 다른 인기 있는 공주 이야기인 신데렐라에 대한 이링 페처의 의견을 들어보자.[16]

> "동화 같은 얘기 하지 마"하고 사람들은 거짓말쟁이를 향해 말하곤 합니다. '동화적'이란 것은 불가능한 것, 즉 사실이 아닌 것을 뜻하지만, 그럼에도 불구하고 동화는 우리 인간 속에 있는 깊은 욕구에 부합하므로 즐겨 읽혀집니다. 신데렐라는 동화의 정수, 그 자체라고 생각지 않습니까? 이 이야기는 사람이 생각해 낼 수 있는 것 중에서도 가장 믿기 어려운 것이지만, 그럼에도 불구하고, 혹은 오히려 그렇기 때문에 항상 이야기되고 있지요. 헐리우드는 20년대와 30년대 여러 번 그것을 영화로 변형시켰고, 통속 소설은 아직도 그 내용을 우려먹고 있습니다. 누가 가장 먼저 그 이야기를 지어냈고, 왜 무슨 이유에서 지어냈을까요? 성직자였을까요? 아니면 많은 신데렐라의 희망 없는 처지를 의식하고 동조하는 것을 방해하려는 한 영리한 정치가였을까요? 누구였든간에 그 동기는 분명한데, 그것은 민심을 안심시켜야 하는 것이다는 것입니다.

---

16) 이링 페처, 위의 책 138-140쪽.

"기다리기만 해라, 너희 가난하고 억눌리고, 경멸받는 자들아, 언젠가는 너도 금과 은 속에서, 아름답고 강한 왕자 옆에서 뽐내며 살게 될 것이다. 사악함이 없고 온 자연이 착한 인간들과 함께 부활을 축하하는 그런 날을 참고 기다려라"고 이 동화는 말하고 있습니다. 이렇게 동화가 행동을 못하게 하고, 꿈꾸는 자들로 하여금 단지 어려운 현실을 받아들이게끔 한다면 우리는 동화를 다시 써야 하는 것입니다. 그럼 이제 신데렐라의 원본을 재구성해 볼까요?

옛날에 한 소녀가 살았습니다. 아버지는 아내가 죽자 재혼하였는데, 새어머니는 소녀를 하녀로 만들어 버렸습니다. 거만한 의붓언니들이 무도회에 가고, 피아노를 치며 연애를 하고 다니는 동안 소녀는 더러움과 재 속에서 끝도 없이 고되게 일을 해야 하였습니다. 얼마 동안 이러한 굴욕적이고 고된 생활을 한 뒤에, 소녀는 무엇인가 하기로 결심하였습니다. 소녀는 마을 우물가에서 매일 아침 다른 집 하녀들과 만나게 되는데, 서로 쓸데없는 이야기나 하는 대신에 하녀의 처지에 관한 보고서를 쓰기 위한 자료를 수집하기로 하였습니다. 소녀는 그 보고서를 어머니 무덤에서 열린 그 구역 모든 하녀들의 비밀집회에서 발표하였습니다. 소녀가 그 장소를 택한 것은 그곳이 하녀들이 방해받지 않고 모일 수 있는 유일한 곳이었기 때문입니다.

그들은 상황 보고서에 관해 충분히 얘기를 한 후에, 대책을 의논하였습니다. 겨울이 다가왔으므로, 그들은 크리스마스를 기해 일주일의 휴일과 10마르크의 보너스 그리고 밤일을 더이상 시키지 말 것을 요구하기로 결의하였습니다. 그들의 요구는 거부당했습니다. 스트라이크의 날(그 당시에는 그렇게 불리지는 않았습니다. 왜냐하면, 그 개념은 나중에 영국으로부터 건너왔기 때문입니다.) 거의 모든 시민의 집에서는 다음과 같은 일이 일어났습니다. 하녀들은 일제히 일손을 놓았고 주인들은 바쁜 크리스마스 전날 파업을 일으킨 하녀들에 대해 분통을 터뜨리면서 아이들을 친지의 집에 보내 이틀이나 사흘 동안 한두 명의 하녀를 좀 빌릴 수 없는지 물어보게 하였습니다. 그러나 그들은 어디에서나 똑같은 대답을 가지고 돌아왔습니다. '미안하지만, 우리집 하녀들도 일손을 놓았답니다.' 그렇게 하여 단결된 부엌데기 신데렐라들의 연대는 첫번째 승리를 거두었습니다. 주인들은 어쩔 수 없이 하인들의 요구 사항을 모두 들어주어야만 했습니다.

이 단합된 행동이 성공하자 새로운 단원들이 가입하게 되었고, 몇 주 안되어 신데렐라는 하녀 노동조합의 사무실을 열기 위하여 집안일을 그만두었습니다. 이 노동조합은 잘 조직된 집단행동을 통해 그들의 처지를 훨씬 개선할 수 있었습니다. 이들의 성공담은 곧 여기저기에 퍼져나갔습니다. 신데렐라는 지방신문과 이어서 중앙신문에까지 나고, 시장에서는 그의 사진과 연설문이 새겨져 있는 조각품을 살 수 있을 정도로 인기가 높았습니다.

신데렐라는 "단결은 힘이다"라든가, "우리 팔이 쓸기 싫어하면, 모든 빗자루는 멈추어 선다"라는 말을 하였습니다.

마침내 신데렐라네 조합에 대한 소문은 왕실에까지 미쳤고 마음 착하고 국민을 걱정하던 황태자는 신데렐라를 한번 만나보고 싶어했습니다. 그는 여섯 마리의 백마가 끄는 마차를 타고 신데렐라의 작업장에 나타났습니다. 온 국민들은 왕자가 다른 누구도 아닌 평범한 하녀 신데렐라를 방문하러 온다는 것을 들었을 때에 놀라움에 입이 벌어졌습니다. 신데렐라의 의붓언니들은 시기심 때문에 창백해져서는 그 동안 끊어진 친척 관계를 재빨리 다시 이으려고 하였습니다. 몇 번 신데렐라와 깊은 대화를 한 왕자는 그에게 반하여 정말로 청혼을 하였습니다.

그러나 신데렐라는(여기에서 그런 식의 동화는 가장 질 나쁜 거짓말을 하는데) 신분 차이가 아닌 이해관계와 정치적 신념의 차이는 결코 좁혀질 수 없다는 확신 때문에 거만함 없이 청혼을 거절합니다.

"당신의 따뜻한 마음과 용감한 변신을 높이 평가하지만, 저는 당신의 가족, 신분과 재산이 당신이 이상에 따라 행동하도록 그냥 내버려 두지 않을 거라는 것을 너무나 잘 알고 있습니다. 우리가 결혼을 하게 되면 아마 내가 당신 뜻을 따라 나의 지금의 의무에 불충실하게 되든가, 아니면 지금 하는 것보다 한층 더 마음 아픈 이별을 해야 될 것입니다. 당신이 저를 진정으로 사랑한다면, 저와 결혼하지 않고도 인간적이고 진보적인 행위를 통해 그것을 증명할 수 있을 것입니다."

슬픔에 빠져 왕자는 자신이 무슨 일을 할 수 있겠느냐고 물었습니다. 신데렐라는 대답했습니다.

"당신 아버지를 졸라 모든 직종의 노동자들의 연대활동을 허용하고, 중세적인 하인법을 철폐하는 법안을 통과시키도록 하십시오."

왕자는 그렇게 하기로 약속하였습니다. 그러나 그의 아버지는 능란하고 사업에 밝은 자문가들의 의견에 따라서 그 제안을 단호하게 거절하였습니다.

올 것이 드디어 왔습니다. 화창한 어느 날 왕의 병사들이 신데렐라를 체포하였습니다. 노동조합 작업장은 수라장이 되었고, 곳곳에서 판사와 성직자들은 "한 신분이 다른 신분에 대항하여 그들을 협박하기 위해 결합하는 것은 죄악이다"라고 선포하였습니다. 왕은 백성들이 아름나운 단어 '자유'를 큰소리로 외쳤지만 신데렐라는 왕실 모독과 하인법 위반으로 감옥살이를 하여야 했습니다. 왕자는 그가 실행하고자 하던 첫번째의 진지한 정치적 임무에서 실패하고는 스스로 목숨을 끊었다고 합니다. 그가 죽지 않았다면, 아마 오늘까지 살아서 아버지가 올바른 생각을 하기를 희망하고 있을 것입니다.

이링 페처의 "상 차려라 식탁, 금당나귀와 몽둥이 자루 : 중국 공산주의적 해석본에 대한 비판"[17] 역시 각 사회에서 한 동화를 어떻게 다르게 해석하는지를 보여주는 흥미로운 글이다.

> 중국의 문예 학자 핑 펭퐁은 그림 형제의 유명한 동화인 '재단사와 세 아들'을 중국적 맑스주의의 방법으로 해석하였다. 그렇지만 이 해석은 정통 맑스주의의 관점에서 강렬하게 비판될 수 있는 것이다. 몇몇의 소련 학자들도 참여한 이 논쟁에 관한 정보가 독자들에게 보류되어서는 안된다.
>
> 핑 펭퐁의 견해에 의하면 이 동화는 노예 사회가 해체된 이후로 유럽의 국가뿐만 아니라 아시아 국가들의 모습을 규정하였던 사회 구성체에 관한 비유적 서술이라는 것이다. '상 차려라 식탁'은 단순화시키면 군주의 소비 생활에 방향을 맞춘 봉건 사회의 표어이다. 봉건 군주를 위해 종사하는 백성들은 마치 모든 것이 저절로 이루어지는 것처럼 불평 없이, 그리고 재빨리 일해야 하는 것이다. 주인의 명령이 떨어지자마자 상은 진귀한 음식과 음료들로 차려져야 하는 것이다. 신하들의 일은 아주 효과적으로 실행되어서 사람들이 그것을 전혀 알아채지 못할 정도가 되어야 한다.
>
> '뱉어라 금나귀'는 물론 금화를 생산하기 위해서이고, 이것은 바로 자본주의의 표어이다. 여기에서는 벌써 임의로 무거운 짐을 지울 수 있는, 그리고 영원히 참고 만족하는 짐나귀의 형태로 나타나는 민중은 부적절한 것이다. 위에서 순전한 긍정인 '예에 예에' 하는 아무런 의미 없는 소리 외에는 민중은 어떠한 표현과 저항의 수단도 보유하고 있지 않은 것이다. 보이지 않고 소리 없이 일하는 하인이 사치와 소비를 지향하는 봉건 군주의 이상인 것과 같이, 나귀는 부르주아에게 있어서 기꺼이 착

---

17) 이링 페처, 위의 책 102-105쪽.

취당하도록 하는 참을성 있는 노동 계급의 이상이다.

'자루야 몽둥이'는 대중적인 이해에 있어서 날카로운 해석을 필요로 하지 않는다. 이 이야기는 가난한 농부들의 혁명적인 민중전쟁을 상징하고 있으며 골동화된 형식으로 이미 '모든 권력은 총칼로부터 나온다'는 마오쩌뚱의 유명한 정식을 서술하는 것이다. 동시베리아 대학의 Prawilowitsch 교수는 벌써 오래 전에 이와 같은 중국 공산당의 해석이 완전히 타당성이 없음을 증명하였고, 이러한 해석은 동화를 혼란시키는 데 있어서 맑스주의를 올바로 적용하고 있지 않다고 비판하였다. 맑스, 엥겔스, 레닌의 작업에 바탕을 두고 있는 그의 해석에 의하면 이 동화는 두 가지의 사회 구성체와 프롤레타리아 혁명에 관한 비유적 서술이 아니라 고전적으로 프랑스 대혁명에서 보여지는 시민 혁명의 세 가지 양상에 관한 정확한 서술이다.

'상 차려라 식탁'의 현상은 인간의 직접적인 노동이 근대적인 생산 기술에 의하여 대체될 수 있는 가능성을 지시하고 있는 것이다. 초기 시민 사회에 있어서는 대두하는 부르주아 계급 출신의 대부분의 작가들에 의하여 기술의 해방적인 성격이 강조되었다. 기술은 인간의 평등을 초래하여 주인과 종의 구분을 소용 없이 만들 것이라고 당시의 사람들은 믿었다. 이러한 기대가 그 동안에 환상적인 것으로 증명되었다고 할지라도 기술에 대한 열광과 점차적으로 증가하는 인간에 의한 자연 지배의 해방적인 결과를 가져올 것이라는 것에 대한 믿음은 시민 혁명에 있어서 진보적인 역할을 하였다. '뱉어라 금나귀'는 실제로 새로운 사회 질서의 자본주의적 양상을 말해 주고 있다. 배설물로 금을 생산해 내고 있는 나귀는 '스스로 증가하는 자본', 또는 '스스로 증가하는 가치'에 대한 상징인데, 가치와 자본에 유기체적 성장 가능성이 있다고 믿고 있는 것이다. 여기에서 상징적으로 묘사된 과정의 본질은 나귀가 자신의 몸 안에 지니고 있던 금을 배설하였다는 데에 있는 것이 아니라, 나귀가 금을 항상 자기가 가지고 있던 것보다 '더 많이' 산출한다는 것이다. 이와 같이 독창적인 상징 수단을 통해서 자본의 본질이 서술되고 있는 것이다. 여기에서 우리는 단지 '화폐는 더 많은 화폐를 산출한다'(GG')는 맑스의 정식을 생각하면 될 것이다. 일하고 고통을 당하는 민중을 묘사하고 있다는 중국인의 가정은 벌써 역사적인 사실 때문에도 타당성을 잃고 있다. 왜냐하면 시민 사회의 초기에는 상시몽(Saint-Simon)과 같은 진보적인 사상가조차도 프롤레타리아의 실존에 관한 의식을 가지고 있지 못하고, 단지 기업가와 함께 '산업인'이라는 집단으로 파악하였다. 그러므로 동화의 창작과 잉여 가치의 법칙에 관한 감각을 가지고 있다고 주장하는 것은 전혀 설득력이 없다는 것은 말할 나위도 없을 것이다. 상당한 양의 잉여 가치는 한편으로는 나귀가 소비한 먹이의 가치와 다른 한편으로는 나귀가 산출한 금의 가치와의 차이로부터 생기는 것이다. 칼 맑스가 잉여 가치 이론을 1848년 이후에야 확실하게 발전시켰다는 것을 생각해 볼 때에 1819년에 발표된 동화가 잉여가치론에 대한 언급을 내포하고 있는 것은 불가능하고, 단지 사실(GG')에 대한 어설픈 설명을 유기적 도해를 통해 하고 있는 것이다.

그리고 마지막으로 '자루야 몽둥이'에 관한 한 동화 안에서 하고 있는 기능을 볼 때에(몽둥이는 도둑놈 같은 주인으로 하여금 상 차려라 식탁과 금나귀를 내놓도록 한다), 다름이 아닌 시민 혁명에 필수적인 민중적인 요소를 말하고 있다는 것이 명백해진다. 이 민중적인 요소가 없다면 시민 혁명은 성공적으로 끝날 수가 없는 것이다. 힘 있는 시장의 아줌마들을 포함한 파리의 민중들의 압력이 비로소 봉건 질서의 붕괴를 가져왔고, 자코방 당의 압력을 통해 공화제는 도입되었던 것이다. 요컨대 '재단사와 세 아들'은 시민적 자본주의 혁명의 세 가지 양상에 대한 대단히 성공한 압축적인 묘사인 것이다. 즉 기술적인 혁명(탁자), 경제적인 혁명(금나귀), 정치적인 혁명(몽둥이 자루)이 그것이다. 이 요소들의

> 변증법적인 상관관계에 관해 동화는 몽둥이에 마지막으로 해방적인 효과를 부여함으로써 상당히 인상적으로 암시하고 있다. 도둑놈 같은 주막집 주인은 구체제(ancien regime)의 대변인으로 파악될 수 있다. 그리고 3차 산업의 종사자들이 대개 구시대의 지배 계급에 연관되어 있다고 느끼는 것도 설득력이 있다(근거: 귀족들의 팁, 구사회의 소비 지향성). 핑 펑 퐁에 의한 해석은 현재의 중국에 있어서 맑스·레닌주의적 방법이 형편없이 타락하고 있음을 나타내주는 징후로 볼 수 있다.

이러한 내용을 담은 이링 페처의 글은 많은 깨달음과 아울러 논란을 가져왔는데, 우선 학생들의 거부반응부터 살펴보기로 하자. 거부반응은 크게 두 가지 면에서 제기되었다. 하나는 아이들의 동심을 무시하고 너무 어른 위주로 쓴 동화가 아니냐는 차원에서의 문제 제기였고 다른 하나는 이링 페처 역시 하나의 판본을 깨면서 동시에 또 하나의 '결코 객관적이지도 과학적이지도 못한' 판본을 주고 있다는 점에서의 불만이었다. 토론은 다음과 같이 이어졌다.

이학: 감정과 논리는 다르다. 어른이 너무 논리적으로 아이들 세계에 개입하는 것 아닌가? 너무 과민하게 반응하는 것은 아닌가?

나: 그럼 구체적 동화를 놓고 보자. 〈헨젤과 그레텔〉을 나는 어릴 때 도저히 감정적으로나 이성적으로 이해할 수 없었다. 지금 우리 아이들이 읽는 많은 동화가 실은 이런 동화가 아닐까? 아이들 감정에 맞는 동화가 얼마나 될지……

일훈: 여전히 너무 어른 위주라는 생각이 든다. 아이들의 동심을 무시하고 따져서 만든 동화라는 생각이 든다.

윤희: 아이들을 너무 수동적인 존재로 보는 것 같은데, 동화를 읽어주다 보면 아이들의 반응이 매우 다양한 것을 보게 된다. 자기가 보고 싶

은 것만, 예를 들어 빨간 모자 소녀 이야기에서 착한 소녀가 된다는 것이 아니라 빨간 모자를 쓰고 모험을 하는 데 신경을 쓴다든가 하는 식으로…… 항상 어른이 아이에게 준다는 식으로 생각하는 우리에게 문제가 있는 것이 아닌가? 아이들은 동화를 적극적으로 받아들이고 스스로 생각한다는 점을 알면 그리 걱정할 것이 없을 것이다. 중요한 것은 아이들이 그런 적극적 해석을 할 꺼리를 충분히 제공하는지에 있을 것이다. 지금은 편견을 심어주거나 상상력을 죽이는 동화가 너무 많다.

상용: 꿈이 깨지는 기분이다. 디즈니의 숲속의 잠자는 공주를 읽으면서 느낀 그 환상적인 기분, 외국에 대한 동경, 그리고 옛날에 대한 그리움 등이 적나라하게 깨지는 기분이 들었다.

희경: 꿈이 깨지기는 하지만 내게는 그것이 오히려 해방적이었다. 특히 성차별적인 면에서 보면 신데렐라를 매우 주체적인 인물로 만들고 있는데 신이 났다. 우리가 알고 있는 신데렐라와 같이 그렇게 소극적이고 나약한 여성상이 왜 대두되었는지 역사적으로 생각해 보게 되고, 그래서 보다 자유로운 새 꿈을 갖게 되는 측면이 있지 않은가?

일훈: 그러나 이런 혁명 투사 이야기를 여자 아이들이 과연 좋아할까? 재미란 자기가 되고 싶은 것을 투사해 보는 것에서 오는데……

수빈: 난 긍정적으로 본다. 우리가 마징거 제트를 보면서 좋아하는 이유는 정의를 살리고 약자를 보호하는 투사이기 때문이듯 백설공주 이야기도 그런 면에서 매우 신나는 이야기이다.

나: 우리집 5학년짜리 아이는 이런 동화만 좋아한다. 기존 동화는 지루해서 읽어내지를 못한다. 〈노래를 찾는 사람들〉이 부르는 노래를 좋아하는 아이답게…… 아이들 자체의 감성이 변해 간다는 것을 간과해서는 안될 것이다.

일훈: 그러고 보니 요즘 동화는 능동적인 인물이 더 많이 등장하는 것 같다. 〈개구장이 스머프〉도 그렇고. 그런 면에서 페처가 새로 쓴 백설공

주 이야기가 꿈을 없앴다고 볼 수는 없겠다.

한솔: 나는 〈늑대와 새끼양〉, 〈행운아 한스〉, 〈상 차려라 식탁……〉 등에서 자본주의화 과정과 연결시켜 민중 중심의 역사관에 의한 재해석을 해가는 것을 보면서 아주 통렬하게 아! 그렇구나 하는 공감을 느꼈다. 그렇지만 백설공주나 신데렐라의 경우에는 그런 느낌을 받지 못했다. 그래서 그 이유를 좀 생각해 보았는데 한 가지는 역시 그 동안 머리에 박혀 있던, 어린 시절 동화를 읽으며 가졌던 아름답고 따뜻한 느낌을 간직하고 싶다는 본능이 작용한 것 같고, 다른 하나는 그 이야기들이 모두 여자가 주인공인데, 새 이야기에서는 내가 가지고 있는 여자에 대한 환상과 꿈이 깨지고 만다. 그러고 싶지 않기 때문에 거슬리는 게 아닌가 하는 생각이 들었다.

나: 매우 중요한 성찰이다. 사실 앞에서 남학생들은 새로 쓴 공주 이야기에 대해 뭔가 깨진다는 느낌에서 아쉬워했고 여학생들은 새 꿈을 가지게 된다고 느끼며 그런 아쉬움을 전혀 느끼지 않고 있는데 흥미로운 차이가 아닌가?

한솔: 이 책을 읽고 내가 느끼는 또 다른 껄끄러움은 그림 형제가 정리한 이 동화들이 명백히 한 시대의 산물이며 외래적임에도 불구하고 지금껏 우리가 굉장히 가까운 것인 양 믿어온 데서 오는 듯하다. 이것은 서양문화에 대한 지식 없음과 선생님이 〈문화인류학〉 시간에 늘 이야기했듯이 세계사에 대한 지식 없음의 문제점을 다시 한번 상기시켜 주었다. 지금 읽어보니 신데렐라 이야기에서 결말 부분에 두 언니의 눈알이 비둘기에 의해 파먹히는 장면이 나오는데 끔찍했다. 그러면서 나는 우리의 〈심청가〉식의 결말, 즉, 모든 적대감이 해소되고 용서되는(뺑덕어미와 함께 달아났던 황봉사가 눈을 떴는지는 확실히 기억이 안 나지만) 모습을 떠올렸다. 진작에 동화를 자세히 읽고 적극적으로 다시 써나가는 작업들이 있어야 하지 않았을까…… 최근에 백기완 선생님이 자신을 이야기꾼

이라고 하면서 심청전을 다시 쓰고 있다고 들었는데……

나 : 교육운동을 하는 교사들도 이 동화놀이를 하고 있다. 〈토끼와 거북이〉 이야기를 연우무대의 공연에서 본 기억이 있다.

승한 : 사회적 정체현상은 무엇보다도 그 구성원들의 의식을 지배하고 있는 고정화된 관념틀에서 연유한다는 점에 동의한다. 특히 동화나 전설은 하나의 절대적 영상으로 자리잡고 우리를 지배해 왔다. 그 의도된 탄생은 잊혀진 채 마치 하나의 영원한 진리인 것처럼 우리의 의식 속에 각인된다는 것이다. 이링 페처의 동화 혼란은 우리를 그런 의식에서부터 자유롭게 한다. 그러나 동시에 그는 그가 거부하던 고정된 의식, 관념의 틀을 또한 우리에게 강요하고 있다. 재해석된 동화를 통해서. 우리의 선택은 이미 정해져 있지 않은가? 우리는 또 다른 세계로 안내될 뿐 여전히 주어진 틀을 지니고 있는 것이다.

나 : 의식은 어차피 유형화에서 출발하는 것이다. 기존의 틀을 깨는 것과 틀 자체를 없애는 것은 전혀 다른 차원의 문제이다. 아무런 틀 없이 생각할 수 있다고 생각하는가? 여전히 너무 추상적으로만 생각하는 것이 탈이다. 물론 불교적 선의 세계에서는 이 문제를 다루지만 그 역시 틀을 가짐으로 가능한 작업이다.

형목 : 이 책이 글을 읽는 이로 하여금 해방감을 갖게 하는 것은 사실이다. 그러나 방법론에서 여전히 문제가 많다. 문헌학적 텍스트 비평작업은 독일을 중심으로 하여 상당히 과학적이고 깊이 있게 진행되고 있는 작업이다. 그런데 이 책에서 그 방법이 얼마나 객관적으로 사용되었는지 의심이 간다. 문헌학적 비평작업의 객관성이 보장되지 않을 때 글쓴이의 가치관과 학문적 입장에 따라 그 작업의 결과는 달라질 수 있다. 정신분석학적 방법론도 마찬가지이다. 그 근거와 타당성이 입증되지 않을 때 독자는 글쓴이의 상상력에 따라 좌우되고 매도될 수 있는 것이다. 그러므로 글쓴이의 방법론의 과학성과 입장의 객관성이 독자들에게 충분히

전달되고 인식되는 것이 중요하리라 생각한다.

일훈: 그렇다. 동화를 새로 쓸 때 객관성의 문제가 제기된다. 이링 페처가 실증성을 가지고 재해석을 하고 있는 것 같은데 여전히 객관성의 문제가 의심스럽다. 그리고 동화를 맑스와 프로이드 이론을 적용시켜 해석했는데 우리 동화도 그런 식으로 적용하는 것이 가능한지, 또 타당한지 알고 싶다.

나: 여전히 절대성, 객관성의 문제에 집착하는 경향이 있다. 객관성보다 역사성의 문제에 우선 주목해야 하지 않을까? 타당하느냐라든가 객관적이냐라는 질문을 던질 때는 항상 기준이 필요하다. 누구의 기준에서 그런가가 문제인데 지금 '과학성'에 집착하는 사람들에게 페처의 글은 분명 엉성한 글에 지나지 않는다. 물론 그가 더 많은 시간을 들여서 완벽한 고증을 해낸 후에 이 글을 써낼 수도 있을 것이다. 아마도 10년쯤 후에 나올까? 그러나 페처가 하고자 한 것이 그러한 정확함이었을까? 오히려 그런 집착의 허상을 보여주려는 것이 아니었을까?

단순하게 생각해 보자. 기존 동화에서 의미를 만들지 못하는 사람들이나 아이들이 그 동화를 변형시켜보는 '장난'은 얼마든지 할 수 있다. 그러다가 많이 읽히게 되면 이 새 동화가 기존 동화가 된다. 이링 페처가 한 것은 바로 그 장난이었던 것이다. 장난스럽게 좀 살면 안되는가? 보기에 따라 우리는 모두 심각하게 또는 가볍게 장난을 하면서 산다. 문제의 핵심은 새로운 독자 집단과 해석 집단이 만들어지고 그래서 이야기가 계속 쓰여지는 데 있지 보다 나은 절대적인, 객관적인 텍스트를 갖는 데 있지 않다. 이링 페처든 백기완 선생이든 또 우리든 새로 쓴 이야기가 반드시 모든 사람에게 더 타당하고 좋은 이야기여야 한다고 전제한다면 크게 잘못된 생각이다. 각기 자기의 입장에서 의미가 되도록 기존의 것을 고쳐나갔을 뿐이며 그 이야기들이 우리가 아주 싫어하는 이야기일 수 있다. 그러면 그 이야기는 자연스럽게 사라진다. 중요한 것은 모든 이야기는 누군가에 의해 쓰여진 것이며 다시 쓰여진 것이며 또 다시 쓰여질 수 있다는 것, 그것도 바로 우리 자신이 다시 쓸 수 있다는 생각을 하는 것이다.

　이 방법을 우리 동화에 적용시킬 수 있느냐는 질문에서도 여전히 객관성과 타당성에 집착하는 경향을 보게 된다. 그 방법을 곧바로 우리 동화에 적용시킬 수 있을까 없을까 하는 질문, 스스로 적용시켜 볼 생각은 않고 결과만 알아보려는 그 조급함은 어디서 오는가? 해석 집단의 비중을 소홀히 하고 객관적 기준이 있으리라는 생각에서 나오는 것이 아닐까? 추상적으로 생각만 하니까 객관성, 적용 가능성 등에 대해 우선 의심을 하게 되고 자칫 논의가 공허해질 우려가 있다.

　영준: 독자와 직접 맞닥뜨리고자 한 의도로서 이인성의 '진술'이 난해 이전의 당혹감을 주었다면 고정된 텍스트로서의 '동화'를 혼란시킨 이링페처의 시도는 재구성과 '해석 집단'에 대해 생각케 한다. 고정된 텍스트의 이면을 판독해 내고 '해체'하며 재구성하는 주체로서의 해석 집단──일정한 독자층──의 역할을 분명히 함으로, 문학이 독자와는 별개의 완결구조가 아니라 독자의 경험이자 창작으로 얽혀지는 새로운 영역임을 잘 드러내 주었다. 이러한 재구성 작업들은 보다 온전하거나 완벽한 원전을 구성함에 목적이 있는 것이 아니라 독자의 삶 속에서 그 텍스트들이 의미를 새로이 할 수 있는 가능성을 확인함에 있는 듯하다. 라카프라가 한, "모든 원전은 언설로서의 그것의 기능에 대한 탐구가 이루어지도록 열려 있을 뿐 아니라, 독자와 그 원전과의 대화 속에서 독자의 새로운 해석을 위해 열려 있다"는 말이 실감난다.

　경미: 나도 그런 차원에서 절감한 바가 있다. 문화창조 주체의 구체적 의도가 어떤 것이냐는 문제 이전에 해석 집단의 비판적, 창조적 역할이 제대로 수행되지 않음으로 인해 초래되는 사회 자체의 활기 없음, 또는 발전 없음을 생각케 한다. 역사적 과정에서 부정적인, 즉 비인간적이고 반동적인 요소들을 어떻게 제어해 나가고 보다 적극적이고 주체적으로

자신에게 맞는 인간적인 대안문화를 만들어 나갈 것인지에 대해 관심을 집중시키고 있다. 스스로도 밝히고 있듯이 저자는 "동화를 어떻게 해석해야 하는가?"라는 기준 제시에 관심이 있은 것이 아니라 동화는 혼란될 수 있으며 너도 나도 그래야만 한다는 것을 보여주고자 한 것인데, 저자가 이런 방식을 채택한 것은 저자의 문제의식을 전달하는 데 매우 효과적인 방법이었다고 생각한다.

연지 : 텍스트 자체에 대해 의심하는 것은 우리에게 있을 수 없는 일이었다. 교과서가 틀릴 수 있다고 생각하면 어떻게 그것을 달달 외울 수 있을까? 무조건 텍스트는 옳은 것이고 그것을 대상화시켜 보는 것을 상상조차 해보지 못했었다. 그것은 엄청난 파괴행위이며 절대로 하면 안된다고 생각해 왔다. 동화도 마찬가지. 우리가 어렸을 때 읽고 우리의 가치관으로 정립되는 데 가장 큰 부분인 동화를 파괴시키는 것은 삶의 근거를 파괴시키고 불안하게 만드는 행위라고 생각했다. 그러나 지금 나는 혼란을 두려워하지 않는다. 동화는 파괴되고 새롭게 쓰여질 것이다. 그리고 나 자신도 삶의 근거를 겁없이 물으며 자신을 변화시켜 나가야 할 것이라 느낀다. 서양 동화와 우리의 전래동화를 비교해보고 우리가 어렸을 때 어떤 영향을 받았을지도 분석해 보면서 나 자신을 재구성해 갈 것을 생각하니 새로운 느낌이 든다.

동석 : 나는 이 책을 읽고 참으로 색다른 경험을 했다. 우리가 살아오면서 동화에 의해 조금조금씩 세뇌당해 왔다는 사실을 안 순간 나의 의식에 적지 않은 변화가 일었다. "최상의 방어는 바로 공격이다!" 이링 페처의 글은 우리, 최소한 변혁을 꿈꾸고 실천하려는 이들에게 하나의 교훈을 주었다. 아니, 하나의 훌륭한 무기재료를 준 것이다. 변혁이란 아주 순수한 감정, 모순을 보고 참지 못하여 어떠한 방법으로든 바꾸어야 하겠다는 그런 동기로부터 시작되는 것이며 여러 사회과학적 이론의 뒷받침은 다음 일이다. 가장 순수한 아이들의 언어인 동화를 통해 민중의 삶

과 사회의 모순을 이야기하고 이후 변혁의 상을 제시할 수 있다는 생각을 하게 된 것은 커다란 수확이다. 이러한 동화적 표현은 반드시 동화의 형식뿐만 아니라 여타의 다른 문화적 기제들, 노래, 춤, 풍물, 시, 소설 등에 적절히 이용됨으로써 더욱 큰 힘을 발휘할 수 있을 것이다. 문화운동에 관심이 있거나 하려는 사람은 이런 사실을 더욱 의미깊게 받아들여야 할 것이다.

수경: 그 동안 찬밥을 먹던 문화운동에 대해 새로운 인식을 한 모양인데 글쎄다. 여기서 제시하는 사회철학으로서의 동화는 고도의 상징을 통한 삶의 이야기로 배타적이고 절대적인 '진리'를 내세우는 이데올로기가 아니라 삶의 다양성과 민중의 삶에 토대를 둔 상상력의 소산으로 끊임없이 새로 쓰여지는 데 그 의의가 있을 것이다. 우리의 생각을 주입하는 동화가 아니라 아이들이 스스로 의미를 만들어가는 주체가 될 수 있도록 돕는 식의 동화가 이 시대의 동화가 아닐까? 방관자로서의 느긋함이 아니라 삶 속에 뛰어드는 자세로 부딪치기도 하고 깎이기도 하면서 스스로의 이야기를 만들어내고 성찰해 가는 태도를 어릴 때부터 갖게 되는 것이 중요하다고 생각된다. 그런 면에서 동화는 '원래 그러한' 전통과 이데올로기적으로 경직된 텍스트를 읽어낼 수 있는 주체성과 능력을 기르는 텍스트여야 할 것이며 읽는 과정에서도 변화가 있어야 할 것이다. 예를 들어 아이들이 읽고 토론하는 과정을 거치거나 스스로 다시 쓰는 작업을 동시에 하는 것 말이다.

토론은 이런 정도에서 끝났다. 토론과 쪽글을 통해 우리들의 고정관념이 상당히 노출되었고 텍스트의 당파성과 역사성에 대한 인식이 분명해진 것으로 보인다. 동화를 다시 쓸 수 있고 자기 자신이 그 저자가 될 수 있다는 생각은 학생들에게 충격을 안겨주었고 '보편타당한' 법칙성에 대한 집착에 관해서도 한번씩은 반성을 한 것으로 보인다.

잠시 토론에서 자주 나타나는 동화와 아이에 대한 고정관념에 대해 생각해 보자. 동화는 꿈을 심어주는 '꿈 같은 이야기'여야 한다는 것과 아이는 어른들과 달라야 한다는 고정관념 말이다. 앞장에서 본 것처럼 소설은 허구의 이야기여야 하고 특정한 형태로 쓰여져야 한다든가 소설가는 뭔가 달라야 한다는 생각들과 맥을 같이 할 것이다. 이 시대의 꿈은 어떤 것일까? 달나라에 가는 꿈 같은 이야기가 현실이 되는 이러한 시대에, 아이들이 꾸어야 하는 꿈이 있다면 과연 어떤 것일까? 자기가 어른이 되기도 전에 핵폭발이 일어난다거나 환경오염으로 지구가 멸망하는 것이 제일 걱정스러운 우리집 아이는 북한산 기슭 방학동에 고층아파트가 들어서는 바람에 곧 죽을지 모르는 800년 묵은 은행나무가 살아나는 꿈을 꾼다. 꿈만 꾸는 것이 아니라 〈지구의 날〉 은행나무 살리기 행사에 참여하고 거기서 구한 티셔츠를 부지런히 입고 다니면서 기회만 있으면 여론을 모아본다. 이 아이는 세상 걱정을 하므로 아이답지 않은가? 이 아이는 순수하지 못한가? 논리적이고 사회적이므로 문제가 있는가? 은행나무 하나를 살리지 못하는 어른들을 원망하고 때로는 분노하는 이 아이는 불온한가?

'역사의 진보'와 '발전'에 대한 맹신도 맹신이지만 이러한 '동심의 세계'라는 것에 대해 가지는 환상 또한 끈질기다는 것을 나는 알게 되었다. 학생들이 얼마나 기존의 개념에 묶여 있는지를 보여주는 또 하나의 예이다. "너희들은 순수한 동심 속에서 행복한 꿈을 꾸며 자라라. 이 세상 일은 우리 어른들이 잘 알아서 하마." 부모가 자신있게 이런 말을 할 수 있었던 때가 분명 있었다. 근대의 어느 시기, 그것도 많은 식민지를 거느린 사회에서, 그 중에서도 생활이 안정된 중산층 계급의 부모들이 자신있게 아이들에게 그런 말을 했으리라. 그러나 지금 이 세상에, 특히나 이 서울에서 몇 명이나 아직도 당당하게 그렇게 말할 수 있을까? 나는 그런 이야기를 할 수 없다. 내가 할 수 있는 일은 아이에게 내가 세상 일을 도저히 알아서 처리할 수 없으니까 함께 어떻게 해가자고 부탁할 수 있는 것뿐이다. 이 아이가 자기의 자연스러운 명줄대로 지구상에서 즐겁건 괴롭건 열심히 살아갈 수 있는 세상이기를 함께 '꿈꾸면서' 말이다. 감정적이고 논리적인 인간으로서, 어른과 별 차이 없는 동료로서 말이다. 아이는 소극적이어야 하는가? 인간은 순응적이어야 하는가? 누구의 권위에, 그리고 누구를 위하여?

　학생들과의 토론에서 보여진 또 하나의 고정관념은 새로운 해석본은 마땅히 그 전의 것보다 더 '객관적'이어야 한다는 생각이다. 텍스트가 새로 쓰여지는 것은 역사적 변화와 그에 따른 새로운 해석 집단의 형성에 따른 것이라고 생각하기보다 이후에 쓰여지는 텍스트는 그 이전 것보다 절대적이고 객관적인 판이어야 한다는 생각을 여전히 하고 있다는 것이다. 자신들이 곧 그 이야기를 다시 쓸 수 있고 자신이 쓴 이야기조차 다시 쓸 수 있는 주체라는 느낌을 갖지 못할 때 당연히 하게 될 염려이다. 개정 교과서가 나와도 내용은 크게 바뀌지 않는, 실은 더 많아진 학습량 때문에 억압이 가중되기만 한 사태를 이미 경험한 바가 아닌가? 그림 형제는 구전동화를 문자화하였고 한번 문자화된 동화는 구전동화와는 다른 형태로 향유된다. 당시에 발달된 인쇄기술로 이들은 세상 곳곳에 자신들의 이야기를 읽힐 수 있게 되었고, 이때 세상은 유럽 전역만이 아니라 아시아와 아프리카 구석까지를 포함한다. 코카콜라가 음료수의 왕이듯이 그림 이야기는 불변의 텍스트로 군림한다. 현지의 삶과 무관한 상징들이 난무하든 말든, 그 삶의 내용이 크게 변화하든 말든 이야기의 틀은 바꿀 수 없다. 그것은 인쇄화되었으니까...... 판형은 고정되었고 서양 고깔모자를 쓴 한스는, 유리구두를 신은 신데렐라는 세계 방방곡곡 어린이들의 친구가 되었다. 마음의 고향이 되었다. 수많은 유사 신데렐라가 등장하는 헐리우드 영화가 방방곡곡에서 인기를 누리기 전에 이미 아이들은 원전 신데렐라를 읽었고 몽롱한 눈빛으로 왕자를 기다리고 있었다.

판은 고정된 듯 보이지만 실상 수없이 다시 쓰여지는 것이고 또 그래 왔다. 적어도 원본이 출현한 땅에서는 그랬다. 그러나 판을 수입한 땅에서는 그런 '글 다시 쓰기'는 쉽지 않다. 수입이 된 것은 더욱 고정되는 경향이 있고 절대화된다. 그리고 이렇게 판이 고정되는 과정에서 두 가지의 효과를 낸다. 첫째는 서구적 정신을 심는 것, 둘째는 자기 이야기가 아닌, 어딘가가 맞아들지 않는 판을 잘 참아내는 성향이다. 책을 건성으로 읽거나 체험과 유리시켜 읽는 버릇을 갖게 된다는 것이다. 〈에덴동산〉의 신화가 원형인 서양의 동화들을 읽으면서 우리는 뭔가 이상하게 느끼면서 그냥 지나친다. 서양의 전통적 도덕과 미의 기준을 내면화시키면서 스스로의 정서를 불신한다. 우리에게 맞지 않는 동화를 버리고 새 동화를 적극적으로 써내는 노력을 소홀히 해온 것이다.

20세기 중엽부터 일기 시작한 민권운동, 여성해방운동, 반체제 학생운동, 그외 다양한 대안문화운동의 와중에서 이러한 고정화된 이야기들이 비판적으로 검토되기 시작했다. 삶과 무관하게 고정되어 버린 이야기들을 다시 살려냄으로써 삶도 다시 살려보려는 움직임인 것이다. "흑인은 아름답다"는 슬로건을 건 흑인운동에서 아름다운 흑인을 주인공으로 한 이야기들이 쓰여지고 "개인적인 것은 정치적인 것"임을 일찍 터득한 여성해방운동계에서도 새로운 공주와 왕자 이야기를 쓰고 있다. 그들 이야기가 과격한 듯하고 경직되어 보이더라도, 새로 이야기들을 쓴다는 것은 곧 그 이야기들이 '교과서'처럼 읽히지 않는 상황을 동시에 만들어 가는 것임을 아는 한 걱정할 것은 없다. 해석 집단이 있고 생산적인 토론이 이루어지는 곳에서 그 이야기들은 새롭게, 보다 바람직하게 계속 쓰여질 것이므로…… 문제는 사회 성원들이 주체적 문화 향유자와 문화 창조자가 된다는 데 있다. 여기서 다시 주체적 책 읽기를 해내야 한다는 결론에 다다른다. 주체적 책 읽기는 이 시대에 특권이 아니라 짐이며 의무인 것이다.[18]

특히 인쇄기술이 고도로 발달한 지금, 우리는 집에서 몇십만 원짜리 컴퓨터 하나로 책을 찍어낼 수 있게 되었다. 구태여 찍어내지 않고 전자통신을 통해 자신의 소설을 선보일 수도 있게 되었다. 새로운 동화책이 나오지 않는 것은 따라서 작가가 가난한 때문이 아니다. 인쇄공장을 소유한 자의 횡포 때문도 아니다. 광고를 해주지 않는 신문사측을 나무랄 수는 있겠지. 그러나 우선은 좋은 이야기가 쓰여지지 않는 데 있지 않는가? 왜 우리는 우리 이야기 쓰기를 두려워하고 우리 이야기를 읽지 않는 것일까?

---

18) 인류학자 메리 다글라스는 문화에 대한 이해는 이 시대를 사는 사람들에게 특권이 아니라 짐이며 의무임을 강조한 바 있다.

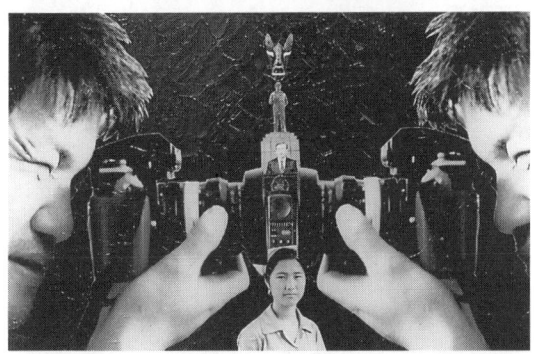

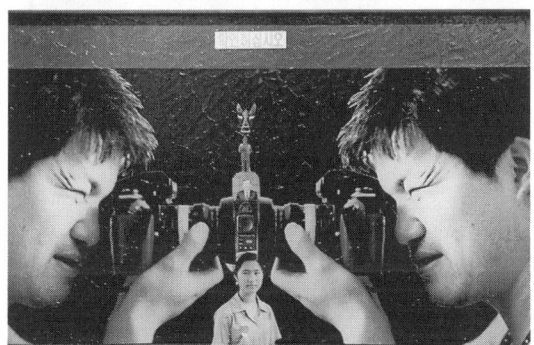

박은국 작품(부분), 1992

문화 읽기란 상대주의적 입장을
전제로 한다. 모든 사람들은 같은 생각을 한다는
획일주의적 문화결정론이나 문화는 가시적인 체제,
즉 토대의 반영에 지나지 않는다는 극단적
유물론의 입장을 벗어나지 않고서는
삶을 읽어낼 수 없다.

맑스에 대한 논의, 내지 집착이
언제까지 대학 캠퍼스를 특징짓는 하나의
강한 열기로 남아 있을지 예측하기는 어렵지만
이것은 분명 우리 사회의 한 단면을 드러내는 것이고
나는 이 시대 학생들이 하는 고민과 방황은
맑스가 잊혀지는 시대가 되어도 후배 학생들에게
기억되어야 한다고 생각한다. 개인적으로 나는
중고교 시절에 보수적인 교육, 특히 반공 이데올로기나
발전 이데올로기에 찌든 교육을 받아온 학생들이

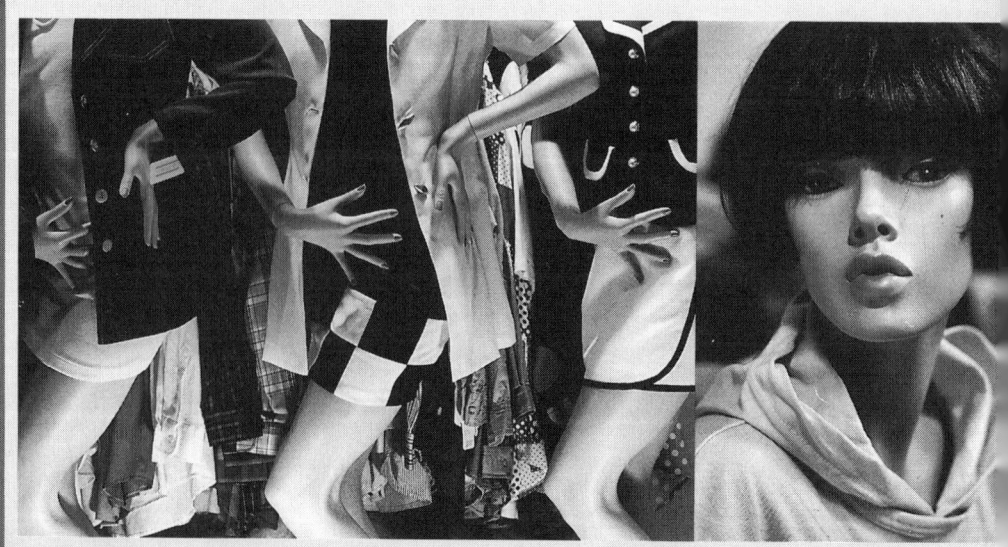

대학에 입학하여 1,2년 동안 열성적으로
'맑스 학습'을 하는 것을 바람직하게 생각한다.
요즘처럼 관심의 폭이 좁고 쉽게 싫증을 내며 사고의
호흡이 짧은 대학생들이라면 '맑스 읽기'는
분명 그들의 사고의 폭을 넓히는 데 크게 도움이 되는
책 읽기 중에 하나이다. 젊은이들의 외로움에 지친 모습들,
지성적이기를 내놓고 포기한, '휴거설'을 퍼뜨리고 국수주의적
전통부활을 외치는 모습이 캠퍼스에 늘어가면 갈수록
상대적으로 그런 생각을 하게 된다.

김지하 글이 일으킨 파문에 대한 생각을
나누면서 나는 학생들이 입장을 천명하는 식으로
생각을 정리하기보다 지금까지 교실에서 해온
논의와 연결하여 우리 사회에 존재하는 여러 개
집단이 만들어 내는 언설의 밑바닥을 뚫어보는
기회를 갖게 되기를 바랐다. 감을 잡아내기
어려웠던 언설의 문제가 불꽃 튀는 현실로
나타난 만큼, 텍스트의 당파성과 언설이 갖는
힘을 거리를 두고 바라볼 수 있었기를 바랐다.
더 나아가 그 '큰 목소리'들이 실은 얼마나
미약하기에 손쉽게 매스컴에 의해 요리되어
버리는지, 그래서 통치자들이 얼마나 손쉽게
지식인들을 분열시키고 통치에 효과적으로
써먹을 수 있는지를 알게 하고 싶었다.

4장 문화 읽기는 왜 어려운가?

조선의 선비:
명나라가 망했어도 우리 조선은 영원합니다.
성현의 뜻을 한치의 어김없이 받들어 갑시다.
자랑스러운 순수 혈통을 이어갑시다.

리명월(김일성 대학 학부생):[19]
　사회주의 종주국인 소련이 몇 푼의 달러에 넘어가 사회주의 원칙을 버리고 그 여파로 동유럽 여러 사회주의 국가가 흔들리게 된 것에 대해서는 유감스럽고 옳지 않은 일로 생각합니다. 그러나 그것으로 인해 우리가 영향을 받기보다는 소련이 고수하지 못한 사회주의 기치를 우리가 끝까지 굳게 지켜야겠다는 각오를 새롭게 하게 됩니다……

연세대학교 32대 대학원 총학생회 선거 현수막
진보적 학문 공동체 건설의 기수 그대 원우여!
과학적 이론과 애국적 실천으로 거듭나라!!!

---

19) 한겨레 신문 1991/5/29일자 인터뷰 기사 중에서.

최근 10년 이래 대학 안에서 학회 중심의 글 읽기가 활발하게 이루어져 왔으며 그 교재는 맑시즘에 관련된 책들이었다. 이것은 그 동안의 억압적 반공 교육의 직접적 산물이자 수동적인 교과서 읽기의 반성으로 생겨난 경향이다. 그러나 그 책 읽기 역시 진정한 반성이 되지는 못하여 비주체적 책 읽기를 여전히 드러내는 한 영역으로 남아 있다. 그래서 우리——내가 구체적 '우리'를 강조해온 만큼 여기서 우리는 역시 대학생이며 특히 이 교실에 앉아 있는 우리들이다——의 글 읽기에 대해 성찰해보는 세번째 텍스트로 문화적 측면을 강조한 맑스주의자의 글과 푸코와 맑스를 비교한 비맑스주의자의 글을 골라 보았다. 맑스를 새로 읽어내고 있는 레이몬드 윌리엄스의 글과, 맑스와 푸코를 비교함으로 맑스 당시와 현재 상황의 차이를 생각케 하는 포스터의 글을 읽기로 한 것이다. 새로운 맑시즘에 관심이 있는 독자는 텍스트를 직접 읽기 바란다.[20] 이 장에서는 현재 대학생들이 맑스와 맑시즘, 그리고 탈맑시즘에 대해 어떤 생각과 감정을 가지고 있는지를 알아가는 것이 목적인 만큼 그 측면에서 내용을 읽어주기 바란다. 먼저 윌리엄스의 책을 읽고 한 토론을 풀어서 읽어보고, 다음에 맑스와 푸코를 대비하여 논의를 하고 있는 포스터의 글을 읽고 학생들이 쓴 글들을 읽어 보도록 하자.

 윌리엄스 읽기는 학생들에게 상당히 어려웠던 모양이었다. 맑스주의적 언어는 이미 많은 학생들에게 친숙한 것들이었고 토론 역시 학회 토론의 연장인 듯한 분위기에서 이루어졌다. 문어체를 주로 구사하며

---

20) 레이몬드 윌리엄스, 1982, 위의 책. 마크 포스터, 1990, 위의 책.
　이 주제와 관련된 논의를 광범위하게, 그리고 현재 대학 캠퍼스 분위기 속에서 정리한 글로 김성기, 1991, 《포스트모더니즘과 비판사회과학》, 문학과 지성사, 참고할 것.

현학적 특성을 가장 현저하게 드러낸 토론이었다. 토론 내용을 보자.

승한 (발제자 1) : 윌리엄스는 맑스가 자기가 죽을 당시에 자기는 맑스주의자가 아니라고 말할 정도로 당시의 맑시즘이 자신의 본래의 생각으로부터 동떨어져서 이념화되었다고 보고, 그 고정된 틀로부터 벗어나 맑스를 새롭게 읽으라는 이야기를 하고 있습니다. 그런 입장에서 윌리엄스는 본래의 맑스를 살려내려고 하는 것이지요. 윌리엄스가 말하는 논지의 핵심은 지금까지 우리가 알고 있는 바대로 기저와 상층구조라는 것은 대립 개념이었습니다. 기저는 물질적 상황을 말하고, 상부구조라고 하는 것은 법률이나 정치 같은 제도적인 것으로부터 의식이나 종교에 이르기까지의 것들로, 하부구조에 의해서 결정이 되는 것이라고 생각해 왔습니다. "결정된다"라고 하는 말 자체에 하부구조를 실제적인 것으로, 그리고 상부구조를 추상적인 것으로 이분화시키는 경향이 숨어 있습니다. 둘 사이는 상호 연계성보다 종속성의 관계로 이해되어 왔는데, 그것으로부터 탈피해서 실제로 상부구조, 여기서 말하는 상층구조라고 하는 것도 나름대로의 자율성을 지니며, 기저와 상층구조는 말할 수 없이 복잡한 연관성을 지닌다는 것이 윌리엄스의 기본 입장입니다. 그 어느 한 쪽이 추상적이거나 어느 한 쪽이 실제적이라고 이분화시킬 수 없는 것이고, 어느 한 쪽이 절대적으로 영향을 끼친다고 할 수 없는 복잡한 구조로 이루어져 있다는 것이지요.

이러한 개념 분석을 통해서 윌리엄스는 결국 문화라는 것을 새롭게 정리하고 있습니다. 윌리엄스는 "문화는 상부구조에만 속한 것이며, 인간의 실제적인 생활이 '기저'의 단순한 반영이거나 간접적인 매개를 통해 전형화되고 또는 상동관계 속에서 드러나는 하나의 상층구조에만 속하는 추상화된 산물이다"라는 식의 정의를 부정하고 있습니다. 그는 "문화라는 것은 그러한 이분법적 개념화로 틀 지워질 수 없으며, 기저 자체에서부터 직접적으로 연관되는 상호복합적인 영향력에 의해서 그대로 현실 세계의 과정을 드러내는 것이다"라고 말하고 있어요. 그러한 면에서 생산력과 연관지워 얘기할 때에도 그가 예를 든 것처럼 "피아노를 만드는 것은 생산력의 형태이지만, 음악을 연주하는 것은 그것이 아니다"라고 얘기하고 있는데, 실은 그렇게 이야기할 수 없다는 것이지요. 음악 연주 자체도 인간의 실제적인 생산력에서 직접적인 영향을 주고받은 산물이라고 그는 보고 있습니다.

제가 여기서 어떤 문제 제기랄까, 좀더 생각하고 싶은 점을 제시한다면 그렇게 윌리엄스에 의해서 재해석된 맑스의 본래적인 의도가 여전히 제겐 굉장히 추상적이라는 느낌으로 다가온다는 점이에요. 그가 비판해 온 기존 맑스주의자들의 논의가 더 알아듣기가 쉬워요. 왜 그런 것인지? 윌리엄스가 고정화된 틀을 비판하면서 이분법적 구조에 있어서의 상호 연관성이라느니, 인간의 실제적인 삶으로부터 유리된 추상성으로부터 벗어났다느니 하는 말 가운데에 어떤 애매모호함이라든가 추상성을 감추고 있는 것이 아닌가 싶어요.

다음 문제로는 함께 읽은 푸코에 연관시켜서인데, '결정' 개념에서 보면 결정이라는 것이 단순히 한계만을 지우는 것이 아니라 어떤 압력을 행사한다는 식으로 나오고 있는데, 그것이 푸코가 얘기하는 인간의 모든 실제적인 삶 속에 내재하는 권력의 기술이라든가, 언어라든가 언설이 가지는 압력구조 같은 것과 어떠한 연관성을 가지는가 얘기해 보고 싶어요.

세번째로는 맑스로부터 맑스주의로 넘어오면서 도식화되었던, 다시 말하면 이데올로기화되었던 맑스의 사상들이 이와 같은 본래의 맑스로 돌아감으로써, 과연 어디까지 탈이데올로기를 할 수 있는가, 그것은 또한 맑스가 본래 의도했던 역사적인 분석하고는 어떠한 관련을 맺는가에 대해서 얘기해 보고 싶습니다.

창현(발제자 2) : 여섯번째 장 '헤게모니'에서부터 열번째 '문화사회학'까지에 대해서 발제를 하겠습니다. 여기서 가장 중요한 부분은 사회가 어떤 구조나 기제가 아니라 그 자체가 하나의 과정이라고 저자는 설명하고 있고, '기저'에 대한 설명에 있어서도 어떤 한계를 지우지 않고 상부구조를 고정된 틀로 보지 않았습니다. 그래서 나중에 보면 지배와 종속의 문화가 전통에 의해서, 그리고 헤게모니에 의해서 유지되고, 그것은 바로 뒤의 정서적인, 곧 지배적 정서, 잔여적 정서, 그것에 대항하는 부상적 정서, 이런 개념을 통해 사회 변화를 풀어나가고 역동적 과정으로서의 역사를 얘기하고 있습니다.

그런데 제게 의문이 드는 것은 '기저'를 과정으로 인식함으로써, 그러니까 맑스에 대한 구조주의적 해석을 비판하면서 윌리엄스가 새롭게 어떤 다양성과 융통성을 부여하고 있는 것은 사실이지만, 그렇게 되면 기존 맑스주의가 갖는 변혁적이라든가 실천적인 면이 사라지고 마는 면이 있지 않나 해서, 그 점에 대해서 한 번 토론을 해봤으면 합니다. 제가 알기로 맑스는 당시의 어떤 사회 모순을 보고서 그것에 대해서 굉장한 변혁을 주장하고 나선 실천적이고 능동적인 사람이며, 그런 의미에서 저작을 한 것 같은데, 이렇게 윌리엄스처럼 여러 가지 다양성 있게 봄으로써 애초에 가지고 있던 맑스의 실천적인 그런 것을 약화시키고 있지 않나 하는 느낌이 듭니다. 맑스 이론에 대해서 실천적인 면을 중요시하지 않는 상황에서는 어떤 다양성이나 개방성을 높일 수 있겠지만, 실천적인 것을 강조하는 입장에서 볼 때는 그의 수정은 결국 맑스의 이론을 죽게 만드는 것은 아닌지, 그런 생각이 듭니다.

진성 : 레이몬드 윌리엄스의 책은 후르시초프의 수정적 흐름이 차단당하고 강경 스탈린주의가 판을 치던 1977년에 나왔습니다. 그래서인지 교조적, 기계적 맑스주의에 대한 비판과 그 대안으로서의 서구 맑스주의를

고찰하고 독자적인 개념들을 만들어 내고 있고, 발전시키고 있습니다. 이런 논의들은 맑스 사후 백 수년이 지난 지금 일관되게 제기되어진 문제이기도 하고, 동시에 서구 수정주의자들의 핵심이자 부르주아 이데올로기의 비판의 무기였습니다. 레이몬드 윌리엄스도 크게는 이 수정주의자들과 궤를 같이하는 것 같습니다. 초기 맑스주의와 후기 맑스주의의 자의적 분리, 맑스주의가 그간 협의적으로 이해되어 왔다고 말함에도 불구하고 그도 역시 협의적으로 이해하는 것이나, 하부구조와 상부구조, 또는 토대와 상부구조보다 굳이 상층구조와 기저라는 말을 사용하면서 맑스주의에 대해 공공연한 수정을 하는 것 같은 것 말입니다.

경미 : 나는 그를 수정주의자로 '낙인' 찍는 데에 반대합니다. 이 책에서 저자가 논하고 있는 것은 문학을 포함한 '문화'와 맑스주의의 전반적 연관하에서 밝혀질 수 있는 '문화적 유물론'이며 이때 문화적 유물론이란 사적 유물론 내의 물질적인 문화와 문학 생산의 특질에 대한 이론을 말합니다. 역자가 지적했듯이 저자의 이론적 공헌은 문화에 대한 인식의 지평을 확대한 것에 그치지 않고, 인간의 모든 행위를 역사적, 총체적, 사회적, 물질적 차원에서 바라볼 수 있게 해준 맑스 이론의 핵심을 문화에 대한 올바른 이해를 위해 적절하게 계승한 것이라 생각됩니다. 저자의 이론에서 돋보이는 것은 인간 역사에 있어서 능동적인 인간에 대한 강조를 통해 그것을 총체적이고 상호 연관된 속에서 파악하려는 시각을 견지하고 인간적 삶의 모습에 구체적이고 진지하게 다가서려는 점입니다. 다른 한편, 저자의 문화 이론은 문화가 우리 삶 속에 차지하는 역할의 중요함을 부각시키고 그것의 이론적 과제와 연관 분야에 있는 현대 사회학과 미학의 과제를 접목시키기 위한 노력을 보여줌으로써 사회적 인간의 삶에 대한 이해에서 인간 의식의 중요성을 마땅히 부각시키고 있다는 생각이 듭니다.

연지: 이 책은 저자가 밝히고 있듯이 빈틈없이 체계적인 방향으로 이론적 세련화를 해온 맑스주의를 열려 있는 체계, 유연한 체계로 전환시키려는 작업을 시도한 것 같습니다. 이 책에서 내가 주목한 부분은 문화와 헤게모니와의 관계, 특히 능동적 과정인 헤게모니의 흐름을 통해 각각 다른 색채를 지닌 문화의 구성 요소를 살펴보는 부분이었습니다. 헤게모니가 주체성의 문제와 연결된다면 문화는 자기 표현의 문제와 연결된다고 할 수 있습니다. 자기 표현이 부재한 주체성은 존재하지 않습니다. 헤게모니 개념은 현실의 역동적 흐름을 파악하는 데 도움을 주지만, 그것 역시 자기 표현으로서의 문화를 토대로 이루어집니다.

영준: '이념과 문학'에 언급된 내용들에 접하기 전부터 내 자신 갖고 있던 의문은 고정적이고 유형화된 맑스 이론 틀이 생동적인 사회와 문예의 양상을 온전히 담아낼 수 있는가 하는 것이었습니다. 윌리엄스는 이 글에서 맑스의 기본 개념으로서 문화와 언어, 문학, 이데올로기에 대한 새로운 해석과, 기존의 맑스주의 문예이론의 여러 축들에 대한 비판을 가하고 있습니다. 저 역시 그람시적인 '헤게모니' 개념의 확장과 '진행', '구성적인 과정'으로서 사회를 보는 점에 주목하여 이 책을 읽었습니다. 지난 수년간에 걸친 소련 및 동구권의 움직임이 우리에게 던져주는 것은 맑스 이론 체계와 운동 측면에서의 '인간' 회복과 재등장이라는 전환점의 인식이라고 할 수 있습니다. 문예이론 또는 미학이론의 경우에 있어서도 마찬가지로 우리가 감각하고 체험하는 장으로서의 사회와 문화에 대한 인식이 재정립되어야 할 것이라고 생각합니다.

준한: 나는 '매개' 개념에 주목하여 예술에 대해 생각해 보았습니다. '매개'란 이데올로기와 문화적 대상 사이의 어울림으로 이러한 매개가 사회에 속한 사람들의 정서적인 현실 감각을 이룰 때 그것은 헤게모니적인 것으로 된다고 윌리엄스는 말하고 있습니다. 헤게모니는 매우 강력한 의

도적 선별성을 가집니다. 헤게모니는 자생적이기도 하므로 이 경우 예술의 껍질 벗기기는 더욱 한계에 부딪치게 됩니다. 그러면 예술은 어떻게 헤게모니적인 문화를 극복하고 사회의 참모습을 반영할 것인가? 윌리엄스는 그 답을 '지배적인 것', '잔여적인 것', '부상적인 것'이라는 용어를 써서 제시하고 있습니다. 즉, 그는 지배적인 문화에 대해 실질적으로 대안적 내지 반대적 성향을 지닌 부상적인 것을 발견하라고 말하고 있습니다. 부상물을 관찰하고 부상 준비의 조건을 보다 면밀히 이해하고 도움으로써 지배적인 것의 장악을 극복하라는 것입니다. 결정과 매개와 한계와 이데올로기와 헤게모니와 지배적인 것은 모두 푸코가 말하는 '권력'의 차원에 배열될 수 있는 것들입니다. 그것이 우리의 언설을 지배하여 의도된 실천을 야기시키는 것입니다.

동준 : 나는 윌리엄스의 문제의식이 푸코의 것과 비슷하다는 느낌을 받았습니다. 윌리엄스는 문화를 새로운 방식으로 분석해 보려고 했는데, 이에 맑스주의를 적용하고 있습니다. 푸코는 완전히 다른 식으로 '문화'의 문제를 다루었고, 어느 누구의 방법이 낫다고 하기는 어렵습니다. 학문의 어쩔 수 없는 문제일지도 모릅니다. 그런데 윌리엄스를 읽기가 더욱 힘들었습니다. 적어도 내게는 그랬습니다. 내가 알기로 맑스주의의 기본은 변증법적인 분석입니다. 변증법을 사용해서 언어, 문학, 문화 등에 있는 모순들을 보여줌으로써 그것들에 대해 새로운 시각을 갖게 하는 것입니다. 그런 면에서 윌리엄스는 맑스주의와 근본적인 차이가 납니다. 원래 맑스주의에서 문화는 '상부구조'에 해당되는 것인데 윌리엄스는 문화를 '기저'로 간주합니다. 문화가 경제처럼 유물론적인 근거가 있다고 생각하기 때문입니다. 그래서 겉으로는 많이 다르지 않지만 실제로는 큰 차이를 보입니다. 이 차이 때문에 윌리엄스의 분석은 혼란스럽습니다. 윌리엄스는 보이지 않고 가리워지게 된 것들을 보여주려고 새로운 단어를

만들어 냈는데 동시에 맑스주의의 용어를 그대로 쓴 게 느껴집니다. 이렇게 두 용어를 섞어 씀으로 혼란스럽게 느껴집니다. 내가 기존의 맑스주의의 개념에 너무 익숙해져 버려서 그런지는 모르지만 보이지 않는 것을 보여주려는 윌리엄스의 시도가 내게는 별로 효과적이지 않았습니다.

영철 : 내가 읽은 바로 이 글은 문화와 맑스주의의 연관적 측면에 강조점을 두고 인간의 행위를 물질적, 역사적, 사회적, 총체적으로 인식하려는 시도를 보이고 있지만 너무 이론적이고 현학적 표현들로 가득차 있어 비난받을 만합니다. 저자는 독자의 이해심을 전혀 고려하지 않고 이 글을 썼으며, 이론 타령으로 끝나고 말았다는 느낌입니다. 도대체 맑스주의가 뭘 어쨌단 말입니까? 이러한 이론들이 쏟아져 들어오는 데는 우리의 주체 의식 부족과 서양문물에 대한 사대주의로밖에 볼 수가 없습니다. 이제 우리가 입는 옷, 도구, 사상까지도 모두 서양 것입니다. 기성 학자들 중 동양의 사상가, 진정한 한국의 사상가라고 내세울 만한 분이 어디 있습니까? 서양의 이론, 서양의 학문만으로 지성을 논의하는 현실이 지긋지긋합니다.

윤희 : 나도 같은 기분으로 읽었습니다. 이 책은 내게 무척 어려웠습니다. 아무리 집중하려 해도 개념이 머리에 들어오지 않고 둥둥 떠다니기만 했습니다. 윌리엄스는 나름대로 차근차근히 논리를 펴나간 것처럼 보입니다. 한 개념을 설명한 다음 다시 더 깊이 들어가 또 다른 개념을 설명하는 식으로 책을 전개해 나가고 있습니다. 하지만 문장이나 용어 자체가 우선 무척 어려웠습니다. 윌리엄스는 "맑스 이론이 폐쇄적이라 생각하는 것은 맑스 이론을 제대로 이해하지 못한 때문이다"라고 하였는데, 그래서인지 나는 이 책 자체도 무척 폐쇄적이라 느꼈습니다.

승준 : 저는 인간 삶의 참다운 실현을 위한 갖가지 이론에 동감하며 이

론가들의 통찰력에 감탄을 금치 못합니다. 그러나 그들 이론의 밑바닥에는 인간의 근대사를 주도했다는 지적인 오만함이 보입니다. 지속적인 사상의 흐름에서 단절을 시도하며 미래에 있어서도 새로운 생각의 성립이 가능하다는 자신감을 보면서, 제국주의 시대 이후로 역사의 뒤안길에 묻혀 있는 서구 이외의 세계에게 그것이 거대한 문화적 압박 요소로 작용하였으리라는 생각이 들었어요. 서구의 문화 이론을 배우면서 이러한 양면적인 성격을 고려할 때 비판적 인식의 필요성과 계속되는 현실 관찰이 인간 삶의 해방에 절실함을 느낍니다.

미라 : 이 글은 내 의식에 있어 생동감과 더불어 신선함을 주었습니다. 현실과 동떨어진 채 추상화되고 텍스트화되어 지배적인 힘만을 제시하는 것처럼 보였던 맑스의 사고를 다시 부활시켰다는 느낌을 받았습니다. 열 가지 기본 개념들을 재구성, 재해석하면서 진정한 맑스주의를 보여주고자 한 윌리엄스에게 약간의 감동마저 느꼈습니다. 세상만사가 거의 그러하듯 중심 인물에 대한 추종자들의 해석과 증거는 이 세상 것이라고 여겨지는 것과는 뭔가 다른 신비로움과 완벽한 구조를 지향하게 하는 모양입니다. 윌리엄스처럼 그런 완벽성을 잘라내는 것이 그 거룩한 성스러움과 생명을 죽이는 것처럼 보이지만 실상은 본질을 살려 놓는 것이 되는 것임을 이야기하고 싶습니다. 어쩌면 완벽한 논리적 구조에 대한 집착은 인간이 원천적으로 안고 있는 멍에인지도 모릅니다. 보다 지혜롭고 현명하게 '내'가 있기까지의 역사와 사회, 그런 것들을 제대로 이해하기 위해선 기존의 틀들을 탈피해야만이 가능하리라는 생각을 합니다.

한솔 : 나는 이 글을 읽으면서 그동안 이론 없는 실천의 그 많은 불안했던 경험들이 마구 되살아나는 느낌을 가졌습니다. 이론으로는 분명 상대적인 다양성에 수긍하면서도 자기 속에만 빠져 있었던 나를 보게 되었고 바로 그러하기 때문에 토론이 얼마나 중요한 것인지, 그리고 그것이

얼마나 나의 '읽기'의 가능성을 확장해주고 구체화해주는지 깨닫게 합니다. 특히 실천의 문제에 대해 생각해 보았는데, 일목요연하게 정리가 되어 있어야 실천에 도움이 될 것이라는 문제 제기는 위험을 내포한다고 생각합니다. 본질적으론 실천 과정이 우리에게 주는 것은 모순이고 혼란이기 때문에 우리는 정리를 해야 합니다. 그러나 그것이 늘 즉각적으로 정리될 수 있는 성질이 아닐 것이며 더욱이 지식인들의 정리가 꼭 권위를 가질 필요는 없다는 생각이 들어요. 혼란을 겪는 민중들 자신이 나름대로 자신의 해석 집단 내에서 정리할 수 있어야 한다고 생각합니다. 윌리엄스가 강조하고자 하는 것은 실천의 문제인 것 같고 그것은 구성적 존재로서 개인의 문제인 것 같은데, 결국 그가 다룬 열 가지 개념들은 사회와 개인의 연관성을 어떻게 유지시킬 수 있는가의 문제가 아닌가 하는 생각이 듭니다.

일훈 : 실천과 연관시켜 두번째 발제자가 맑스 이론을 윌리엄스처럼 이해하게 되면 실천적인 면이 감소된다고 하셨는데, 어째서 그런 생각을 하는지 알고 싶습니다.

창현 : 제가 생각하기에는 윌리엄스는 모든 것을 명확한 관계가 아니라, 그 자체가 스스로 하나의 과정이라는 식으로 설명을 하는 것 같아요. 그래서 그런 것들이 맑스의 명확한 어떤 이론적인 것보다 실은 더 이해하기 힘들고, 거기에 대해서 뭔가 복잡한 것을 그냥 하나로 얼버무려 가지고 설명을 하려는 그런 인상을 받았어요. 읽기에 그렇게 딱딱 들어오지 않으니까, 딱 읽고 실천적인 그런 식으로 될 수가 없지요. 그러니까 맑스는 실제적으로 나가서 투쟁하자는 얘기를 했는데, 여기서는 그런 식으로 얘기가 되지 않고 대충 얼버무려서 어렵게 얘기하는 그런 인상을 제가 받았습니다.

나 : 맑스 책 읽기가 그렇게 쉬워요?

창현 : 원전, 그러니까 맑스가 써놓은 그런 책들을 별로 저는 읽질 못했고요, 해석을 해놓은 것들만 봤습니다.

나 : 그렇다면 맑스의 책 읽기가 쉽다고 얘기하면 안되지요. 누군가가 맑스를 읽기 쉽게 우리한테 요리를 해주었는데 그것이 우리에게 읽기 쉬웠던 것이었겠죠. 그러니까 지금 문제는 윌리엄스 대로 읽으면 맑스가 살아남을 것 같지 않다, 결국 맑스가 어떤 분명한 분석을 내렸고 또 효과적인 처방을 내렸는데, 그 처방은 윌리엄스가 내리는 처방하고 다르지 않느냐 이런 얘기죠? 더 엄밀히 윌리엄스는 너무 복잡하게 이야기해서 실천력이 없을 것 같다는 이야기인데, 문제는 창현이가 생각하고 있는 실천이 어떤 것인지 알아보면 좀 간단해지겠네요. 어떤 실천을 생각하고 있나요? 이런 윌리엄스의 이론으로는 그 실천이 약해질 것 같은 생각이 듭니까?

창현 : 그냥 느낌으로 얘기한 겁니다.

나 : 어떤 느낌이죠? 이 책을 읽으면서 실천력이 약화되겠다고 생각한 사람은 누구든 말해 보세요. 아니면 반대로 더욱 실천적일 가능성이 있다고 느낀 사람이 말해 보든지.

한솔 : 구성적 분석이라는 개념과 관련하여서 실천적이라는 느낌을 받았는데요. 기저나 생산력, 이런 모든 것들이 실제 상황 속에서 얘기될 수 있지만, 그런 것들은 그 동안 일단 추상적으로 분리시켜 이해되었지요. 그런 이해가 어느 정도 이루어진 지금 실제로 기저 또는 그 성격 같은 것이 개인 속에, 개인의 행위 속에 분명히 있다는 생각으로 다시 돌아가면 분석이 보다 현실적 차원에서 이루어지고 실천성이 높아지리라고 봅니다.

승한 : 그럼 지금 윌리엄스가 얘기하고 있는 그런 분석의 틀을 개인에

바로 적용시키는 겁니까? 실천이라는 측면을 개인에 두고 얘기하는 겁니까? 다시 말해서 어떤 사회적인 분석틀이 아니라 개인의 의식에 적용되는 그러한 것으로 보는 겁니까?

한솔: 그 연결이 보다 쉽게 이루어질 수 있다는 거지요. 어떤 사회가 존재하고, 그 사회에서 어떻게 하기를 규정하고, 그 가운데 개인은 결정이라는 또는 대항이라는 측면에서 자기가 어떻게 할 것이냐를 결정한다는 거죠. 법칙을 벗어나는 것은 아니지만 그 법칙에 대해서 인식하고 어떻게 할 것인가를 결정할 수 있는 여지가 윌리엄스의 틀에서는 열려 있어요. 그런 면에서 '법칙'이라는 단어 사용은 무리가 있고…… 상호 결정을 얘기하고 있는 것 아닙니까? 그런 면에서 개인이 계속적으로 참여한다는 그런 면을 담고 있는 것이 아닌가 하는 겁니다.

나: 그렇다면 앞서 발제자 중 한 사람이 윌리엄스가 얼버무려서 실천력이 없다고 생각한 것과는 대비되는 의견인데, 결국 누구는 윌리엄스를 읽고 개념들이 더 애매모호해졌다고 느끼는 반면 누구는 분명해졌다고 느끼고 있다는 것이지요? 그 차이가 어디서 올까요? 우리가 현실적으로 고민하는 문제를 풀어내 주는 면에서인지 아니면 텍스트 자체가 가진 스타일의 문제인지? 예를 들어 윌리엄스는 지배, 잔여, 부상, 이런 개념들이 실제로 선진 단계의 자본주의적 재생산과정을 알아가는 데 필수적인, 그렇지만 그 동안에 간과된 영역임을 강조하고 있어요. 여기서 중요한 것은 그런 개념들이 우리 중 누구한테는 절실히 와 닿고 어떤 이에게는 와 닿지 않느냐 하는 문제죠. 누구는 선진 자본주의 단계를 살고 있고 누구는 아니기 때문입니까? 와 닿지 않는다면, 왜 와 닿지 않느냐 하는 것을 토론했으면 좋겠어요. 바로 이것이 우리가 이제껏 간과해온 문화 분석이 될 수 있으니까요.

(이 이후 토론은 별 진전이 없었고 결국 내가 강의하는 식이 되어버렸다.)

윌리엄스 읽기가 어렵다면 이 글이 나온 역사적 배경에 대하여 생각해 보면 도움이 될 거예요. 늘 강조하지만 저자가 어떤 사회적인 배경에서 이런 글을 썼는가 하는 것을 알고 읽는 것이 중요하지요. 윌리엄스가 이 글을 쓸 때는 분명히 많은 사람에게 불분명하던 것을 분명하게 해주려고 썼을 거예요. 아마도 영국의 맑스주의자들 간에는 어떤 공감대가 형성되어 있었겠죠. 영국은 거의 20세기 초반부에 자본주의화가 절정에 달하죠? 2차 대전이 끝나면서 이미 대중미디어 시대로 넘어가고, 그리고 계급문화가 완전히 정착되는 그런 과정을 거쳐요. 영국의 계급문화에 대해서는 폴 윌리스가 쓴《교육현장과 계급재생산》[21]이란 책을 보면 잘 알 수 있는데 그 책에서는 노동자 계급의 재생산이 어떻게 계급 내의 문화적 재생산과 맞물려 있는지를 보여주고 있어요. 그 책에는 영국의 자본주의화 과정과 계급 분화, 그리고 한번 계급문화가 형성되고 나면 거대한 체계가 직접적인 통제 없이 굴러가게 되는 그런 과정이 잘 그려져 있죠. 이 책 역시 영국의 산업화 과정에 대한 이해가 없으면 굉장히 헷갈리는 책이어서 학생들이 애를 먹는데, 영국이란 사회가 특히 계급문화가 일찍이 정착된 사회라는 것을 알고 있어야 할 겁니다. 학교라는 곳에서는 계급모순과 관련된 많은 저항이 있어 왔고, 계급모순을 간파하는 아이들이 여전히 있는데, 그들의 저항적 행위는 일찍이 '거친 사나이'상을 중심으로 한 노동자 문화를 모방하면서 스스로를 노동자 계급에 자발적으로 소속시키고, 동시에 이주해온 인도인을 차별하고 여자들을 깔보면서 자족해 버린다는 거지요. 그들의 적극적 저항 행위가 자본주의를 더욱 안정되게 지속화시키는 구도 속에 포함되어 있다는 것을 알아차려야 계급혁명 전선을 다시 정비하든 어떻든 전략을 제대로 짤 수 있지 않겠어요? 윌리스나 윌리엄스는 사회의 과정이 얼마나 교묘하고 복합적인지

---

21) 폴 윌리스, 1989,《교육현장과 계급재생산》(김찬호, 김영훈 옮김), 민맥.

를 '문화'의 개념을 통해 알려주려는 것이었지요. 이들은 자본주의의 모순을 '간파'한다고 하는 것이 얼마나 어려운지, 부분적인 간파로 인한 저항적 행동 자체가 그 체계를 더욱 고착화시키는 방향으로 가는 개연성을 부단히 상기시키고 있어요.

일훈: 서울에서도 구획별로 계층이 형성되고 있지 않습니까? 잘사는 사람과 못사는 사람들 간에 격차가 심하게 생기게 됐다고 그래요. 초반에는 잘사는 애가 소수였으니까 못사는 애들이 단합해서 잘 지냈고, 소수가 소외되기는 했지만 잘살기 때문에 별 문제없이 지냈는데 점점 못사는 사람이 소수가 되어, 그런 아이들이 문제성이 있는 아이들로 취급이 되기 시작하고 있어요. 그런 문제들이 상계동이나 목동 신시가지의 경우처럼 아파트 지역과 건너편의 주택가에 있는 잘살지 못하는 아동들 관계에서 나타나고 있대요. 물질적인 토대랄까, 그런 것들이 사람들을 그런 식으로 계층을 지우고, 맑스적인 입장에서 과거에서처럼 계급투쟁으로 나타나기는 어렵겠지만 기본적으로 그런 사람들의 관계를 특정한 형태로 형성시키고 있지 않나 합니다.

나: 우리 사회도 계급문화가 형성되기 시작했다고 봐요. 사실 작년에 문화인류학 개론 시간에 폴 윌리스의 책을 읽었는데 학생들이 아주 이해하기 힘들어 했어요. 특히 어떤 부분이 어려웠냐면 계급문화가 고착되는 부분이었어요. 그러니까 영국 노동자 아버지들은 아들에게 "너 뭐하러 대학 가려 그러느냐, 얼굴 창백해 가지고 다니는 그런 거 하지 마라, 블루 컬러가 얼마나 사나이답냐"라고 얘기하는데 이 말은 우리 학생들에겐 이해하기 힘든 부분이죠. 영국 노동자 문화에서는 '사나이'의 이미지가 아주 중요해서 남자들은 사나이답게 밤 늦도록 팝에 가서 술 마시고, 상사 눈치 안 보면서 일하고, 남자들끼리 어울려 다니면서 마누라와는 거리감을 두어 권위를 유지하는 것이 이상적 행위 양식이 되어 있죠. 마누

라에게 잘해 주어야 하고, '펜대나 굴리는 째째한' 중산층 사무직 남자들을 오히려 불쌍하게 보기도 한다는 것인데 이런 것이 자식의 출세와 계층상승을 지상목표로 하는 대부분의 우리나라 사람들에게 이해되기는 정말 힘들지요. 그러니까 우리하고 너무나 전제가 다르고 제도가 다르니까 읽기가 힘든 거예요. 우리처럼 모두가 대학에 가려 하고 대학만 가면 조상의 한도 풀고 모든 문제가 풀리리라 생각하는, 고등학교 졸업까지는 적어도 이론적으로는 모두가 '평등하게' 경쟁하는 사회도 드물 거예요. 그렇다고 우리들이 섣불리 또 "영국 사회는 완전히 계급문화가 고착화되었다, 그런데 우리는 그렇지 않기 때문에 더 평등한 사회이다"는 식의 일반화로 건너뛰어서는 안되겠죠. 또는 "영국은 그런데 영국하고 다르기 때문에 우리는 맑스가 얘기한 대로 될거다"라든가, "그 쪽 얘기를 들을 필요가 없다"라든가 하는 식으로 반지성주의에 빠져서도 안될 거예요.

그들 삶의 심층적 분석을 통해서 우리를 들여다볼 수 있어야 하는데 예를 들어보면 내가 보기에는 계급문화 비슷한 것이 지금 우리 사회에도 형성이 되어가고 있고, 아까 일훈씨가 말했듯이 학교 현장에서 특히 그 현상이 뚜렷하게 나타나고 있어요. 우리 사회의 중산층은 분명 상당히 확고하게 형성되고 있어요. 최대한 많은 국민에게 최대한의 계급 이동의 기회를 제공한다는 식의 입시제도와 관련하여 좀 괴상한 형태로 나타나긴 하지만 말이죠. 서구의 경우는 지역적 분리를 통해서나 국가(학교제도) 자체가 대학 갈 아이를 조기에 선정해 버리는 식으로 되어 있어서 그런 식으로 계급 재생산이 되는 편이지요? 그런데 우리 경우는 좀 달라요. 아직 그렇게 안정적이 아니라고 말할 수도 있죠. 그러나 계급 재생산이 최근에 체계적으로 이루어지고 있다는 느낌을 가져요. 가족주의에 대해서 성찰을 해보아야 할 거예요. 그 동안 우리 사회가 급격히 변하고 혼란스러웠던 가운데 운이 좋고 똑똑만 하면 대통령이 될 수 있고, 갑부가 될 수 있고, 뭐가 될 수 있다고 생각하는 경향이 높았어요. 근본적으로 지리적으로나 계층적으로 이동이 많았고 이 가운데 개개인이 노력만 하면 된다고 생각하는 경향이 지배적이었다는 거죠. 물론 이런 생각이 하나의 이데올로기로서도 작용을 했고, 또 혼란기적 상황이 그것을 조장해 왔을 거예요. 가난이 대물림을 하다 보면 그런 생각도 못하게 될테니까……. 그러나 여러분 자신들을 생각해 보세요. 예를 들어 학생운동에 참여하는 일을 놓고 결국 부모하고 부딪쳐서 승복하는 경우가 대부분이죠? 우리에게 가족이라는 집단은 막강한 권력행사를 하는 제도임에 틀림이 없어요. 대개 가족의 경우, 가족 전원이 단결해서 신분 상승을 이루어내자는 모종의 동의가 깔려 있죠. 이런 가족주의적 원리는 그 동안의 신분상승을 용이하게 해온 주요 요인이었어요. 그런데 이제 우리 사회는 차츰 핵가족화되고 개체화되어 가고 있어요. 이제 부모가 집을 팔아 과외비를 대지는 않죠. 나는 앞으로 이런 면에서 계급이동의 폭이 적어지리라고 봐요. 이제 자본주의적 계급화가 서서히 되기 시작하는 거예요. 만약 이 상황에서 어떤 변혁을 원한다면, 곧 변혁 주체가 만들어져야 한다면 상당한 문화 분석을 토대로 한 전략을 짜나가야 할 거예요.

그 다음에는 미디어의 부분인데, 소비사회, 정보화 사회로 넘어가면서 사실은 맑스주의가 제대로 분석해 내지 못하고 있죠. 미디어라는 게 매우 중요해진 사회에서 그 부분을 알지 않고는 제대로 사회 분석을 할 수 없고, 실천 전략을 짤 수 없을 것이다는 인식이 영국 지식인들 사이에 생기면서 주류 맑스주의 논의에서 버려야 될 것들이 추출되어서 나오는 거죠. 기층과 상부구조에 대한 이분법, 생산력에 대한 낙관, 그리고 인간을 노동하는 존재로만 본 인간관 자체가 굉장히 한정적이다 하는 논의, 그러면서 그것이 정서구조의 발견으로 이어지는 거예요. 이 정서구조라는 것은 매우 중요해요. 그것은 개인적인 것이 아니죠. 이제까지 우리들 자신들의 책 읽기만 보아도 그래요. 맑스주의를 나름대로 해석해서 명료한 체계로 던지면 그대로 받아먹는 사람들이 있는가 하면, 그렇기 때문에 당장 거부 반응을 일으키는 사람도 있고, 나름대로 자기 삶과 연결해 성찰해 보는 사람도 있죠? 현재 학생운동하는 이들이 매료당하는 맑스주의에 대한 판이 있다면 그와 관련되는 정서구조가 저변에 있을 거예요. 매료당하는 방식의 과정에서도 유형이 있을 거구요. 어떤 정서구조에 지금 우리가 가지고 있는 해석판이 맞아들어가고 있는가, 그 정서구조까지도 우리가 사실은 파악해 내야 하는 거죠.

간단하게 이야기하면 우리의 담론이라는 것은 어떤 소수가 일정한 해석판을 만들어 소위 '대중'의 정서구조에 맞도록 변형을 시켜서 퍼뜨리는 것이죠. '대중'이 소극적일수록, 그것을 만들어내는 쪽이 전략적일수록 담론 창출자 편의 힘은 커지죠. 어때요? 6년 동안 입시 중독증에 걸렸던 학생들한테 맞는 판은 어떤 것일지 생각해 보았나요? 왜 몇 번 안 읽었는데 그렇게 명확하게 들어오느냐, 윌리엄스는 도대체 이해하기 힘든데 맑스는 정말 분명하다는 생각이 들까? 정말 현실을 '올바로' 풀어서일 수도 있지만 우리가 막연히 기대하던 어떤 욕구가 충족되었기 때문일 수도 있지 않을까요? 물론 복합적일 거예요. 그런 부분을 우리 스스로가 알아가야 한다는 거죠. 정서구조에 관한 논의가 그래서 나온 것이고, "변혁은 하나의 과정이다" 하는 쪽을 보강하는 새로운 변혁이론가들이 나오는 겁니다. 대강 이런 것들을 나는 여러분이 스스로 토론해 주기 바라면서 오늘은 구경을 좀 하려 했는데, 내가 거의 강의를…… 좋지 않은 선생이네요. 발제자들이 마무리를 하고 끝내도록 합시다.

승한 : 인식에 있어 개방성과 공개적인 것을 강조하고 있다고 볼 수 있지만, 여전히 윌리엄스도 자신의 틀을 강요하고 있는 것 같다는 느낌이 들어요. 우리가 늘 새롭게 논의를 발전시켜 간다면 뭔가 될 것 같기도 하면서 수업을 이런 식으로 한다는 것이 굉장히 우리로선 어려운 일이 아닌가라고 생각을 합니다.

창현 : 별로 더 할말이 없는데요.

나 : 자기의 틀을 강요하는 것은 어차피 저자가 하기 마련이예요. 우리가 얘기할 때는 항상 의도를 갖고 하죠. 차이가 있다면 의도를 숨기는 경우와 드러내는 경우일 거예요. 윌리엄스가 얘기할 때와 근본주의자 목사님이 얘기할 때는 분명히 차이가 있다는 얘기죠. 목사님은 "이게 진리니까, 하나님 말씀이니까 나를 믿으라" 이런 식으로 얘기를 하고, 윌리엄스는 "나는 이렇게 생각한다"라고 얘기를 하면서 당신의 생각은 어떠냐고 묻지요. 한편 듣는 사람에 따라 그 '강요'라는 것은 또 달라져요. 결국엔 받아들이는 사람에 따라서, 아무리 목사님이 말해도, 오히려 그렇게 말하기 때문에 "웃기네" 하는 사람이 있고, 반대로 그것을 절대적으로 받아들이려는 사람이 있겠죠. 아무리 조심스럽게 "이건 내 의견일 뿐이야" 해도 자기 것이 없으면 또 절대적으로 받아들이게 되고…… "강요하느냐 안 하느냐" 하는 것은 결국 독자와 저자간의 상호작용, 상호간에 만들어내는 것이 아닐까요? 저자만의 잘못이 아니다라는 얘기죠. 그런 부분이 우리가 계속 강조해온 주체적 글 읽기에 해당되는 문제입니다.

토론은 여기서 끝났다.

윌리엄스 읽기와 연결하여 우리들은 문화와 정서구조를 이해하는 것이 쉽지 않은 작업임을 알았다. "여전히 관념적이고 추상적이지 않는가?"라며 현학적인 것에 거부감을 보이는 학생으로부터, "맑스는 읽기가 쉬운데 윌리엄스는 너무 복잡해서 안되겠다." "그나마 분명한 길을 제시하는 맑시즘을 무너뜨릴 경우 그 빈 자리를 무엇으로 메울 것인가?", "실천을 중시하는 맑스가 살아남을 것 같지 않다."고 걱정을 하는 변혁지향적인 학생들, "윌리엄스는 사회적인 것이 아니라 개인적인 것에 너무 치중하는 것은 아닌가?" 라면서 뒤르껭을 존경하는 사

四月

부서진 보도 블럭으로
잔인한 사월은 시작되었다
공강 시간을 메워야 하는
자유
선배들의 경험철학에 회의를 품어본다
이 세상에는 새로운 것이 하나도 없다지만
불행히 그 뜻을 알지 못한다
맑스의 혼이 구내 서점을 채우고
이한열 형의 피가 추모비를 감싸고 있는,
겁많은 나에게는 두려운 백양로
검은 색 제비들이 보란 듯이 붉은 색 대자보 사이를 날고
존경하고픈 교수들은 말이 없는
불협화음 연주회장
하지만 나는 노래부르고 싶다

───오정호,《해방구를 찾아서》중에서

회학과 학생다운 걱정을 하는 학생, 더 나아가 윌리엄스의 논의가 또 하나의 억압적인 서구적 언설임을 강조하는 학생에 이르기까지 다양한 논의들이 있었다.

맑스에 대한 논의, 내지 집착이 언제까지 대학 캠퍼스를 특징짓는 하나의 강한 열기로 남아 있을지 예측하기는 어렵지만 이것은 분명 우리 사회의 한 단면을 드러내는 것이고 나는 이 시대 학생들이 하는 치열한 고민과 방황은 맑스가 잊혀지는 시대가 되어도 후배 학생들에게 기억되어야 한다고 생각한다. 개인적으로 나는 중고교 시절에 보수적인 교육, 특히 반공 이데올로기나 발전 이데올로기에 찌든 교육을 받아온 학생들이 대학에 입학하여 1,2년 동안 열성적으로 '맑스 학습'을 하는 것을 바람직하게 생각한다. 요즘처럼 관심의 폭이 좁고 쉽게 싫증을 내며 사고의 호흡이 짧은 대학생들이라면 '맑스 읽기'는 분명 그들의 사고의 폭을 넓히는 데 크게 도움이 되는 책 읽기 중에 하나일 것이다. 젊은이들의 외로움에 지친 모습들, 지성적이기를 내놓고 포기한, '휴거설'을 퍼뜨리고 국수주의적 전통부활을 외치는 모습이 캠퍼스에 늘어가면 갈수록 상대적으로 그런 생각을 더 하게 된다.

학생들의 맑스주의에 대한 이해와 입장을 좀더 자세히 살펴볼 수 있는 자료로 맑스와 푸코를 비교한 책에 대한 반응을 싣는다. 포스터의 《푸코, 마르크시즘, 역사》 2장과 6장을 읽었고 예상대로 우리가 우리 시대를 읽어내는 눈, 지식의 토대, 논리적 훈련의 수준, 감정적 기울임 등이 여실히 드러나고 있다. 길지만 찬찬히 읽어보자.

  1) 포스터의 글을 읽으면서 '참 참신한 이론이다'라는 생각을 하게 되었다. 하지만 애매하게 결론을 맺는 것을 보면서 섭섭했고, 또한 그가 변증법과 사적 유물론에 대한 편협한 이해로 또 하나의 '언설'을 만들어낸

것에 대해 유감이었다. (그의 의도적인 〈권력의 기술〉이었는지 모르지만) 그가 푸코의 '불연속성' 개념을 들어 가차없이 비판했던 변증법, 사적 유물론은 그가 생각했던 것처럼 그렇게 경직되고 단순한 이론은 아니다. 인간의 의식은 경제적 물적 토대의 반영과 기존의 여러 이데올로기의 변증법적 통일의 형태이며, 그렇기 때문에 '의식화'란 단어가 그렇게 중요한 것이다. 역사 또한 마찬가지로 생산력과 생산관계의 조응에 따른 생산양식의 '지양'이라는 보편적 과정과 시기, 지역, 민족의 차이에 따라 나타나는 특수한 과정의 통일된 형태이다. 결국 역사란 공식화되어 저절로 굴러가는 것이 아니고 여러 다양한 특수한 형태의 과정에서 '인간'의 노력으로, 엄연히 존재하는 내부 계급투쟁의 결과물로서 보편적 법칙성에 접근해 나가는 것이다. 여러 다양한 형태의 역사과정은 시기와 구체적 모습에서 차이는 나지만 어떤 하나의 합법칙성의 맥을 따라가고 있다는 점을 부인할 수는 없을 것이다. '권력의 기술'이나 '언설'도 경제적 제관계에 의해 그 구조를 이루고 있기 때문에 (독점 자본주의 사회에 있어서의 지배적 언설은 결국 어느 계급을 위한 것인가?) 어쩔 수 없이 역사적인 것으로 이해되어야 한다. 푸코의 '불연속적' 상황 속에서의 언설은, 어떠한 모순이 존재한다는 사실만을 인지할 뿐 아무것도 변화시킬 수 없는 개념인 것이다. (89학번 사회학과 3학년 동석)

  2) 내가 '미셸 푸코'라는 사람을 처음 알고 관심을 가졌던 것은 《성의 역사》라는 책이 나남 출판사에서 출판되고 집에서 보던 한겨레신문에 대문짝만하게 광고가 나왔을 때이다. '제1편 권력에의 의지,…… 앎의 의지' 목차를 보면서 "추상적이구나"하고 느꼈고 도대체 무엇을 이야기하는지 통 감을 잡을 수가 없었다. 그때 스포츠 서울이던가에 연재되던 어느 여류 작가의 '음탕한 = 불경스러운 (?)' 작품들을 소개하는 글에 나오는 책 정도로 생각했고 말로만 듣던 '소돔 120일'(최근에 이것을 읽어봤

는데 정말 음탕하였다) 정도의 글로 생각하고 있었다. 우연치 않게 내가 소속해 있는 학회에서 머리를 식힐겸 (?)——그동안 너무 맑스! 맑스! 만 해와서——이 책을 선택해서 세미나를 하게 되었다. 첫번째 세미나 때 푸코가 하는 말이 도저히 무슨 뜻인지 몰라 뜬구름만 잡다가 끝이 났다. 특히 그놈의 '담론'이 무엇이길래 담론, 담론, 담론…… 여기저기에서 되풀이 사용되는지…… 토론의 축은 크게 두 가지였다. "푸코는 말도 안된다. 그는 미세한 부분에 집착함으로 더욱 더 커다란 부분, 적대적인 계급간의 모순을 보지 못한다."와 "푸코의 생각은 무섭도록 정확하다. 즉 우리가 예전에 보지 못했던, 담론을 통한 권력의 지배라는 것을 묘사하고 있다."

세미나가 끝나고 뒤풀이 시간에 사회학회 성원들이 너무 힘들어 하고 있었다. 그래서 용기를 발휘하여 "내가 푸코에 대한 해설서를 발제해 오겠다!" 그래서 서점에 가서 산 책이 마크 포스터의 글이다. 그때의 내 입장은 전자의 입장 즉, "푸코는 말도 안된다"였기 때문에 이 책은 미셸 푸코가 '사적 유물론'으로부터 이탈했음을 명백히 증명해 줄 수 있는 책이었고, 이를 토대로 다음에 당당하게 공격할 수가 있었다.

그런데 얼마 전에 후배랑 대화를 나누는데 이런 이야기를 했다. "1960년대, 70년대, 그리고 80년대 초에는 '정의=진리'가 명확히 보였고, 그러기 때문에 가치관의 혼란 같은 것이 없었을 거예요. 하지만 지금은 포스트 모던의 시대이기 때문에……" 시대가 변한 것은 사실인 것 같다. 요즘 들어 다른 사람들과 이야기하다 보면 "왜 감히 너만 옳다고 할 수 있느냐?" "감히……" 하는 말을 많이 듣는다. 이전에는 "맑스가…… 말을 했다." "과학적 세계관……" 이 이상의 대화가 없었다. 그러나 요즘은 "맑스가 그런 말 했다. 그래서 어쨌다는 거냐?" 식의 반응이 많다. 변증법적 유물론의 교과서에서는——어느 교과서에도——생산의 자동화나 인공 두뇌학이 '인간이 노동할 필요가 없다'라든가, 인간 노동의 절멸을 가져온다는 식의 논의를 부인한다. 하지만 이러한 생산력의 발전이 자연과 인간의 문제보다 사람과 사람의 관계의 중요성을 더욱 강조한다는 것을 부인할 수는 없다. 그리고 옛날 맑스 시대에 부차적으로 느끼던 문제들이 현대에서는 심각한 문제로 제기되고 있다. 공해문제, 핵 오염, 성차별, 어린이 학대, 등등…… 그리고 선진국에서의 노동자 상층의 매수, 즉 노동 귀족의 등장 문제와 소위 대중사회의 형성이 과연 생산력 발달과 과학기술혁명 덕분인지, 아니면 아직도 종속적 발전을 강요받고, 원료 상품 시장이 되기를 강요받고 있는 구, 신식민지 종속국 제3세계에서 초과이윤을 착취한 덕분인지는 실증적 연구가 필요한 것 같다.

요즘들어 많이 논의되고 있는 소위 '포스트모더니즘' 시대가 과연 우리 사회에도 도래했는가? 이 문제에 일단 부정적으로 답하고 싶다. 1968년 5월 사태가 가지는 프랑스에서의 의의들, 즉 전통적 맑시즘에 입각하지 않는 대중들의 자발적인 투쟁, 근로 청소년들, 가정 주부들 등의 다양한 요구와 이해 관계의 표출은 더이상 전통적 맑시즘의 지도성을 원하지 않음을 이야기하고 서구 맑스주의자들은 이제 생산양식에서 일상양식의 문화로 관심의 영역을 바꾸어가게 되었다고 한다. 그러나 근본적으로 이런 현상은 '착취와 소외'라는 초기 맑시즘의 미완성된 사상들이 이제 그 중요성을 더해감을 보여주는 것 아닌가? 푸코도 비록 '실존주의적 맑시즘' '휴머니스트'들을 부인하지만 곳곳에서 맑시즘적 전통을 따르고 있다. 그러면서 푸코의 관심은 언설과 실천이라는 매개이며, 언설과 권력의 야합이다. 언설 속에도 나타나는 권력의 성격을 살펴보는 데 푸코의 관심이 있다.

좌우간 우리나라는 1987년 6.29 선언 후 의사 개량적 형태로 언론, 출판의 형식적 자유 등이 주어지고 있고 통일지향적 정권인 것처럼 보이나 아직도 우리의 민족 민주 운동은 탄압당하고 있고, 대중의 정치적 무관심을 야기시키며 개인주의적 문화를 유포하고 있다. 애국/매국, 민주/반

민주의 선은 명확히 보인다. 따라서 포스트모더니즘의 무분별한 수용은 의사 개량을 진짜 개량으로 받아들이고 결국 민족 민주 운동을 무력화시키고 정치적 냉소주의를 유포시키는 가운데 장기집권을 획책하는 권력의 의도에 놀아나는 것이 아닌가 생각된다. 미셸 푸코의 글을 읽고 느낀 점을 쓰려 했는데 조금 벗어난 것 같다. 조금 진지하지 못한 것 같기도 하나 옛날에 생각했던 것 "배부른 자들이 할일 없어 하는 것이 철학이다"는 생각이 이 책을 읽으면서 들었고 '보수적인 계몽주의 틀에서 벗어나지 못했다'라고 지적받으면 어쩔 수 없으나 맑시즘 철학을 읽으면서 느꼈던 감동(=결의)이 전혀 느껴지지 않았다. 부분적으로 우리의 상황에 맞기도 하나 대부분은 신식민지 종속국인 우리나라 사회에는 맞지 않는다 생각된다. (89학번 사회학과 3학년 진성)

3) 역사에 대한 맑스의 대전제인 생산력과 생산관계의 모순(생산양식론)에 근거한 계급투쟁의 과정이 푸코에 의해 목적론적 인식, 등질화 경향이라는 점에서 비판되어지고 있다. 그것의 근거로 주체와 대상으로 구조화된 노동 전제의 미약함, 노동계급의 보편성에 대한 불충분한 근거, 현실적 예증으로 후기 산업사회에서 3차 산업의 비중 증가, '노동모델'에 반한 정보 양식론이 제기된다. 결국 푸코는 자신의 언설/실천 이론에 근거하여 이성에 대한 근거 없는 신뢰 속에 이루어진 전일적인 맑스주의는 새로운 권력구조를 창출하며 이는 또한 프롤레타리아의 자기 해방 임무에 지식인 계층이 이론 영역을 담당하므로 서로 상치됨을 주장한다. 여기서 크게 세 가지 점에서 문제를 지적하고자 한다.

① 세계에 대한 인식 가능성 : 역사 발전 단계 속에서 인간의 인식 능력은 한계를 분명 갖는다. 또한 이러한 특정 인식 내용이 사회의식적 권위로 강요되는 측면 또한 존재한다. 이러한 의미에서 포스트모더니즘의 탈구조주의, 해체주의가 긍정적 측면을 갖는다면 가질 것이다. 그러나 인

식의 역사적 한계를 지적하는 것과 세계에 대한 인식 불가능성, 불가지론으로 귀결되어지는 것과는 별개의 문제이다.

ⓘⓘ 이론의 체계화(보편성)에 관하여 : 맑스 이론의 연속성에 반하여 푸코는 차별성의 강조, 총체성의 거부, 권력 기술을 통한 특정 지배 양식에 주목한다. 맑스는 본질주의, 환원주의와 구분되는 개념으로 본질과 현상, 가능성과 현실성을 제기한다. 다기한 현상 속에 관통하는 실제적 내용을 본질이라 정의하고 본질의 가능성이 현실적 조건과 결합되어 외화되어지는 것을 현실성이라 한다. 즉 현 사회 현상을 이성에 대한 회의로 국지적 문제로 스스로를 제한함이 정당한가?

ⓘⓘⓘ 결과적으로 이러한 '국지적 제한'된 이론 또한 푸코가 제기한 知의 권력으로부터 자유로울 수 있는가? (저자의 의식으로?) (88학번 사회학과 3학년 민석)

위의 세 글은 모두 맑스주의의 입장에서 푸코를 읽고 있다. 셋 다 학생운동에 적극적으로 참여해온 학생들의 글이다. 동석과 진성은 노래운동과 학회활동 그리고 '가투'(거리 시위)에도 적극적으로 참여해왔다. 이들의 글을 읽어내는 데 도움이 될 점을 덧붙인다면, 이 둘은 급격한 도시화 과정에서 서울로 올라온 전형적 젊은 부부의 자녀로 자라왔고 크게 부유하지도 빈곤하지도 않은 소시민 집안에서 그리고 서민 동네에서 귀염받는 아들로 자랐다. 둘 다 명랑하고 저돌적인 데가 있으며 너무 복잡하게 생각하는 것을 싫어한다. 진성은 매우 감성적인 데가 있으나 동석은 별로 그렇지 않으며, 둘 다 의리를 중시하고 카리스마적인 데가 조금씩 있다. 민석은 아직은 한참 어리다는 생각이 드는 앞의 두 학생에 비해 매우 심각하고 속이 깊다. 계급문제나 가족이 주는 압박을 구호로서가 아니라 현실로서 체험해 왔으며, 학생운동에도 상당히 깊숙히 참여해 왔다. 학생운동에서 내세우고 있는 문제에 충분한 현실감을 갖고 고민해 왔으며 고등학교 때부터 그런 차원에서 자기 성찰을 해온 듯하다. 최근 자신의 입장을 다시 한번 생각하고 있는 모양인데 군대에 갈 결심을 하였다고 한다. 위의 글은 자신이 전혀 드러나지 않고 있는 이론적인 글이다. 자신을 드러낸 글에서는 진지함과 함께 현실을 초월하고파 하는 욕망을 읽게 된다.

자신들의 입장을 잠시 벗어나 푸코의 관점에서 현대 사회를 새롭게 읽어볼 노력을 충분히 하지 않았다고 이들을 나무랄 생각은 내게 없다. 그들의 고민이 진지한 만큼, 그리고 자신들의 비판의 논리가 뚜렷하고 선명한 만큼 세상 경험을 하면서 자신들의 입장을 수정해 나갈 가능성이 높기 때문이다. 동석과 민석은 둘 다 이번 학기로 군대에 간다. 이들이 군대에 갔다가 어떻게 변해서 돌아올까? 학생운동을 한 경험이 이들의 삶에 어떤 저력과 준거점으로 남아 있을지는 이들이 한 그 동안의 활동이 피상적이었는지 아니었는지를 판가름해 줄 것이다.

아래에 싣는 네 편의 글은 입장을 딱히 굳힌 경우가 아니라 푸코적인 글에서 뭔가 새로운 것을 찾아보려 한 글이다. 특히 소련과 동구라파에서 일고 있는 변화로 인하여 맑스주의적 언설이 대학 내에서 가져온 위치가 흔들려온 만큼 새로운 텍스트에 대한 호기심들은 높다. 우선 네 편의 글을 읽어보자.

1) 《푸코, 마르크시즘, 역사》라는 책을 읽으면서 풀리지 않던 문제의 해결로 인한 해방감 같은 것을 느꼈다. 맑스의 계급적 대립에 의한 지배양식에 대한 푸코의 비판은 대단히 예리하고 통찰력 있다. 그러나 푸코 또한 하나의 극단을 취하고 있는 것 같다. 맑스의 생산양식 이론에 대한 푸코의 공헌이라면 한마디로 계급 대립으로 사회를 총체화시키는 데 대

한 거부이다. 20세기 후반부 사회는 더이상 대상에 대한 주체의 관계로 이루어지고 있지 않다. 후기 자본주의 사회는 노동사회가 정보사회로 탈바꿈하는 사회이다. 이 사회에서는 정보의 활동이 사회적 장을 총체화한다. 이전의 노동의 개념도 그 의미가 달라진다. 이제 노동은 인간의 다른 인간, 정보에 대한 인간의, 인간에 대한 정보의 활동이다. 그리하여 푸코가 주목하고 있는 것은 언설을 통한 지배 권력의 기술들이다. 정보사회는 언설의 지배 양식 문제가 정면으로 등장하는 사회이다. '언설은 항상 이미 권력'인 것이다. 맑스의 언설은 지배에 대한 비판을 가져오지만 다른 한편 언설 그 자체에 속하는 지배 양식을 수립하고 강화한다. 푸코는 맑스가 임금노동의 보편적 고통이라는 개념으로 사회를 보편화시켰다고 하며 다른 종류의 지배 양식——언설에 의한——에 대한 인식과 분석을 가로막는다고 비판한다.

푸코는 맑스 이론에 상당한 수정을 가하며 나름의 지배 양식을 내어놓는다. 그러나 한편 푸코 역시 맑스와 같이 다른 한편의 극단을 취함으로써 오류를 범하고 있다. 언설의 지배 양식이 20세기 사회를 상당 부분 설명할 수 있지만 맑스가 문제 삼은 계급대립과 임금노동의 문제는 여전히 해결되지 않은 채로 남아 있다. 푸코의 정보양식 이론은 이미 그 자체로서 존재하는 것이 아니라 맑스의 생산양식 이론의 개념들을 약화시키고 정보사회라는 것으로 합리화시켰다. 푸코의 정보양식은 맑스의 생산양식과 공존할 수 있다. 그러나 맑스의 문제, 즉 계급간의 대립과 착취와 노동의 소외 문제들이 해결되지 않는 한 푸코의 정보양식은 맑스의 이론을 무마시키기 위한 또 하나의 극단에 선 이론에 불과할 것이다.

(88학번 사회학과 4학년 형목)

2) 푸코의 저작들을 표현한 말 중에 푸코의 글은 밀림을 연상케 한다는 글이 있다. 나도 푸코에 관한 책들을 읽으면서 일단 들어가면 출구가

보이지 않는 밀림을 생각했다. 푸코를 이해하기에는 나의 머리에 한계가 있었다. 그러나 푸코가 여러 책 속에서 말하는 반계몽주의적, 반이성주의적 목소리를 통해 우리에게 막 알려지기 시작한 해체주의 사상을 조금 엿볼 수 있었다. 마크 포스터의 이 책은 주로 푸코와 맑스를 비교한 글인데, 이 책에서 내가 관심 있게 읽은 부분은 서양의 계몽주의 사상의 흐름 속에서 맑시즘을 평가한 부분이다. 푸코는 맑시즘 자체도 하나의 지적 권력이라 보았다. 푸코는 이제 더이상 맑스의 예언대로 사회는 혁명을 통해 변할 수 있다고 보지 않는다. 그것은 생산양식이 정보양식으로 대치되면서 우리의 의사 소통에 많은 변화가 생기며 이러한 정보양식은 언설/실천의 범주를 위한 가능성의 역사적 조건들을 제공하기 때문이다. 동시에 언설/실천의 범주는 정보양식의 분석을 위한 최선의 해석적인 틀을 제공한다. 마크 포스터는 이 책에서 맑스와 푸코가 가진 관심의 공통점은 인간 해방에 대한 관심이라고 표현한다. 그러나 맑스 이론이 가진 단점——여기서는 맑스에 잔존해 있던 형이상학적 짐이라 표현함——을 푸코의 이론이 극복해 주리라 믿고 있다. 이러한 점에서 푸코의 저작들은 자본주의에 대한 반발이나 자본주의를 와해시키려는 작업이 아니다. 그들은 계급 분석에는 적합하지 않다. 그들은 상부구조와 하부구조 사이의 연결선도 제공하지 않으며 문화공간 뒤에서 일어나는 이데올로기적 작용을 드러내지도 않는다. 그러나 이 모든 점에도 불구하고 그들은 현대 사회에 있어서 비판이론의 발전에 있어 핵심적인 저작들인 것이다. 푸코의 저작이 그토록 큰 반향을 일으킨 까닭은 지나간 시대의 가정들에 뿌리를 두고 있는 자유주의나 맑스주의와 같은 지적 구성물로 이해할 수 없는 새로운 사회 체계에 진정으로 비판적인 관점을 제공함으로써, 현대라는 맥락에 직접적 접촉을 가능하게 해주었기 때문이다. 하지만 총체성을 거부하는 푸코의 성향 때문인지 제대로 이해하기가 어려웠다.
(89학번 사회학과 3학년 수진)

3) 이 책 2장의 내용은 푸코를 설명하기 위한 무대장치로서 맑시즘의 비판이 나온다. 그러나 푸코를 설명하기 위한 무대장치로서 '맑시즘의 비판'을 설정한 것은 미국인으로서 그리고 현대를 살아가는 비판이론 연구가로서 타당하긴 하지만 비판 내용은 자의적이라는 느낌이 든다. 포스터는 맑스 이론의 전제로서의 '노동'에 대한 전제 그것 외에는 없는가를 묻는다. 그러한 물음은, 사실상 맑시즘의 배타성, 곧 노동을 전제로 체계화된 맑시즘의 배타성에 대한 비판을 의미하고, 푸코의 입장에서, 체계화 자체에 대해 문제를 제기하는 것으로 연결된다. 포스터는 푸코의 입장에서, 맑시즘에 대한 문제 제기를 이렇게 설정한 것을 '후기 자본주의 사회로 넘어 온 현재 상황은 노동사회에서 정보사회로 (본질이) 변화되었다'라는 말로 호소하지만 설득력이 없다.

지금이 과거보다 정보 시스템이 강력한 영향을 미치고 있지만 자본주의 본질이 변화되었다고 볼 수도 없고 오히려, 포스터는 맑시즘에 반하여 전혀 총체적으로 이론화하기를 거부한 푸코의 틀, 방법을 이론화하려고 하고 있다. 그렇기에 이 책에서 여러 가지 방식으로 설명한 푸코에 대한 나의 이해 속에서는 포스터가 푸코를 이용하고자 자의적인 판단을 하고 있는 것 같다는 의심이 들어 있다. 그러나 포스터는 그럴 수밖에 없었을지 모른다. 그리고 푸코는 그런 가능성만 주었다. 그는 전혀 그의 의도를 드러내지 않고, 예리하게 사회를 분석하였다. 그것은 비전도 없고, 동태적이지도 않다. 그의 知와 권력에 대한 분석이나 체계 자체에 대한 분석에서 느껴지는 것은, 파괴적인 작용일 뿐이다. 현재 존재하는 것 자체에 대한 비판이다. 이러한 푸코의 문제 제기가 전혀 발전되거나 덧붙여지지 않고, 다시 말해서 사회개혁이라든가 미래에 대한 비전을 갖추지 않고 존속한다면, 무정부주의적인 방향으로 빠지고, 썩어들어갈 것이다. 그러나, 푸코의 문제 제기는 하나의 이론으로 정형화될 수 없다. 그의 문제 제기 자체는 그의 말대로 해체를 위한 도구 이상이 아니다. 중요한 것은 그렇다고 푸코가 제기한 문제를 내버려 둔다면 그것은 버젓이 해결되지 않는 사회의 문제로 남겨질 것이다. 모든 것은 어떻게든 운동하기 마련이다. 그렇기에 푸코의 문제 제기가 움직일 것인지, 아닐지는 걱정할 필요가 없다. 분명한 사실은 푸코의 문제 제기가 나에게 의미심장하고 절망적이라는 것이다. (89 학년 사회학과 3학년 연지)

4) 현실을 어떻게 무엇으로 어떤 맥락에서 파악해야 할까? 오늘의 자본주의 사회를 맑스 이론에 비추어 그대로 설명하기는 불가능함이 사실로 파악되었다. 냉철한 이성의 인간으로 생산양식을 통해 사회 변화를 예견했던 그의 이론은 왜 빗나갔던 것일까? 맑스와 비교해서 자주 등장하는 푸코는 프랑스에서 사르트르 이후 가장 모험적인 이론을 전개하여 구조주의를 인식론적으로 완성하고 후기 구조주의(포스트모더니즘)의 시대를 열었다. 그러나 그의 이론은 그의 이론——知가 역사에 있어서의 물질적 힘이 되는 방식, 언설이 실천을 모양지우는 방식의 인식——때문에 난해하다. 이러한 비평에도 불구하고 그의 이론을 접하면서 느낀 것은 다른 기존의 이론들, 특히 맑스의 이론을 근본적으로 파악하고 근본적인 물음을 가했다는 것이었다.

맑스의 생산양식론을 관념들에 작용하는 주체의 자유를 통해서 비판하고, 사적 유물론도 오늘의 정보사회에서는 지배를 노동행위의 관점에서 생산을 위해 물질에 작용하는 주체로 파악하는 것은 부적당하다고 비판하였다. 여기에서 푸코는 언설/실천의 범주를 설정하고, 노동자계급 개념에 대한 보편성을 부정하면서 해방적인 언설이 사회집단에 보편성을 부여하거나 총체 이론화할 필요가 없음을 주장하였다. 즉, 이론은 이론적 과학성이 중요한 것은 아닌데, 안내자로서의 이론이 역사진행의 과정에서 실천에 대한 이론의 직접적인 지배가 되고 있는 사실을 밝혔다. 또한 자기 창조의 연속적인 과정 속에 인간의 이미지를 세운 변증법이 목적론적인 추동력을 가진 과도한 개념이며 차이성을 인정하지 않는 동질화 경향을 가졌음과, 그 대안으로 '권력의 기술들'의 작용을 밝혀 특정한 지배양식을 보여주고 그 분화되고 불연속적인 전개를 추적해 내는 방법을 제시하였다. 완벽의 추앙 속에 이어져온 知——자유주의, 맑시즘 등——가 역사적 과정을 통해 권력으로 작용하는 지배의 메카니즘을 파악한 푸코는 특권적, 텍스트적, 진보주의적 해석을 배제하고 사회구성체론의 한계점들에 논의를 집중하였다. 이러한 그의 이론은 주체와 객체의 구분이 모호해진 '정보양식'의 사회에서 더욱 필요할 것이다. 더군다나 (지금은) 객체로부터 소외되고 보잘것없이 되어버린 주체인 인간의 살아 있는 비판과 반성이 절실해지고 있다. 행위에 우선을 두고 형식주의적 도식 속에서 사회적 맥락과 경험의 행위적 요소를 흐리는 방향에서 탈피하여 정보양식과 언설/실천 범주의 변증법적 관계상의 발전을 추구한 점은 매우 인상 깊은 것이었다. (그의 관점을 따른다면) 인간 공동체의 한 부분으로 기계와의 대화가 포함되는 시점에서 역사적, 구조적 맥락으로 오늘의 우리를 좀더 바르고 정확하게 볼 수 있을 것이다. 그러나 그의 언설이 권력으로 행사하는 것을 어떻게 고쳐나갈 것이며, 그의 이론이 어떤 변증법적 관계하의 이론과 조화될 수 있을까 하는 의문이 남는다. 또한 정보양식의 사회에서 컴퓨터나 대중매체의 권력성은 어떻게 설명되고 극복할 수 있을까? (89학번 사회학과 3학년 수경)

이 네 편의 글에는 푸코적인 글에서 새로운 무엇을 찾아보려는 탐색의 자세가 깃들어 있다. 그러나 한결같이 푸코의 정보양식과 지식/권력에 관한 논의가 맑스의 논의가 설명하지 못한 많은 문제를 새롭게 제기해 주고 있기는 하지만 자신들이 원하고 있는 충분한 대답은 되지 못했다는 아쉬움을 나타내고 있다. 맑스주의적인 언설이 워낙에 많은 '체계적인' 설명과 '확실한' 대안을 주었기 때문에 푸코식의 저술 자체가 생소하고, 자신들은 여전히 그런 차원에서 보다 확실하고 명료한 답을 원하고 있기 때문에 푸코의 통찰력은 미흡하게만 느껴지는 것이다. 푸코 역시 맑스처럼 극단적이라는 생각, 아니면 맑스와 달리 비전도 없고 동태적이지도 않다는 느낌, '밀림 속을 헤맨다'는 느낌, 푸코 역시 자신의 입맛에 딱 맞는 대안을 주지는 못하고 있다는 실망감들을 이 글에서 읽어내게 된다.

위의 글에서 보이듯이 이론에서 명료한 대안까지를 기대하는 의존심리와 글의 논리성과 객관성에 대한 논란이 푸코에 대한 학생들의 토론과 쪽글 내용의 주제였다. 여전히 역사성을 바탕에 둔 상대주의보다는 절대주의적 성향을 강하게 드러내고 있다. 푸코가 제시한 역사적 해석 방법의 유용성이나 식민지였던 사회에서 푸코적 언설과 맑스적 언설이 시사하는 바의 차이 등과 같은 차원의 논의보다 텍스트 자체의 완벽성과 글 안에서 논리적 인과관계를 따지는 것, 또는 지금 규정된 상태의 한국사회론과 이 새 이론과의 접합성을 따지는 것이 주를 이루었다. 자신의 신념과 연결시켜서 그 선 안에 들어오는지 안 오는지를 판가름하는 당파주의 책 읽기 경향도 현저하게 드러났다. 규범적인 사고가 개방적이고 논리적인 사고를 강하게 억제하고 있음을 여기서 보게 된다. 문화 읽기란 상대주의적 입장을 전제로 한다. 모든 사람들은 같은 생각을 한다는 획일주의적인 문화결정론이나 문화는 가시적인 체제, 즉 토대의 반영에 지나지 않는다는 극단적 유물론의 입장을 벗어나지 않고서 삶을 읽어낼 수 없다. 지금 학생들은 이 양극에서 방황하고 있으며 이것은 사회에서 떠들고 있는 양극 논쟁의 반영이기도 하다.

이 강좌가 이루어지던 1991년 봄에는 〈강경대〉 치사사건으로 캠퍼스가 온통 들끓었다. 이 와중에서 〈죽음의 굿판을 당장 집어치워라!〉는 제목으로 조선일보에 실린 김지하 시인의 글이 큰 파문을 일으켰고 우리 교실에서는 시인의 글에 대한 비판과 공감을 표시한——대부분이 비판적인 글이었다——글을 읽고 쪽글을 내고 토론도 하였다. 현실상황에서 일어나고 있는 문제이며 '말'(글을 포함)의 힘을 여실히 느끼게 한 사건인 만큼 이 교실에서 김지하 파문이 주는 의미는 매우 큰 것이었다. 학생들의 논의는 '사회'에서의 논의와 매우 흡사하게 양비론에 대한 것으로 모아졌다. 결국 세 편으로 가를 것인지 두 편을 넘어서는 새로운 '편'이 생기는 것인지에 대한 논의였는데 새로운 시각이 절실히 필요하다는 쪽으로 의견이 모아진 편이었다.

 나는 학생들이 자신의 입장 천명 식으로 생각을 정리하기보다 지금까지 교실에서 해온 논의와 연결하여 우리 사회에 존재하는 여러 개 집단이 만들어내는 언설의 구조를 뚫어보는 기회를 갖게 되기를 바랐다. 감을 잡아내기 어려웠던 언설의 문제가 불꽃 튀는 현실로 나타난 만큼, 텍스트의 당파성과 언설이 갖는 힘을 거리를 두고 바라볼 수 있었기를 바랐다. 더 나아가 그 '큰 목소리'들이 실은 얼마나 미약하기에 손쉽게 매스컴에 의해 요리되어 버리는지, 그래서 통치자들이 얼마나 손쉽게 지식인들을 분열시키고 통치에 효과적으로 써먹을 수 있는지를 알게 하고 싶었다. 그리고 그 동안 커온 지식인들이 지속적인 토론 공동체적인 문화——그것이 가족문화이든 또래문화이든 운동권문화이든 간에——속에서 자라오지 못하였으므로 토론에 미숙할 수밖에 없으며 그래서 필요 이상의 강한 어조와 독선적인 언어를 사용하고, '논리적', '현학적' 치장을 하게 된다는 것도 알아차리기를 바랐다. 상대방의 말을 그 말하는 스타일이나 성격도 감안하며 본래 선한 의도로 읽어내기보다 감정적으로, 또는 꼬투리만 잡는 식으로 읽는 경향이 강한 지금의 지식인 사회의 극심한 당파성과 무성한 "토론 없는 토론들"도 말이다. 그리고 그런 분위기 속에서는 어쩌다 나온 선견지명도 여지없이 사그러져 간다는 것도…….

　자신을 감춘 '이론적 책 읽기'나 입장 천명에 급급한 '감정적 책 읽기'를 하는 식자 사회는 제자리걸음을 면치 못한다. 언제부터였을까? 우리가 이렇게 극단적 규범주의와 교조적 유물론자로 당파가 갈려 싸우기 시작한 것은? 물론 입장은 없이 극단적 명분론만 되뇌이던 때에 비한다면 우리 지식인 사회는 근래에 들어서서 상당한 진보를 이루었다. 대다수 지식인들이 자기가 선 자리를 점검해 보고 자신을 비추어 볼 비판의 거점을 가질 수 있었다는 것은 그것 자체로 분명 큰 성과를 거둔 것이다. 그러나 어디까지나 이론적 토론은 그것이 삶을 읽어내는 데 도움이 되는 한 유용하다. 그런데 '내'가 없는 토론에 익숙해진 지식인, 문화 읽기를 어려워하는 지식인들이 주도하는 풍토에서 그런 생산적인 토론이 이루어질 수 있을까?

사진 – 《우리 교육》 제공

나는 책을 읽음에 있어 정독을 하지 못하고,
건성으로 읽는 버릇이 있다.
이 습관이 형성된 것은 중학교 때부터인 것 같다.
국민학교 때까지는 교과서보다 동화책, 위인 전기,
세계문학책을 더 많이 읽었다.
책의 내용보다 어느 책을 얼마큼 읽었나를
더 중요하게 여겼다. 부모님의 강요에 의해
읽어서 그런 것 같다. 그렇지만 그때에는
책을 건성으로 읽지 않았다……
그러나 중학교에 들어오니 국민학교 때와는
다른 환경이 나를 기다리고 있었다.
공부에 대한 압력이 학년이 올라갈수록 가중되어
공부에 대한 심한 히스테리를 일으킬 정도였다.
교과서와 관계없는 책을 읽는다는 것은
시간낭비처럼 느껴졌다.
(89학번, 동욱)

지금도 나의 이야기를 하는 수업보다는 남의 글들을 읽고
요약 정리하여 발표하는 것이 나에게는 훨씬 쉽다.
나의 가슴은 차갑게 놓아두어도 되며 멀리 떨어져 관망하는 자세가 편하다.
나를 들춰내는 것은 아프다. 그러나 그만큼 내가 하는 일에서
해방감이나 신바람을 느낄 수 있는 기회는 없다. (대학원 2학기, 은희)

5장 예비지식인의 책 읽기 반성

가정에서 "예, 예" 하고 학교에서 "예, 예" 하며
입시 전쟁터에서 살아남은 우리
12시간을 한자리에 앉아 있을 수 있는
교과서와 문제집에 통달한 훈련된 우리
'꿈' 많은 부모님의 장한 아들과 딸
'선진조국'의 자랑스런 국민.

교과서에 없는 질문은 하지 마세요, 선생님.
正典을 외울 때가 행복했어요, 선생님.
괴로운 고3이라니요, 괴로운 대학이지요!
명령해 주세요, 권위 있는 소리로,
문제 의식도 주시고 그 해답도 주셔야지요.
현실 보는 눈을 따로 갖고 싶지 않아요.

저자와 텍스트의 역사성과 당파성에 대해서, 그리고 문화에 대해서 생각해 보는 기회를 가진 뒤 우리는 자신의 글 읽기에 대해 반성문을 썼다. 학기 중간일(4월 21일)이었으며 주어진 제목은 "자신의 책 읽기와 삶 읽기 습관의 특성과 그런 습관이 형성된 장, 그리고 과정을 서술하라. 가능한 한 가정, 학교 그 외 교회 등의 구체적 공간과 그 공간들이 엇물리는 장을 중심으로 쓰되, 자신이 최초로 특정한 식의 책 읽기를 '강요'당한 기억, 또는 그런 책 읽기에 대한 자각 과정이나 '해방된' 기억을 더듬어서 생생하게 적어보라"는 것이었다.

이쯤 해서 이 과목의 구성원에 대한 간단한 소개가 필요한 듯하다. 수강생들의 배경은 내 예상과는 상당히 달랐고, 그들의 삶에는 우리의 근대사가 너무나 생생하게 묻어 있었다. 나는 대체로 그들을 상당히 순탄하게 대학에 들어온 모범생들로만 생각하고 있었다. 그 '모범생'에 대한 나의 편견은 대략 다음과 같은 것이었다. 똑같은 문제를 반복해서 푸는 입시 위주 공부를 저항없이 해온 순종형으로 '공부'를 잘한다는 덕에 부모와 교사로부터 턱없는 우대를 받으며 자란 '애 어른'들, 대학에 와서 비로소 '자유'와 '자율'을 누릴 기회를 갖게 되지만 그 자유의 공간이 부담스럽고 어색하여 자신의 몸을 기댈 새로운 권위를 찾아 헤매는 입시 중독증 환자, 풍요로운 감성을 느낄 바탕을 거세 당한 지 오래이며, 교실에 한없이 앉아 있으라고 하면 그렇게 할 참을성 외에는 참을성이라고는 없고, 텔레비전과 오락기로 스트레스를 풀어온 세대. 교실에서는 입을 꼭 다물고 있다가 저희들끼리는 밤새 코미디 같은 이야기를 조잘거리는, 아이스크림을 고르라면 수십 가지 중에서도 문제 없이 자신이 원하는 것을 골라낼 수 있지만 정작 자기 삶의 중요한 문제에 관해서는 아무런 아이디어가 없는, 그 세대 특유의 유행성을 내세워 기성세대를 턱없이 무시하다가 어느새 체제 순응의 옷을 순식간에 갈아입고도 별 갈등을 느끼지 않는, 이 시대의 불행을 그대로 뒤집어쓰고 있는 희생물로 생각해 왔다. 그러나 그 편견은 이 교실에서의 만남을 통해 크게 수정되었다.

이들은 70년대 경제성장의 혜택을 누린 '사회 안정' 첫세대로서의 모습을 현저하게 내보이면서 동시에 다른 다양한 구석들을 보여주고 있었다. 도시에서만 자랐으며 '자본주의 사회 중산층 아이들'의 특징을 가장 현저하게 드러내고 있는 학생들에게서도 거의 예외없이 '봉건'과 '혼란'의 기억을 찾아볼 수 있었다. 실향민이나 이농민의 자식으로서의 기억, 잦은 이사로 인한 '고향 없음'에 대한 상실감이 그들 삶에 상당한 비중을 차지하고 있었다. 집안이 경제적으로 크게 기울거나 다시 일어났던 기억, 농촌에서 자란 기억과 혼자 중소도시로 유학 가서 나름대로 주체성을 확보해 가는 기억, 달동네에서 산 경험과 그 생활에 대한 향수——가난한 가운데 정이 오가고 있었음에 대한——가 불러 일으키는 감성, 잦은 전학이나 재수에 따른 타격, 강압적 학교 체제에 대한 저항, 경제력은 없으면서 권위만 내세우는 아버지와 집안을 꾸려가는 강한 어머니 사이의 알력과 매에 대한 아픈 기억들, 남아선호 사상에 젖은 어머니에 대한 딸의 저항, 그리고 군대와 휴학, 편입의 경험이 또한 중요한 자리를 차지하고 있었다.

노동운동에 뛰어들기 위해서, 또는 개인적 절망감에서 2,3년씩 휴학 생활을 한 경험에서 자살을 기도해본 경험에 이르기까지, 나의 상상을 훨씬 넘어서는 수준의 '혼란기적' 경험들이 그들에게 있었다. 이들 중 대부분이 가족의 끈끈한 끈에 매우 강하게 매어 있었으며 학교와 가족의 억압 가운데서 많은 고뇌의 나날을 보내어 왔음을 알고 나는 솔직히 많이 놀랐다. 누나의 빨간 내복을 물려입던 가난했던 어린 시절을 선명하게 기억하면서 남동생인 자신의 공부를 위해 상급학교 진학을 포기해야 했던 누나들에게 대한 미안감으로 '모두가 평등한 사회'를 만들려고 결심을 굳힌 어느 형제 많은 농촌 가정에서 자란 길현,

각자 자기 살기에 급급하여 서로에게 별다른 친밀감도, 할 말도 없는 가정에서 자랐지만 그 가족 성원들의 '말없음'이 견디기 어려워 학생운동을 잠시 포기하기로 결심한 민석, 휴학을 하고 노동현장에 뛰어들었다가 다시 학교로 돌아와 심각하게 다시 자신의 삶을 정리해 가고 있는 경미, 자기 방 없이 산다는 것은 상상도 못하고 살면서 스스로를 고독한 존재로 키워온 전형적인 강남 중상층 핵가족의 산물인 승한이에 이르기까지, 그리고 이북에서 단신으로 내려와 자수성가한 강력한 가부장의 반항적 아들로부터 대대로 한곳에 머물러 온 큰 문중 종손집의 온순한 아들에 이르기까지, 정치적으로는 보수적이나 그 외 영역에서는 매우 개방적인 부모를 존경하는 진취적인 학군단생으로부터 가족으로부터의 소외감 덕으로 수많은 책을 읽게 된 학생에 이르기까지, 우리 작은 교실에 자리한 학생들은 참으로 다양한 배경과 생각과 감성의 바탕을 가지고 있었다. 나는 학생들이 가진 고뇌의 깊이와 일상적 삶이 주는 책임의 무게를 읽어내지 못하는 선생으로서의 무능함에 매우 의기소침해진 적도 많았으나 학생들은 개의치 않고 진지한 자기 성찰의 작업들을 이어갔다.

여기에 실린 글은 이렇게 '파란 많은' 어린 시절을 보냈고 경황 없는 대학 1, 2학년 시절을 보내었으며 이제 3, 4학년인데다가, 사회학 전공 학생이거나 그 방면을 기웃거리는 '사색하는 형'의 학생들이 쓴 글이다. 또 〈문화이론〉이라는 약간 사치스러워 보이는 이름이 붙은 이 강좌를 스스로 선택한 학생이라는 점을 기억해 두는 것이 아래의 글을 읽는 데 도움이 될 것이다. 현재 대학생 집단을 대표하기에는 분명히 문제가 있는 특수 집단이라고 보아야 할 것이다. 그러나 그것은 크게 상관이 없다. 중요한 것은 그들의 복잡한 배경과 관심사 덕분에 이들의 글이 내가 예상했던 글보다는 '수준'이 높았으며 그래서 현재 대학생들의 책 읽기에 대해 성찰할 충분한 논의거리와 적절한 '거리'를 주고 있다는 점이다. 이들의 책 읽기가 얼마나 다양한지, 또 그런 차이에도 불구하고 구성원 전체가 공유하는 부분이 있다면 어떤 것인지는 인용된 글들에서 단적으로 드러나고 있다. 우선 이들의 글을 읽어보기로 한다.

 1) 솔직히 나의 기억으로 어렸을 적 나는 책과 그다지 친했던 것 같지 않다. 그나마 책 읽기를 시작한 것은 고등학교 때부터이니 말이다. 우리 학교는 매주 특별활동 시간이 있었는데 여기서 제일 무난히 참여할 수 있는 곳이 '독서 감상부'였다. 이것이 아마 나의 책 읽기의 시작이 아닌가 싶다. 거기서 나는 매주 감상문을 제출하고 토론을 해야 했지만 워낙 책에 익숙지 않다 보니 책의 내용과 주제를 나 자신이 소화해 고민하는 경우가 없었다. 하지만 성격이 남에게 뒤지기를 싫어하는지라 토론 시간에 가만히 앉아 있기는 더욱 싫었으므로 이때의 나의 책 읽기는 당연히 '남에게 보이기 위한 책 읽기'가 될 수밖에 없었다. 예를 들어 '죄와 벌'을 읽는 날이면 난 글의 내용보다는 백과사전 등에서 도스토예프스키를 찾거나 그 감상문을 읽어가 내가 책을 소홀히 읽지 않았다는 것을 보여주려고 애썼다……
 대학에 입학해서 나는 학과 내의 학회 중 '세돌이'(세상 돌아가는 이야기의 줄임말)라는 문학 학회에 들게 되고 처음 접하는 빈민 문학, 노동자 문학, 반미 문학을 읽어가며 내가 생각하는 깊이가 친구들에게 뒤지지 않다는 것을 보여주기 위해 매번 사회 아니면 발제를 맡았었다. 덕분에 2학년이 되어 세돌이의 長이 되었고 후배들의 세미나를 들어가며 아는 척 하기 위한 책 읽기는 점점 더해갔던 것 같다. 지금까지 나의 글 읽기 습관을 반성해 본 결과 '남에게 보이기 위한 책 읽기'였다. 하지만 요즘은 어쩐지 바뀌게 된 것 같다. 세돌이를 안하니 세미나를 하기 위한 책 읽기가 아니고, 예전에 이해하기 전에 비판과 평가하려 했던 것과 달리 요즘은 주인공의 삶에 빠져들어 곧잘 감동을 받곤 한다. 물론 어느 것이 더 좋은지는 단정할 수 없겠지만, 요즘은 책 읽기가 즐거워진 것 같고 나의 삶도 다시 읽을 수 있을 것 같은 희망이 생긴다. (89학번, 남, 상용)

2) 나는 책을 읽음에 있어 정독을 하지 못하고, 건성으로 읽는 버릇이 있다. 이 습관이 형성된 것은 중학교 때부터인 것 같다. 국민학교 때까지는 교과서보다 동화책, 위인 전기, 세계문학책을 더 많이 읽었다. 책의 내용보다 어느 책을 얼마만큼 읽었나를 더 중요하게 여겼다. 부모님의 강요에 의해 읽어서 그런 것 같다. 그렇지만 그때에는 책을 건성으로 읽지 않았다. 처음으로 접하는 세계가 신비스럽고 재미있어서 계속해서 한 페이지를 읽은 적도 있다. 책을 읽으면서 작가, 주인공을 중요하게 여기지 않고 그저 책만 읽었던 것 같다. 지금은 성격이 많이 활발해졌지만 그때만 해도 너무 내성적이어서 친구들과 잘 어울리지 못하고 집에서 소설책을 읽으며 시간을 보냈다. 그러나 중학교에 들어오니 국민학교 때와는 다른 환경이 나를 기다리고 있었다. 공부에 대한 압력이 학년이 올라갈수록 가중되어 공부에 대한 심한 히스테리를 일으킬 정도였다. 교과서와 관계 없는 책을 읽는다는 것은 시간 낭비처럼 느껴졌다. 그래서 자연적으로 책들을 멀리하게 되었다. 그러나 교양으로 읽어야 하는 책들이 간혹 있기에 시간은 없고 해서 책을 읽는 속도를 빠르게 하게 되었다. 그때부터 책을 건성으로 읽게 되었다. 교과서를 볼 때는 건성으로 읽어도 몇 번씩 보게 되니까 별로 어려움을 느끼지 못했지만, 문학책 등을 읽을 때는 읽고 나면 줄거리 정도밖에 생각나지 않았다. 이때부터 작가와 작품명, 주인공에 대하여 관심을 갖게 되어, 대화 중 이들이 나오면 아는 것처럼 이야기할 수 있었다.

대학에 들어와 학회에 가입하게 되었는데, 학회 세미나가 나를 지루하게 만들었다. 처음 접하는 대학 문화이기에 처음에는 선배들이 시키는 대로 잘 따라했으나, 시간이 흐를수록 심한 괴리감을 느꼈다. 학회 커리로 읽는 책을 보면 모두가 운동권 책들이었다. 나는 운동권에 대하여 반대, 찬성을 하지 않는 입장이었으나, 자꾸 그런 책을 읽게 되니, 어느날 시위대 앞에 서 있는 나 자신을 볼 수 있게 되었다. 내 사상이 서서히 변해가고 있었던 것이었다. 그러나 이것은 또 다른 나 자신이 용납하지 않았다. 집안 문제도 있었고, 변해가는 내 자신을 감당할 자신이 없었기 때문이다. 이런저런 이유로 학회 세미나를 빠지기 시작했으며, 참가해도 읽기로 되어 있는 책들을 읽지 않았다. 그리고 이런 자신을 정당화하기 위하여 나 자신이 '극우'라고 생각하기 시작했으며, 다른 사람과의 대화 중 극우를 강조하곤 하였다. 선배님들도 나의 마음을 알고 더이상 학회에 나오라고 강요하지는 않았다. 학회에 나가는 것이 그렇게 심한 강요와 억압은 아니었지만, 학회 탈퇴식 같은 것 없이 나왔지만, 나오고 나서 광복과 같은 해방감을 느꼈다. 그러나 마음 한구석에서는 내 자신이 비겁자라고 비하시키고 있었다. 나는 한국 교육의 현실 때문에 생긴 책을 정독하지 못하는 습관과 좌우익의 대립으로 인한 사상 대립을 피하려고 한다. (89학번, 남, 동욱)

3) 고등학교에 입학해서 입시 준비에 여념이 없을 때 제일 읽고 싶었던 것이 《데미안》이었다. 그러나 바쁜 과정에 책 읽는 시간을 내기 어려웠고 무척이나 성적 경쟁에 매달렸던 내게는 아주 힘든 일이었다. 지금도 그렇지만 고등학생들의 책 읽기는 대학 입학이라는 가족들의 성화 속에 찬밥 신세를 면치 못하는 것이 사실이고 그래서 고등학교 때 책을 읽은 기억은——특히 명작을——없고 오직 참고서와 교과서의 글들만 떠오른다. 하지만 한 가지 기억이 나는 것은 국사 선생님의 마지막 강의

때 5공화국에 대한 코멘트와 국사 교과서의 서술 내용이 틀리다는 사실의 발견이다. 대학에 들어와 선배들의 충고와 조언으로 비판적인 읽기 태도를 지니려고 노력했고 역사 부분에서 《다시 쓰는 한국 현대사》와 《거꾸로 쓰는 세계사》라는 책은 이제까지의 왕조식 역사에 익숙해 있던 내게는 새로운 발견이었다. 이렇게도 볼 수 있구나! 지금까지 교육 받아온 것에 대해서도 회의가 일었다. 교육, 권력 의지를 갖도록 소수를 훈련시키고 나머지 다수는 어쩔 수 없이 그 밑에 들어가 종노릇이나 하도록 만드는 교육, 바르게 알도록 해야 하는데 정권에 대한 언급이 하나도 없는 교육, 모든 것이 혼돈이었다.

맑스의 정치경제학 서적을 접하면서 맑스의 이름을 들먹이지 못했던 중고교 때의 일이 생각나서 내가 지금까지 얼마나 단편적인 사실들에 치중해 왔는가를 알 수 있었다. 이러한 비판적 능력의 성장은 주변의 선배들과 같은 학번 세미나팀들의 도움 때문이었고 덕분에 나는 비늘을 한 꺼풀 벗은 듯 새로왔고 알아보지 못했던 부분들에 접근할 수 있었다. 또한 문화이론 과목을 들으면서 더욱 새로운 비판적 시각을 가질 수 있었는데 정 찬의 〈얼음의 집〉을 읽고는 권력에 대해 다시금 생각해볼 수 있는 시각을 지니게 되었다.

헷갈리게 만드는 과목 〈문화이론〉이 나에게 "이 세상에 무엇이 남아 있는가?"라는 질문과 "진리는 없고 가설들만 남아 있고 그 가설들에 얽매어 활동하는 인간 군상들"을 생각나게 했다. 어떻게 보면 회의로 빠질 것 같기도 하다. 회의로 빠지는 것은 패배주의적 사고에서 연유되는 것인지 궁금하다. (89학번, 남, 영철)

4) 나는 언제부터인가 책을 읽을 때, 여타의 잡다한 설명들은 대강대강 읽고 그 책, 또는 어느 한 장의 가장 핵심적인 부분만을 머리에 집어 넣으려는 습관이 들어버렸다. 어떻게 본다면 가장 능률적으로 명료하게

책을 읽는 것이라고 긍정적으로 생각할 수 있겠지만, 내 자신 스스로 비판하기에는 너무나 건조한 책 읽기를 하는 것이 아닌가 생각된다. 반드시 어떤 주제뿐만이 아니라 읽음으로써 체득할 수 있는 다른 많은 풍부한 내용을 놓치는 것 같고, 결국 이러한 책 읽기 방식이 어느새 삶을 풀어나가는 데 있어서, 사람을 만나는 데 있어서도 녹아들어 가는 것 같다. 원칙만을 강조하고, 기타 주변 환경이나 같이 일하는 사람들, 또 사업의 대상인 사람들의 감성적 부분들을 작은 것으로 치부하는 모습, 이런 것 말이다. 일상 속에서 꾸준히 보여지는 모습이기 때문에 그 중 어떤 상황 하나를 딱히 집어내 에피소드라고 얘기하긴 힘들지만, 요즘 나에게 가장 기억에 남는 일 하나를 써보겠다.

얼마 전 내가 활동하고 있는 노래패에서 공연 기획팀을 꾸려 공연 기획에 대하여 토론한 적이 있었다. 맨처음 공연의 대상을 어떻게 파악하며, 그 수준은 어느 정도로 할 것이냐, 주제는 무엇으로 할 것이냐 등의 이야기를 하면서 거의 나의 독무대가 되는 것 같은 기분이 들었다. 나는 주로 정세에 맞는 주제를 가지고(반동권력 재편음모 분쇄, 민중권력 쟁취) 정치적 선동의 효과를 극대화할 수 있는 형식의 공연을 하자고 끈질기게 주장했고, 딴 친구들은 여러 사람의 정서나 우리 노래패의 형상화 수준 같은 것도 고려해 가자고들 했지만, 결국 나의 주장의 당위성에 이끌려가고 있었다. 그래서 결국 대강의 대본을 잡아 딱 놓고 보니 모두들 걱정된 눈빛이었다. 과연 이러한 공연을 우리가 해낼 수 있을 것인가. 그런 방향으로 이끈 건 나였지만, 다 만들어 놓고 우리 노래패 회원들의 모습을 하나하나 떠올리고, 또 공연 당일 관객들의 모습을 상상해 보니 좀 너무했다는 생각이 들었다. 소위 말하는 너무 과격한(?) 내용이 되어버린 것이다. 결국 장소 문제 때문에 공연은 힘들어졌고, 2학기로 공연을 미루며, 시간은 많으니까 대본을 다시 검토해 보자는 얘기들이 여기저기서 나오고 있다. 나 때문에 힘들었던 사람도 많았으리라. 그래서 노래패 내에서 나는 경직된(?) 놈으로 인식되고 있다.

이건 나의 모습이 아니었는데, 왜 이렇게 되었을까 생각해 보면 아무래도 대학에 들어와 생활하면서 얻은 많은 지식과, 또 활동하면서 가진 많은 경험들이 나를 이렇게 박제화시킨 것 같다. 그 주요 장은 아마 우리 학과 학생회일 것이다. 이제 이러한 문제 의식을 느끼기 시작하고 있으니 아직 해방되었다고 할 수는 없고, 하지만 이 가운데에서 긍정적인 측면을 전혀 사상할 수는 없으므로 앞으로의 나의 방향은 이러한 것에서의 '해방'이 아니라, 장점은 유지·발전시키고 단점을 극복한다는 의미로서의 '지양'의 방향이라고 생각한다. 지금 와서 생각이 드는 것은, 습관화되어 있고 탈피하기 어려운 우리의 책 읽기, 삶 읽기를 조금만 돌이켜 생각해 보면 이렇게 엄청난 자기 혁신의 장이 될 수 있구나라는 것이다.
(89학번, 남, 동석)

5) 내게 있어 책 읽기로부터 해방된 감정을 가진 시기는 중학교 때로 돌아가야 할 것 같다. 국민학교까지 교과서에 의해 틀에 지워진 학습만을 강요받았으며, 또한 그로부터 벗어나지 못했던 것 같다. 물론, 만화니 동화책을 보기도 하였지만 그것은 수동적인 책 읽기였던 것 같다. 중학교에 진학하면서 처음으로 나의 의도대로 소설책을 선택하여 보게 되면서 나만의 삶의 영역을 조금씩 구축, 확장하였다. 그 당시, 학생들 사이에서 한창 베스트셀러였던 《얄개시대》 등 학생 명랑소설이 큰 붐을 이루고 있었다. 평소 교과서에서만 읽혀지던 딱딱함과 억눌림에서 그 소설은 너무나 재밌고 신이 났다. 그 이야기 속의 주인공이 우리와 같은 중학생이면서 그가 (얄개) 사는 삶이 내가 하고 싶은 것을 해준 데 대한 즐거움이라고나 할까? 이젠 딱딱하고 현실과 조화를 이루지 못하는 교과서의 가르침은 아무런 의미를 주지 않는다고 생각되었다. 수업시간에 선생님의 눈을 피해 그 소설을 읽는 그 묘미는 감칠났으며 짜릿한 기분까지 만

꺽되었다. 그리고 교과서에서 가르치는 것은 우리에게 쓸모없는 것들이라든가, 왜 삶을 가르쳐주지 않는 교과서를 배워야만 하는가 등 교육체제를 전면 부정하는 식으로 작은 저항을 해보기도 하였다. 영어 시간이었다. 그렇지 않아도 영어란 과목이 싫고, 선생님조차 싫었었다. 그런 차에 왜 우리는 세계적인 언어라는 한글을 외국 사람들에게 가르치지는 않고, 우리가 영어를 배워야만 하는가 도무지 이해가 되지 않았던 것이다. 결국 영어 성적은 떨어지고 돌아오는 것은 선생님의 매뿐이었다. 그래서 다시 생각을 고쳐먹었다. 매 맞기 싫고 성적을 위해서 묵묵히 참고 공부하는 것이 최선의 방책임을 깨닫고……

중학생 시절은 또한 내게 이성에 눈뜨게 해준 장이기도 했다. 그것은 그때까지 아무도 가르쳐 주지 않았던 것이다. 생물 교과서에서 찾아보려고 다 뒤져 보았으나 알 수 없었다. 우리들은 다른 교과서를 준비하며 독학을 하는 수밖에 없음을 자각하고, 몇몇 친구들은 어떻게 구했는지 '빨간 책'이라 불리우는 이상한 책을 가지고 와 쉬는 시간이나 점심 시간에 열심히 탐독하였다. 그렇게들 교과서를 보고 공부한다면 모두 훌륭한 사람이 될거란 생각도 해보았다. 우리 조무래기 까까머리 중학생들은 세상을 보고 배워 나갔다. 나도 물론 예외는 아니었다. 지금 생각하면 그때는 적어도 순수한 감정의 발로였다고 생각된다. 이러한 세상을 보고 삶을 읽는 기억들은 고등학교 진학과 동시에 기존의 교과서를 다시 열심히 읽어야만 하는 기구한 운명으로 되돌아간다. 중학생 때처럼 세상에 대해 반론을 제기하려 하지도 못했을 뿐더러, 해서도 안되는 것으로 알고 국민학교 식의 책 읽기의 습관으로 되돌아갔다. 이렇게 수동적이고 체제 순응적인 책 읽기의 습관이 형성되었다. 굳어진 습관은 좀처럼 타파되어지지 않았다. 대학 시절의 책 읽기는 중학교 때처럼 새로운 삶 읽기의 맛을 간혹 맛볼 수 있게 하였으나, 그것은 고민과 갈등의 정체성 없는 방황으로 나타났다. (86학번, 남, 장호)

6) 나의 '읽기'는 먼저 가족적 상황에서 설명되어야 할 것이다. 대개의 '가족'이 그러하듯, 가족간의 대화는 거의 모두가 일상적인 필요성에 의해 마지못해 이루어진 것이었다. 특정한 논제를 설정한 토론이나 사회적인 상황들을 보는 시각의 토론 같은 것은 전혀 불가능한 것이었다. 말없이 행동으로 보여주고, 얼굴빛이나 표정으로 꾸짖곤 했던 부모네의 중압감 속에서, 그저 유별나게 행동하지만 않으면 그리고 집안에서 요구받은 대로 묵묵히 따르면 그것으로써 내게는 평화로운 일상이 보장되는 것이었다. 그런 식의 훈육은 고등학교까지의 학교 교육에서도 마찬가지였다고 생각된다. 국정교과서의 위력은 말할 것도 없고, '교복'이 지니는 상징은 더더욱 나의 모든 생활을 지배하는 것이었다. 물론 '반발'은 있었다. 그러나 그 반발은 '교과서'나 '교복'에 대한 직접적인 반발이 아니라, 단지 공부보다는 문학 서적들에 몰두한다거나, 서클로서의 도서부 활동을 빙자하여 과외활동을 계획한다거나 하는 제한된 것들이었다. 우습게도 이러한 행동의 의도하지 않은 결과물로써 그 나이의 청소년들에게까지 가해지는 정치권력의 '섬세함'을 보게 되었다. 엉뚱한 이유로 금서로 지적된 책들, 3인 이상이 모여 집회를 갖게 될 경우 당국에 신고해야 되는 법적인 의무 등. 그 당시로서는 '충격'으로 다가온 것이었다. 나름대로 독서회를 준비하는 과정에서 느꼈던, 교과 공부와는 또 다른, '사람'과의 만남으로부터의 신선함이 좌절된 이후, 회의감이나 반항적인 심리보다는 오히려 '두려움'을 느꼈었다.

그러한 두려움은 대학 입학 후까지도 가셔진 것은 아니었던 듯하다. '또 하나의 충격'. 공공의 언론매체를 통해 보도되는 정치적인 언설들 모두가 사실이라고 여겨온 것이(성장과정의 태반이 '유신'과 뗄래야 뗄 수 없는 시기였음에) 대학 내에서는 사기였고 왜곡이었다. 정치적인 문제들에, 그리고 사건들에 몰두하던 시기였다. 학회 모임과 과외의 운동단체에까지 참여했었다. '조직과 개인'의 모순들을 또한 체험한 시기였기도 하다.

상황 탓으로 돌리기는 하였으되, 운동 조직에서조차 수시로 발견되는 강압과 비민주성의 편린들을 겪으면서 어쩔 수 없이 승복할 수밖에 없었던 좌절은 내게는 또 다른 두려움으로 남게 되었다. 군대생활은 더욱 말할 필요도 없겠다. 이제껏 겪어왔던 것은 오히려 그야말로 '인간적인' 문제였다. 고참의 부당한 명령에 반항해 구타를 당한 적은 수없이 많았다. 그들에게는 골치거리였으리라. 그러나 정작 참을 수 없는 것은 육체적인 고통이 아니라, '그들'(내가 포함된 집단으로서)로부터의 소외였다. '포기'. 그들과 '군인'으로서의 행동 양식을 함께 함으로써 3년간의 '평화'를 보장받을 수 있었다. '보편'과 '일반성'을 은연중에 쫓고자 하는 생각은 의식적으로 이루어지는 것은 아니었던 듯하다. 적어도 내게 있어서는. (83학번, 남, 영준)

7) 대학 이전의 삶 속에서는 스스로 찾아서 일상적으로 책을 읽는다든지, 현실에 대한 성찰의 자세를 갖지 못하였다. 이러한 것의 원인은 학교나 가정생활 속에서 그러한 자극을 받을 수 없었던 객관적인 조건의 문제와 스스로 삶에 대한 문제의식·고민을 갖지 못하였던 주체의 문제가 맞물려 있었던 것이라 생각된다. 성장기의 독서 습관은 단지 시간적 여유가 있을 때 즐거움을 나름대로 얻는 것에 만족하는 그런 정도였고, 점차 자신의 사고의 빈약함을 느끼면서도 '무엇을' 어떻게 읽어야 하는지 알지 못했다. 대학에 들어오면서 내 삶의 환경 변화는 새로운 자각을 불러일으켰다. 막연하게 삶의 가치의 문제에 대해 갈망하던 나에게 서클 활동을 통한 새로운 문화와의 만남(사회 인식과 사회 변혁에 대한 새로운 사고를 형성시켜 주었던), 새로운 인간관계 속으로의 편입은 사회와 삶에 대한 관심과 비판적 성찰의 요구를 스스로 갖게 하였다.

새로운 세계관은 나의 낡은 세계관을 여지없이 무너뜨리고 그 자리를 메워 갔다. 처음에는 '알아야 한다'는 지적 욕구에 의해 책을 읽었고 신문을 보았으나, 이것은 점차로 관성화되면서 '읽어야 하는 것'으로 굳어져 갔다. 이러한 특정한 책 읽기나 삶에 대한 관점은 강요되어진 것으로 여겨지지 않았으나, 결코 자신의 내적 요구로부터 끊임없이 솟아오르는 욕구에 의한 과정은 아니었던 것 같다. 왜냐하면 어느 정도 수준에 이르러서는 더이상 나에게 이런 과정들이 창조적인 의식의 발전을 가져오는 것으로 느껴지지 않았고 또 즐겁고 의욕적이지 못하였기 때문이다. 이러한 문제가 점차 심화되어 갔던 것은 모임 속에서 나의 위치 때문에 이러한 것들에 대한 요구가 강도 높아지는 과정에서였고 어떤 면에서 이러한 과정은 관성화(학습과 정세연구)되어 강요되어지는 과정이기도 하였다.

한동안 책을 읽지 않았다. 신문도 보고 싶을 때만 읽었고, 새로운 영역에 대한 관심의 눈을 가져보았다. 시나 소설과 같은 문학 책이나 또 다른 사상과 이론을 담은 글들을 훑어보기도 하였다. 일종의 해방감 같은 것을 느꼈다. 다양한 삶이 존재하는 것만큼이나 다양한 사고·문화가 존재함을 느꼈다. 이제는 자신에 대한 성찰에 보다 많은 시간과 노력을 들여야 한다는 생각을 한다. 열린 눈과 열린 가슴으로 세상과 맞부딪치면서 '내'가 누구이며 '나의 요구'는 무엇인지 먼저 깨닫고 싶다. 나의 요구로부터 삶을 풀어나갈 때, 그리고 그러한 자세를 견지할 때 나의 책 읽기는 또 한번 새로운 나를 창조하는 과정 속에 있게 될 것이다. (87학번, 여, 경미)

8) 내 책 읽기 습성은 내 기억으로는 대학에 와서 생겨나게 된 것 같다. 대학에 와서 선배들을 만나, 이런저런 얘기들을 하게 되고 이런저런 사회과학 서적들을 접하게 된 후 이전의 책 읽기가 지금의 모습으로 변하게 되었다. 예전에는 책을 읽으면, 이 글을 쓴 사람이 무슨 생각을 하고 있는가를 먼저 생각해 보고 그 사람의 생각에 접근하려고 노력했었다. 그런데 대학에 와서 나의 책 읽기는 변했다. 학회 세미나를 통해 '과

학적'인 인식을 외치며 냉소적인 말투로 기존의 사회를 비판하는 선배들을 보면서 처음에는 어느 정도 거부감을 갖게 되었다. 그러나, 나도 모르게 지금은 책을 읽으면 글쓴이가 무슨 생각을 하는가를 엿보려는 노력보다는 그전의 선배들의 모습처럼, 무엇이 이 글에서의 문제점인가, 어떤 면에서 잘못되었는가만 눈을 부릅뜨고 살피게 되었다. 그렇다고 그 문제점에 대해 내 스스로 어떤 대안을 갖고 있지도 못하고, 단지 냉소적인 투로 꼬투리만 잡으려고 하는 것이다. 그러니 자연히, 전체적인 파악보다 가지만을 붙잡아 욕하는 버릇이 생긴 것이다.

이런 자각을 하게 된 것은 얼마 되지 않았다. 한번은 친구와 〈문화이론〉 시간에 했던 '동화 다시 읽기'를 가지고 얘기하게 되었다. 친구는 동화 다시 읽기가 혼란시키는 작업이며, 이 혼란을 통해서 다시 한번 글 읽기의 문제가 무엇인가에 대해서 느낄 수 있었다고 말했다. 나는 "동화 다시 읽기, 혼란시키는 작업 자체도 새로운 틀로 인간에게 다가가서 인간을 매어버릴 수 있지 않을까?"하고 반문하였다. 나는 꼬투리만 잡으려 한 것이었다. 동화 다시 읽기를 통해 내 스스로 새로운 동화 읽기를 해보려 하지 않고 단지, 남들이 이루어 놓은 혼란된 동화가 나를 억압한다고만 생각한 것이다. 내 스스로 다시 읽어 보고 주체적으로 생각해 보려 하지 않고, 선배들이 과학적 인식이라고 말하며 냉소적인 투로 비판한 모양만을 그저 닮아간 것이다. 지금 생각해 보면 대학생활의 2년 넘는 시간을 어떻게 하면 냉소적인 과학을 닮아볼까 하는 생각으로 보낸 것 같다. 이 수업에서 한 책 읽기가 나에게 많은 도움을 준 것도 사실이다. 선생님이나 다른 친구들의 말을 통해 편협한 인식의 잘못을 알았다. 그러나 아직 인식 이상은 되지 못한 것 같다. 앞으로 어떻게 할 것인가? 이것이 나의 과제다. (89학번, 여, 수빈)

9) 나의 책 읽기 습관은 언니들과의 생활 속에서 나이답지 않은 지식, 아

니 상식을 쌓는 식으로 시작되었다. 방학 때나 휴일이면 이러이러한 책을 읽으라고 목록을 제시해 주면 나는 그대로 읽었다. 우선 지은이와 책 이름, 주인공 이름을 정확히 외우면서…… 그래선지 국민학교 때는 책도 많이 읽고 글도 잘 쓰는 문학소녀라는 별명을 받았다. 그때부터 나는 거기에 맞게 책을 많이 읽는 학생이 되려고 노력했던 것 같다. 중학교 때가 되어서 나는 책 읽기를 좋아하는 친구들을 사귀었는데 그때 나는 내가 알고 있는 책 제목이나 주인공 이름 따위로는 그들과 대화를 할 수 없음을 알았다. 그때부터 습관이 된 것은 끝까지 다 읽는 것이었다. 책의 마지막 끝자 '다'를 보면 괜히 뿌듯한 느낌이 들고 이해하지 못한 부분도 모두 다 이해한 척 했다. 중학교 때 내가 주로 읽었던 책은 유명한 한국 단편문학들이었다.

  고등학교부터는 독서와 담쌓기를 요구했고 나도 거기에 순응했다. 대학에 들어가면 내가 읽지 못한 외국 소설과 시 등 정말로 많은 책을 읽으리라 결심했다. 그런데 사회학과에 들어와서 내가 접한 책은 주로 사회과학 서적이었고 평소 감정적인 것을 좋아하는 나로서는 이해하기가 어려웠다. 학회활동을 하면서 여러 아이들처럼 똑똑하고 빠삭하게 정리해서 발표도 하고 토론도 하고 싶지만 여전히 그렇게 못하는 나로서는 계속 열등감만 쌓이는 것이다. 알게 모르게 나에게 다가오는 사회과학 책 읽기의 강요, 그러나 제대로 소화해 내지 못하는 내면의 갈등, 이것이 현재 내가 가진 억압이다. 사회과학 책 읽기는 나에게 해방의 기억을 가져다주지 못하고 있다. (89학번, 여, 수진)

  10) 나의 책 읽기 습관, 곧 나의 삶 읽기 습관은 주로 주변——특히 가족과 친구 관계——에서 형성되어졌다. 국민학교에 들어간 지 얼마 안되어 동화책 읽기에 몰두해본 경험과 순수한 동심에서 불쌍한 세에라——소공녀의 주인공——을 그리워하던 추억이 지금도 생생하다. 나는

유명한 동화는 거의 외우다시피 읽은 아이였다. 그런 얘기들을 항상 나의 성격처럼 그대로 순수하게——어떤 비판 정신 전에 일단 그대로를 받아들이는——해석하여 남에게 들려주기를 좋아했다. 그 과정에서 어느날, 다섯살 차이가 나는 내 남동생이 내가 너무도 당연하게 받아들인 이야기를 왜 그러냐고 따져오는 것이었다. 난 너무 답답해서 나의 입장을 말해주고 싶어도 막상 해줄 수 있는 답은 "그냥 그런 거니까 그런 거지"였다. 그 이후로도 나는 동생한테 많은 말도 안되는(?) 질문을 받았고 결국은 서로 티격태격하다가 점점 나는 동생한테 이야기해 주기를 줄이게 되었다.

이런 식으로 항상 수동적이고 중도적(?)이던 나는 중학교에 가서야 시기가 시기인 만큼 비판적인 자세가 형성되기 시작했던 것 같다. 그 예로 중학교의 무서운 학생주임 선생님이 학교에 빨강, 노랑, 파랑색이 든 옷을 입거나 그런 빛깔의 머리핀을 꽂거나 가방을 들고 와서는 안된다는 명령을 내렸다. 난 말도 안되는 명령으로 우리를 구속하는 그 선생님의 태도가 너무 싫었고 그 선생님의 수업에서 이야기되는 '자유로운 민주국가'는 도대체 무엇인지 의심스러웠다. 그 후 고등학교 수업과정에서 교과서에 매달린, 우리 현실과는 전혀 별개인 사실을 우리의 현실이라면서 주입시키는 내용을 달달 외워야 하게 되면서 나의 비판적이고 억압을 받던 인식과 태도는 베일에 가려 심적으로만 존재하게 되었다. 그러면서 내가 마음 속에 한 가지 대안으로 세운 것은, 아니 새로운 시도를 기획한 것은 대학에 가서 뭔가 이런 나의 모습을 바꾸어 가자는 것이었다. 그러나 처음 대학에 입학하여 선배들로부터 강요된 사회과학 서적들을 접하고 그에 따른 세미나를 하면서 물론 내가 막연하게만 느끼던 사회구조의 모순과 현실의 위급함, 잘못됨을 새삼 느낄 수 있었지만, 그 이후 실천 문제에 관한 강요는 따를 수가 없었다. 내가 바란 것은 '눈이면 눈' 식의 실천이 아니었다. 근본적인 더욱 구체적인 실천과 자각이 있어야 한다고 생각했고 그런 자각으로 인해 실천하지 못하는 자의 비굴함과 무력함에서 벗어날 수 있었다.

현재 나의 삶에서 강요당한 삶 읽기의 가장 주된 것은 어머니로부터 시작되었다. 나는 어머니의 무엇은 이러해야 하고——예를 들어 여자는……누나는……딸은……너는 이러해야 한다는 말을 어려서부터 많이 들어왔고 그에 순응하면서 착한 딸로 살다가 그 안에서 이루어지는 억울함, 나의 상실을 느끼고 급기야는 난 엄마처럼은 살지 않겠다는 목표(?)가 설정되기까지 했고 지금도 그러하다. 그곳에서 야기되는 엄마와의 충돌은 실로 엄청난 것이었다. 엄마는 내가 어렸을 적에는 착하디착했는데 모습이 사라졌다고 가슴 아파하시며 지금의 나를 나무라신다. 그러나 나는 엄마처럼 강요된 바대로 전혀 살고 싶지 않기 때문에 내 나름의 독자적인 힘과 경험과 지혜를 쌓아가야 한다고 느끼고, 그러려고 노력하고 있다. 이것이 반항기인 청년 시절의 한갓 이유 없는 반항으로 기억될지라도 이런 고민도 없이 그대로 흘러가는 대로 살다가는 아무런 의미도, 어떤 나의 참모습도 찾을 수 없게 되고 말 것 같다. 특히 현재 우리의 사회구조 속에 그대로 묻혀 살다가는 우리가 역겨워하는 그런 기름기 낀 세속에 물든 사람들 모습으로 변해갈 수밖에 없을 것 같다. 나의 삶 읽기에 관한 성찰은 대략 이렇다. 이것이 나의 역사를 어느 정도 기억하여 표현한 것인지 막연하지만 나를 억압하고 힘들고 답답하게 하던 그것을 찾아 벗어나는 데 조금은 진전이 될 것 같다. 그리고 그러한 과정의 한 단계일 것이다. (89학번, 여, 수경)

11) 나는 그저 손에 닿는 대로 책 읽기를 좋아했다. 중고등학교 시절에도 계속 많은 소설을 읽었다. 대학에 들어오니 분위기가 달랐다. 사회과학을 알아야 하고 철학을 공부해야 대학인이 될 수 있다는 식의 압박이 들어왔다. 학회에서 세미나를 계속하고 있었지만 소설에 길이 든 나는

쉽게 그 책들을 이해할 수 없었다. 말은 해도 그 말들이 내 머리에서 나오는 것이 아니라 그저 말에 불과한 것 같았다. 그래서 2학년 때부터 다양하게 읽기로 하고 한국문학 등 일주일에 꼭 한 권씩의 책을 읽었다. 밀란 쿤데라나 루소의 책도 읽고 소설이 아닌 글도 읽을 줄 알게 되었다. 그냥 글이 머리 속으로 들어오고 있는 것이었다. 루소의 글에서 한 학기 동안 헤어나지 못했다. 그러다 보니 책을 읽는 동안에 나의 생각은 하나도 없고 그저 남의 생각들이 나를 채우고 있다는 생각이 들어 한동안 책을 읽지 않았다.

이제 다시 책을 읽기 시작했는데 책이 나를 지배하는 것이 아니라 책이 나에게 포함되어져야 한다고 생각하면서 읽게 되었다. 쿤데라의 소설을 보고 열등감을 느끼는 것도, 헷세에서 편안함을 느끼는 것도, 맑스를 읽으며 내 머리가 나쁘다는 느낌을 갖는 것도 모두 나를 성장시키는 것이라 생각했다. 그 책에서 내가 안 것이, 느끼는 것이 중요하다. 그밖의 것은 나중에 다시 읽었을 때 발견하면 좋은 것이고 아니면 그만이다. 스스로 생각하는 데 책이 가장 도움이 된다고 이제는 느끼게 되었다. 요사이 과 '학회'에서 장을 맡고 있는데 단과대 학생회장의 제안을 은근히 거절하고 내멋대로 굴리고 있다. 《노자 도덕경》에서 동화, 만화까지 후배들과 읽고 이야기한다. 나는 내가 1학년 때 느꼈던 그런 대학 사회의 압박을 우선 없애주고 싶다. 압박 속에서 읽으면 아무것도 배우지 못한다. 책의 노예가 되기 쉽다. 많은 책을 자유롭게 읽고 사고해야 한다고 후배들에게 느끼게 해주고 싶다. 사실 그게 더욱 힘이 드는 것 같기도 하다.
(89학번, 여, 윤희)

위에 실린 글은 상당히 평범한 경우들을 다루고 있다. 입시에 시달리면서 나름대로 틈을 내어 책을 읽었고 저항도 하지만 전반적으로 순응적이다. 남학생들에 비하여 여학생들이 전반적으로 자신의 생각을 갖고 스스로 소화해 나가는 책 읽기를 하고자 하는 열망을 더 강하게 갖고 있는 편이며, 또 그것을 실행하고 있다. '사회과학'(맑스주의 류) 책 읽기는 이들 모두에게 상당한 비중을 띠고 있음도 알 수 있다.

다음에 실리는 글은 개인적 특성이나 개인적 의지의 개입이 좀더 두드러진 경우들이다. 가정환경, 경제적 여건, 학교 분위기 등의 다양한 조건과 그것을 인지하는 모습이 상당히 다양하게 그려져 있다. 맨 끝에는 일본에서 중학교 교사를 하다가 사회학과에 입학한 30대 후반의 일본 여성과 미국 대학에서 동양학과 학부를 마치고 우리 학교에서 공부하고 있는 재미교포의 글을 비교도 할겸 실었다.

12) 나는 혼자 있기를 좋아한다. 내가 자란 환경은 남들이 보기에도, 또 내가 생각하기에도 꽤 원만하고 풍요로왔으며 행복한 것이었다고 말할 수 있다. 국민학교, 중학교를 거쳐오는 동안 난 공부에서도 친구들간의 관계에서도 아무런 문제를 느끼지 않았다. 가족 또한 모두 화목하게 지냈으며, 경제적으로 받는 어려움 때문에 힘들어야 할 환경은 아니었다. 정신적으로 내게 고통을 줄 수 있는 외부적 상황은 없었다고 볼 수 있다. 그러나 이것은 단지 외부 상황이 객관적으로 별 문제 없는 것이었기 때문만은 아니라고 생각한다. 내가 외부 상황으로부터 문제를 느끼거나 고통받지 않은 가장 중요한 이유는 나 자신에게 있다. 나는 혼자 생각하는 것을 가장 재미있어 한다.

내가 주로 생각해온 것은 나 자신에 대한 문제였다. 어릴 적부터 키워온 자아에 대한 의식은 언제나 내게 완벽함, 성실함, 순수함, 그리고 신에의 철저한 귀속을 의미했고, 내가 늘 생각해온 것은 그런 요구에 미치지 못하는 나 자신의 행위와 의식에 대한 수치심, 패배감, 죄의식과 같은 것이었다. 그리고, 보다 자족할 수 있는 모습으로 변화하기 위해 어떤 생각을 어떤 행위를 가져야 하는가에 대한 생각과, 내가 스스로 설정해 놓은 이념적 의식에 대한 끊임없는 비판과 재고 같은 생각이 역시 내 의식을 지배했다. 시간이 지나면서, 나는 나 혼자만의 세계에 초점을 맞추던 내 의식을 좀더 넓혀, 나와 다른 사람, 그리고 집단적인 것에도 적용시켜 나갔다. 그러나, 여전히 가장 중요한 문제는 나 자신이었고, 나는 끊임없이 연결되어 흐르는 문제의식에, 그 해답을 어디서 찾아야 할지 방황하고 있었다. 드디어 고등학교 2학년이 시작되었을 때에, 그런 내 의식은 절정에 달했고 난 너무나 기대에 못 미치는 나 자신의 모습에 대한 수치심과 죄의식에 그 한 학기를 좀 이상하게 보냈다. 의도적으로 밥을 먹지 않고서 배고픔의 자학을 해본다든지, 잠을 억지로 자지 않는다든지, 억지로 공부한다든지, 또한 더욱 중요한 것은 난 그 한 학기 내내 학교 내의, 그리고 다른 학교에 있는 가장 친한 친구들과——가족과는 조금 덜 극단적이었다——전혀 대화도, 연락도, 접촉도 없이 지냈다.

어쨌거나 그런 식의 자학과 극단적인 죄의식은 단지 내 고통스런 의식의 도피처였고, 해결책이었다. 그러나 점차 그러한 도피처가 '책'이라는 존재로 바뀌어가기 시작했다. 난 내 고통을 해결해줄 대안을 책에서 찾기 시작했다. 다른 것은 거의 접어두고 책에만 매달렸던 것 같다. 하루는, 그때 난 니체를 읽고 있었는데, 한참을 읽다가, 도저히 무슨 의미인지를 잘 몰라 했었다. 그러다가 문득, 니체가 서문에서 쇼펜하우어에 대한 이야기를 쓴 기억이 나면, 나는 쇼펜하우어를 읽는 것이 도움이 되겠다는 생각에, 저녁 무렵 쇼펜하우어의 책을 사러 온 동네를 다 뒤졌다. 그러나, 나오지 않았다. 나는 교보문고 같은 큰 서점에 가면 있으리라 생각하고 부랴부랴 지하철을 탔다. 그리고 막 셔터를 내리려는 것을 사정해서, 간신히 쇼펜하우어 책을 구하고 집으로 돌아온 적이 있다. 난 너무나도 다급하게 해결책을 찾았던 것이다. 그때부터 내 책 읽기는 눈에 불을

켜고 해결책을 찾는 데에 집중되었다. 한 구절, 한 구절마다 나 자신과 연결시켜 대안을 찾으려 했다. 그것이 고등학교 시절 내 책 읽기를 지배했던 모습이었다. 끊임없는 대안과 해결책의 추구, 그리고 의도적인 짜맞춤의 책 읽기였다.

두번째의 내 책 읽기 습성은 대학에 들어와서 시작되었다. 아주 미미하게는 1학년 때의 학회 활동 때부터 시작된다. 예비학회와 철학학회를 거치며, 선배들이 제시하는 책을 읽는 동안, 그들이 요구했고, 또 나 스스로 즐겨했던 습관은 책 내용에 대한 구조주의적 시각과 이론화, 일반화의 모습이었다. 당시, 학생운동과 연결되어 존재하고 있던 학회가 바라던 것은 사회학적, 역사적인 글들에서 이론적 원류를 찾아내고, 그것을 현실의 상황에 연결시켜 분석하고 대안을 찾으려 하는 것이었다. 그리고 나 또한 그런 식의 책 읽기가 매우 타당한 것이라고 느꼈다. 구조주의와 이론화의 책 읽기가 한층 그 깊이를 더해간 것은 2학년 때에 들은 사회변동 과목을 통해서였다. 그때에 읽었던 수많은 책들 가운데에서 내가 굉장히 주의깊게 읽었던 것들은 스멜서나 벨라, 파슨스, 뒤르케임, 베버와 기타 우리나라 사람들이 쓴 작은 논문과 같은 것들, 그리고 우리 과 선생님의 글들이었다. 난 정말 이론에 깊게 빠졌었다고 말할 수 있다. 그리고, 우연적이고 개별적인 상황들을 이론의 틀에 적용하여 일반화하고 하나의 시스템으로 보는 시각에 대해 무척 동감했다. 그리고 그 이후의 내 책 읽기는 항상 구조를 염두에 두고 시작하는 경향을 보이기 시작했다.

3학년이 되어 나는 문화이론 수업을 듣게 되었다. 처음부터 문화에 관한 책과 글들, 그리고 영화 얘기를 해나가면서, 내가 느낀 것은 포스트모더니즘에 대한 관심이었다. 나는 아직도 그것을 무어라고 확실하게 단정지어 안다고 말할 수 없다. 그러나 이 수업에서 글들은 분명 구조적인 것과는 거리가 멀었으며, 합리성과도 맥을 같이하고 있지 않았다. 어떤 의미에서 해체주의적인 양상을 분명히 드러내고 있었다. 책을 읽고, 수업을 듣고, 다른 학생들이 이야기하는 것을 들으면서, 의식을 키워나가는 과정에서, 내 책 읽기는 조금 다른 양식으로 변화해 갔다. 그것은 이 책이 구조적인가, 그렇지 않은가, 합리적인가 그렇지 않은가에 대한 단절 상황을 설정해 놓고 책을 읽는 습관이었다. 그러나 시간이 갈수록 단절과 분리라는 말에 대한 거부감과 의식이 생기고, 그 이후로 나는 모든 것은 복합적인 과정으로, 연속선상의 정도의 문제로, 또는 다른 차원에서 용해되는 문제로 이해하기 시작했다.

  이것은 어떤 의미에서 나의 그 동안의 책 읽기 습관으로부터의 해방이고, 다른 의미로는 또 다른 습관으로의 매몰인지도 모른다. 그러나, 분명히 나는 이런 책, 저런 책, 그리고 서로 다른 시각의 여러 가지 접근 방식들에 대해 듣고, 공부하고, 생각하는 과정에서 용해와 화합, 그리고 불분명함 속에서의 주체적인 인식에 대한 것을 느끼고 있다고 생각한다. 그것은 고등학교 시절, 해결책만을 찾던 내 책 읽기도 어느 정도는 그러한 책 읽기 습관의 변화에 한 부분으로 용해되어, 다분히 의도성을 잃어버렸다고도 말할 수 있다. 분리와 단절에 대한 내 책 읽기 과정 속에서의 자각과 혼란의 과정도 내가 어떤 책 읽기에 있어서만이 아니라, 이렇게 책 읽기가 내 삶 전체에 적용되고 있는 면이, 어떤 점에선 여전히 내가 책을 통해서만 삶의 문제와 해결을 보려 한다는 위험성을 내포하고 있기는 하다. 그러나 분명히 그러한 점도 예전에 비해 단순하게 나에게 다가오지는 않는다. 내가 책 읽기를, 삶 읽기를 하나의 과정으로, 언제나 변화하고, 또 변화해야 하는 순간순간의 연속으로 인식한다면, 충분히 가치가 있는 과정이라고 생각한다. (89학번, 남, 승한)

  13) 나는 그렇게 잘사는 집에서 태어났다고 생각하지 않는다. 그것은 아마도 우리집의 문화적 생활을 보면 알만하다. 텔레비전은 어렸을 때부터 있었으나 흑백이었고 내가 대학교 들어올 때까지 비디오나 컴퓨터는

상상도 못하고 있었다. 지금도 컴퓨터는 없다. 전화기는 내가 어렸을 당시에는 우리집의 낡은 다이얼 전화와 대비되어, 텔레비전에 나오는 금장식이 되어 있는 전화가 부러웠으며 좀더 자라서는 전자식 전화, 버튼만 누르면 되는 전화가 부러웠다. 신문이나 텔레비전에 나오는 냉장고에는 깡통, 수박, 파인애플, 바나나, 닭, 쇠고기…… 가득가득 차 있었는데, 우리집의 중고품으로 산 냉장고 문을 열면 쉰 김치냄새에 썩은 된장, 말라 비틀어진 파쪼가리만 가득가득 차 있었다.

 '책'은 나에게 있어서 탈출구였다. 《15소년 표류기》라는 책을 보는데, 고기를 말려서 저장하고, 자급자족하는 생활, 그것이 부러웠다. 지금 그 책을 다시 볼 때 느끼는 것과는 전혀 다르게 군침을 흘리며 그것을 보았다. 소설책, 어린이 동화책은 큰 위안이 되었으며, 상상의 나래를 마음껏 펼 수 있는 좋은 수단이었다. 우리집 할머니 방에는 벽장이 있었는데, 벽장 안에는 낡은 주간지 (《선데이 서울》 72년 판이라든가!) 그리고 참고서, 우리 누나가 보던 동화책이 먼지가 쌓인 채로 널려 있었다. 뒷집에 내가 네살 때 불이 나서 뒷집 할아버지가 타 죽고 흉가가 되었는데, 벽장의 창문이 그 쪽으로 나 있어 밤이나, 어두운 비 오는 날 같은 때는 들어가지 못하고 무서웠지만 들어가서 어두운 속에서 보았던 책들은 정말 재미있었다.

 국민학교에 들어가고 처음에 '나도 국민학생이다!'라는 의욕에 사로잡혀 열심히 다녔지만, 가면 갈수록, 쌈박질만 하는 문제학생이 되어갔다. 선생님에 대한 반발심도 엄청났는데, 그 선생님의 이름은 '지화자'였다. 어느날 노트 필기를 시키고 있는데, 잘 기억은 나지 않지만, 선생님이 노트 검사를 하러 돌아다니는 것이었다. 선생님이 나를 바라보는 순간, 나는 순간적으로 억압된 기분을 느꼈고, 노트에 연필로 죽죽 그어버리고 선생님을 향해 씨익 웃었다. 최근에 본 어느 영화에 꼭 나 같은 어린애가 나오는 게 기억이 나는데, 영화 제목이 기억이 나지 않는다. 순간 선생님의 얼굴이 일그러지고 내 뺨을 때렸다. 정신이 아득해지면서 앞이 깜깜해지고 몇 개의 별이 눈 앞에서 번쩍거렸다. 최초의 눈물을 흘리는 패배를 맛본 후, 항상 나는 나를 억압하는 구조에 대한 반감에 유아적인 반발성을 많이 나타내었었다.

　국민학교 3학년 때 결정적으로 노트에 '로보트 태권브이'를 그린 죄로 선생님에게 약 일곱 시간에 걸쳐서 매를 맞았다. 지금도 잊혀지지 않는 말은 "너 집이 산수동이나 계림동이지?"——우리가 다니던 중앙 국민학교는 광주 시내 중심가에 자리잡혀서 부자네 아이들과 당시 '산수동' '계림동' 같은 빈민촌에 사는 애들이 함께 다니는 학교였다.——"너 같은 새끼는 학교 다닐 필요가 없으니 내일 엄마 데려와서 자퇴서 내라!"——이것은 엄포용이었지만 엄마를 데려오라는 말에 가슴이 철렁해졌었다.——그리고 내 보잘것없는 땟물 흐르는 가방과 공책 연필 들이 대충 정리되어져서 창밖으로 내던져질 때 눈물을 흘리고 말았다. 그때까지 매 맞아도 절대로 눈물을 흘리지 않았는데…… 우리집은 그렇게 잘살지도 않았지만 또 못살지도 않았다. 어머니가 학교에 다녀가고 나서 갑자기 나에 대한 선생님의 태도가 누그러지는 정도가 아니라, 나를 옹호(?)하는 분위기로 바뀌었다. 그 당시에는 몰랐지만 아마도 촌지를 줬던 것 같다.

　책을 읽는다든가 공부를 하는 것은 내가 성격이 게으른 탓이기도 하겠지만 정말 하기 싫었다. 국민학교, 중학교, 고등학교, 대입시까지 항상 그런 식이었다. 소위 말하는 '당일치기'였다. 고등학교 때 중간고사 기간에는 '절박감'에 사로잡혀 사흘, 나흘을 잠 한숨 안 자고 공부했다. 독서실에서 새벽 1시쯤 되고 책도 중간 정도 읽으면 긴장감도 풀리면서 그런 생각을 한다. "내가 진작 공부했었더라면……" 책 페이지는 20-30페이지. 손으로 잡아보면 조금밖에 안되는 분량인데 완전히 나를 미치게 했다. 정말 보기 싫었다. 고등학교 때 공부를 잘하는 학생이었으나, 생활로 보아서는 똑같았다. 누가 포르노 잡지를 가져오면 보고, 수업 땡땡이 치고 술 마시러 가고, 변소 뒤에서 담배 피고, 그러나 항상 처벌은 내가 아니라 나와 같이 불량한(?) 짓을 저질렀던 공부를 못하는 친구들이었다. 어느날은 2층에 있는 변소에 가기가 싫어서 교실 옆에다가 오줌을 눴다. 다음날 아침 선생님이 '어느 미친 새끼가 교실 옆에 오줌을 쌌어'라면서 욕하는 것을 보며 '내가 그랬다는 것을 알면 어떤 생각을 할까?'고 생각했다.

내 성격을 찬찬히 생각해 보면 1학년 때 선생님에게 최초로 패배한 이후, '자기 방어적 기제'를 가지고 있는 것 같다. 글을 쓴다든가, 속으로 어떤 사람에 대한 불만을 가질 때, 그것을 말로 잘 표출하지 못한다. 끊임없이 '나'의 문제로 회귀되며, 잘 나서서 일을 해결하지 못한다. 그렇기 때문에 골목 대장이나, 또는 학교에서 '반장'을 해본 적이 거의 없고 어느 모임에서나 분위기를 주도한다든가 '지도(?)'를 해내지 못한다. 아직까지 억압에서 해방된 기억이 거의 없다. 항상 문제는 일관되며 대학 들어와서 많은 사람을 만나고, 그러는 속에서도 별로 다름없다. 다만 작년, 재작년에 있었던 한 선배님이 내 문제, 고민을 잘 들어주고 해결해 주었었다. 그런 사람이 그립다. (89학번, 남, 진성)

14) 나의 삶 읽기는 아직까지는 책 읽기에 우선한다. 나의 삶 읽기와 책 읽기는 집안과 고등학교가 나에게 준 습관에 붙들려 있는 채로 행해지고 있다. 지금 생각하니 결국 나는 그 습관들을 딛고서야, 좀더 나답게 되는 것이 가능할 듯하다. 지금 나에게 가장 가까운 공간에 대한 경험부터 거슬러 올라가 보자.

학과 : 대부분의 대입 지망생들이 그렇듯이 책임성을 동반할 수 있는 진로 고민을 할 수 없었기에 딱 부러진 선택의 이유가 없었다. 경쟁이 싫었던 것에다가 믿는 친구──자기 삶에 대한 책임성이 강한 친구──의 권유가 합해져서 지망을 했고 대부분이 그렇듯이 대학교 공부라

는 것에 적응을 못했고 또한 실망을 했다. 요즈음, 마치 대학을 다시 입학한 듯 과생활을 조금조금 접해가면서 이율배반성이 극복되는 듯하다. 따라서 책 속에 있는 목소리를, 그리고 그 속에 비치는 삶을 듣고 읽으면 된다는 생각을 한다.

동아리 생활 : 과생활에 비해서 정을 더 많이 느낄 수 있었고 '살아 있음'을 온몸으로 느낄 수 있었다. 풍물이 그러했고 6월의 함성이 그러했다. 다른 한편 토론과 세미나는 어려웠고 어느 만큼은 회피하였다. 아마 대중적인 조직으로서 운동 서클이 새롭게 자리매김하려는 초기단계였기 때문에 당연한 일이었는지 모른다. 그러나 생활의 희비애락을 싸안지 못하고 행사 위주로 진행되는 풍물은 자꾸 갑갑함을 주었으며, 6월은 영원히 계속되는 것은 아니었다. 이때의 분출구는 농활이었던 것 같다. 책보다는 땀을 흘리는 얼굴을 읽을 때, 오히려 얻을 것이 많다는 생각을 지금도 가지고 있으며, 세미나한 책에서 맨 앞장에 적혀 있는 "모든 이론은 회색이며 영원한 것은 저 생명의 나무"라는 구절만이 지금 또렷이 기억난다. 좀 다른 이유도 있겠지만, 길에서나 전철에서 지나가는 사람들의 얼굴을 유난히 집착해서 쳐다보는 습관도 그것과 관련이 있을 것 같다. 비록 이렇게 삶과 맞대면하려는 원칙은 옳은 것이었지만, 그 속으로 뛰어들지 못했을 때는 오히려 방황과 無識을 자초하는 것이다.

토론의 중요성을 느끼게 된 것은 떠다님이 줄어들었기 때문인 듯하다. 등록을 하기로 결정하면서, 일단 나의 객관적 정체인 사회학과 생활을 잘 해보기로 결정하면서, 또 지난 4년간의 동아리 생활을 어떻게든 껴안고 정리해야겠다고 결정하면서, 비로소 나는 하나의 삶 속에 뛰어든 것 같다. (87학번, 남, 한솔)

15) 나의 책 읽기에 대한 가장 오래된 기억은 국민학교 때인 것 같다. 우리집의 유일한 책, 세계문학전집 10권을 샀던 기억이며 나머지 책들을

가진 친구들을 부러워하던 기억, 사직 도서관에 걸어가서——약 50분 소요——SF소설류를 보던 기억이 난다. 내가 접했던 책들은 상상과 꿈을 키워주던 것들이 많았다.《빨간머리 앤》을 보고 주인공이 공상이 많다는 사실을 나와 동일시했던 기억도 있고《프란다즈의 개》를 보고 마지막 장면에 울던 기억도 있었다. 어렸을 적부터 책에 대한 동경과 추상 속에 묻히려고 했던 성향은 아마도 가난이 커다란 원인이었던 것 같다. 나는 정말로 비현실적으로 공상에 쉽게 빠지곤 한다. 그 격정에 묻혀 어쩔 줄 모를 때가 많다. 한때는 아무런 생각 없음을 꿈꾸기도 했다.

고등학교 땐 역사를 몹시 좋아했다. 고 3 때 내가 역사를 좋아하던 이유가 과거와 먼 미래에 많은 비중을 두고 현실을 기피하고자 하기 때문이라고 자기 진단도 해보았다. 신화시대는 상상력의 원천으로, 고대사와 근대사는 삶의 인과법칙을 짐작하게 하여 구체적 현실을 받아들이게 하는 역할을 했다. 현대사는 아버지와의 갈등으로 회피되는 경향이 있었다. 그것은 정치적 해석 문제만이 아니라 복합적인 갈등구조로 인해 이루어졌다. 나에게는 갈등구조를 해결할 방법이 없었다. 경제적 어려움과 어머니의 희생, 아버지의 고지식한 권위의식, 형의 방관 등은 나에게 전망 없는——유일한 전망은 형제들의 학업 수행이었다——기다림과 힘든 희망으로 이끌어갔다. 또한 재수, 삼수——집안의 유일한 희망이 학력이었으므로——를 거치면서 그러한 경향은 굳어져간 것 같다.

나의 책 읽기의 본격적인 시작은 대학교 1학년부터였다. 그해 생애에 가장 많은 책을 보게 되었다. 나에게 어렸을 적에 묻어둔 불씨가 오르듯 격정과 열정의 한 해였던 것 같다. 그때 주로 본 책은 문학류와 사상류——증산도를 하면서 동양철학과 서양철학의 비교론에 관심을 가졌으며 현상적인 문화에 대한 수필, 신비주의적인 책, 신과학 운동에 관한 책을 통해 개벽의 의미를 찾고 있다——를 보았다. 특히 우리 학교 한태동 교수님의 강의를 2학기에 듣고 상당히 감명을 받았다. 사상체계를 구조적으로 분석하는 것에 많은 깨달음이 있었다. 그때부터 나는 관점과 사상적인 바탕, 세계관, 언어 등에 관심을 기울이며 책을 보게 되었다.

1학년 마치고 군대에 갔다. 나한테는 군대가 조직과 인간의 본질을 어느 정도 느끼게 했던 것 같다. 나는 무기력하게 주저앉으며 세월을 참았다. 그리고 나의 그 울분을 해명할 무엇을 찾고자 기다렸다. 내무반의 상징을 어떤 식으로 나타내고 싶었다. 솔직하게 말하자면 연애 편지를 쓰다 보니 그런 쪽으로 기울어진 것일지도 모른다. 제대하고서는 군대에서 배운 구체적인 삶의 방식을 염두해 두면서 기웃거리는 기분으로의 책 읽기가 이루어졌다. 요즘은 사람마다 다른 자기 구성 개념을 어떻게 이해하고 어떤 방법으로 본질에 도달하느냐에 의문을 갖고 있고 찾고 있다. 기준이 있을까? 그러기 위해선 편견과 독단으로 흘려버린 것들을 재해석하고 계속 공부하는 자세로 나아가야 할 것이다. 나는 모든 것에 배울 점이 있다고 본다. 모든 것이 추상적이지만 나의 이름이 二學, 두번 배우라고 지어졌으니까 말이다. (87학번, 남, 이학)

16) 내게 어떤 특정한 책 읽기를 강요한 시기는 고교시절이었다. 그전에 나는 책 읽기에 대해 자유로왔다는 생각인데, 왜냐하면 어릴 때는 으레 읽어야 한다는 동화는 책이 없어 읽지 못했고 그 대신 열살이나 위인 형의 국어책을 이해도 못하면서 읽어왔다. 내 교과서를 읽는 것보다 훨씬 더 재미있었던 기억이 난다. 그러면서 진작 내 학년의 교과서에 대해선 '거만한' 태도를 보여왔다. 시골에서 전주라는 '도시'로 진학한 후에는 그런 상황이 달라지기 시작했다. 고등학교라는 어떤 중압감이 있었는데 내 안에서 나온 것이 아니었고, 학교의 분위기가 그것을 만들었던 것 같다.

1년 동안은 '괜찮은' 국어 선생님과 종교 이야기/문학 이야기를 하면서 보냈고 그 때문에 학교 분위기에서 벗어날 수 있었다. 국어 선생님께서 항상 이 책 저 책을 소개해 주어 교과서를 읽지 않고 그 책들을 구해 읽었던 기억이 있다. 그리고 그 선생님은 그 내용에 대해 어떤 해석을 해도 다 들어주시는 것이었다. 그땐 소설/시를 많이 읽었다. 그런데 2학년이 되자 '무서운' 담임선생은 이러한 '외도'를 철저히 봉쇄하는 것이었다. 돈을 잘 벌기 위해서라도 시험에 꼭 합격해야 한다는 것이었다. 시험의 관건은 학업 성적이므로 '오로지' 교과서에서 살아라! 그러나 교과서에서 재미를 느낄 수 없었다. 특히, 그것이 특정하게 강요되었다는 생각이 들어서 재미있던 것도 멀리하게 되었다. 이에 선생님은 항상 문책을 하셨고, 나는 타협안으로서 학교에선 교과서, 집에서는 소설/시——특히 시——라는 대안을 마음 속에 굳혔다. 그러나 학교생활이 너무 재미없어서 몇몇 친구들과 독서 토론회를 만들었고 그 영향은 졸업까지 이어졌다. 교과서에 대해 선생님께 문제 제기한 것이 풀리지 않거나 어떤 핀잔을 받았을 때, 친구들과 모여 '그 자식 모르면 모른다고나 하지' 하면서 자기 생각을 나누곤 했다.

 고3에 이르러서 '교과서'만이란 강요는 더욱 심해졌고, 고3 직전 박종철 형의 죽음 소식을 듣고 공부하기 싫어하던 참이라 내 고민은 더 심해졌다고 생각한다. 특히 5, 6월에 있었던 민주화 투쟁이 학교에까지 불어닥쳤고 독서 토론회 친구들은 여러 가지 유인물과 《말》지를 학교에 가지고 와 몰래 다른 '녀석'들에게 보여주고 다녔다. 그때 뒷칠판에 내가 쓴 신동엽의 '껍데기는 가라'를 선생님이 읽고 호되게 혼이 났던 적이 있다. 공부하지 말고 애들 데리고 거리로 나가라는 비웃음과 어떤 '분노'에 찬 얼굴이 떠오른다. 하여간 난 강요에 머물러 있지는 않았고 그렇다고 어떤 극적인 해방감도 맞이한 경험은 없다. 한번은 고3 국어시간에 서정주 시——'광화문'으로 기억되는——에 대한 선생님의 해석에 대해 반대했다가 호되게 꾸지람을 받고 나서 아예 국어책을 보지 않고 그 선생님 시간에 혼자서 공부하던 기억이 있다. 친구들과의 독서 토론회는 졸업할 때까지 이어져 항상 신선한 기억으로 남아 있고, 그때의 책 읽기 토론이 지금도 유용할 때가 많다.

'반론적 서술'을 피해가야 하지만, 이것은 단순한 일반론은 아니다. 내 경험을 정리하는 것은 내게 너무 구체적인 일이기 때문이다. 특정한 강요/억압 과정과 어느 한 순간의 자각은 존재하지 않고 물 흐르듯 흘러오면서 내 나름의 책 읽기가 이루어졌다고나 할까. 이러한 '거부'의 흐름 속에서 나는 최신의 '정보'와 '해석'에 관심을 기울이게 되었고, 그 결과 난 주류에 서지 못한다고 생각했다. 그러나 그 '거부'는 교과서의 일반론에 대한 내가 처한 상황의 특수함 때문이었고, 그러한 특수한 상황에서 책과 삶을 읽어야 한다는 또 다른 '일반'에 의한 내 규정이었다. (88학번, 남, 길현)

17) 무엇을 어떻게 써야 할지 모르겠고 이것이 또한 나에게 억압이라는 생각이 든다. 하지만 평소 '삶 읽기'에 대해 낯설은 나 자신의 탓이기도 하다. 나의 지금까지 20여년의 삶에서 나를 가장 강하게 억압해 왔던 것은 종교, 특히 기독교라는 생각이 들었다. 억압이라고 표현하자면 좀 이상하지만, 지난 20여년간 내 사고의 틀, 삶 읽기의 습관을 지배했고, 다른 삶 읽기의 방식을 거부하게 했던 것이 기독교였다는 것을 대학에 와서야 자각하게 되었다…… (88학번, 남, 형목)

18) 문화이론 수업을 들으면서 놀란 부분이 있다면, 여지껏 항상 당연한 것으로 생각했던 문제들에 대해서 의문을 갖도록 하는 부분이었다. 나의 지난 시절들을 생각해 보면, 모든 문제들에 대해 지극히 적극성을 가장한 수동적인 부분들이 많았다. 겉으로 남들이 보기에 뭔가 개혁적인 사고를 하고 있는 듯하지만, 실상에 있어서는 제도 교육에 너무나 잘 길들여진 아이였다. 뭔가로부터 벗어나고 싶다는 강렬한 욕구로 인해 한때 자살까지 기도한 적도 있었지만, 내 삶을 억압하는 주체에 대해서는 제대로 인식하지 못함으로써 본질을 벗어난 채 피상적인 수준에서 반발하

고 있을 뿐이었다.

그렇다면 내가 삶을 그런 식으로 인식하도록 길들여진 최초의 곳은 학교일까? 아니다. 가정에서부터였다. 난 가정과 학교, 그리고 내가 속한 사회로부터 항상 주어진 것을 당연하게 인식하고 그리고 적응되기를 요구받아 왔다. 시험을 잘보면 칭찬을 받고 어쩌다 한 번이라도 시험 성적이 안 좋으면 엄청난 죄책감 속에서 괴로와하며 살아야 했다. 그 엄청난 죄책감을 최초로 경험했던 때가 국민학교 2학년이었다. 보수적인 부모님의 별로 일관성 없는 교육을 받았다. 학교에서는 남보다 뭐든 열심히 잘 적응하는 데 길들여지면서 창의적인 사고라는 것과는 아주 무관해졌었다. 그래서 어떤 책을 읽거나 신문 기사를 읽으면, 중·고교 때 교과서 읽듯, "이것이 정답이다"라는 식으로 읽는다.

그러다 대학 생활을 하게 되면서 전혀 접해보지 못했던 또 다른 삶의 연장들을 접하면서 많은 충격을 받게 되었다. "과연 난 무엇을 위해서 사는 것일까?" 아무것도 없었다. 단지 주어진 상황 속에서 안주하면서 그냥 살고 있을 뿐이었다. 그런 과정을 겪으면서 성경 공부를 하게 되었다. 어떤 연맹이었는데, 처음에는 다 그저 그런 것이라고 생각을 했었는데, 배우다 보니 상당히 신선했다. 난 천주교를 다녔는데 성경에 대해선 별로 아는 것이 없었다. 하지만 기독교 4대 교리에 대해선 알고 있었다. 재림 예수가 구름 타고 오면 이 세상을 불심판을 해서 꼬실러 버리고 죽었던 자들은 무덤 속에서 일어나고 주를 믿는 자는 공중으로 휴거되어 예루살렘 성전을 맞아 천년왕국의 삶을 살게 되고 지구는 멸망한다는 것이다. 이것 또한 글쎄…… 하는 생각은 했지만 그런대로 믿고 있었는데 누군가가 완전 초전박살을 내버렸다. 예수님이 육으로 온다면, 수증기로 된 구름을 어떻게 탈 것이며…… 마리아에게서 태어나 불심판한 적도 없고 그때에도 죽었던 사람 중 살아난 사람은 없었다는 것이다. 사실 정말 맞는 말이다. 또한 여호수아가 '태양아 멈추라' 하고 외쳐서 멈추었다는 기록에 대한 얘기도 그랬다. 돌고 있어야 멈추기도 하는데, 주지하는 사실처럼 태양은 돌고 있지 않다. 지구가 돌 뿐이다. 2000년 전이니 그 성경이 씌여진 시기는 당연히 천동설 시대였다. 즉, 시대성에 맞는 사고를 하라, 상식을 뛰어넘는 신앙은 신앙이 아니라는 것이었다. 그런 것들이 내게 있어서 하나의 자유로움으로 다가왔고, 내가 여지껏 세상을 기계적으로, 내게 주어진 고정된 틀을 통해 인식했었다는 사실을 깨닫게 해주었다. 그 이후로 나는 어떤 것을 들어도 예전처럼 푹 빠져서 듣거나 읽는 법이 없어졌다. 아마 내게 있어서 이런 기회가 없었더라면 난 아직도 주어진 (사회, 가정의) 틀 속에서 정신없어 할 것이며, 문화이론 수업을 들으면서 무척이나 당황해 했을 것 같다는 생각이 든다. (89학번, 여, 미라)

19) 국민학교에 들어가기 전부터 그림책을 좋아했다. 어린 시절의 사진을 보면 꽃밭 앞에 앉아서 책을 보고 있는 사진이 있고 어머니한테도 "책을 사주세요"라고 했다고 한다. 이웃 사람에게도 "노리꼬 짱은 항상 책을 가지고 다녔어"라는 말을 들은 적이 있다. 그때 읽었던 동화책부터 시작해서 국민학교 때는 학교에서 빌려주었던 책이나 읽었다. 그때 기억이 남은 것은 《안클 톰의 이야기》이다. 왜 그렇게 차별을 받아야 하는지에 대해 집에서도 화제로 제기한 기억이 있다. 그때부터 차별에 대해서 민감해졌다고 할 수 있다. 밤늦게까지 책을 읽으니까 어머님은 책 읽기는 그만하고 공부하라고 하셨다. 차별에 대한 이야기를 나 자신 얼마나 했는지 잘 기억이 안 나지만 우리 집은 "寺"이었으니까 "寺"라는 종교적인 것 안에 있는 세속적인 습관에의 반항도 있었다. 예를 들면 經을 해줄 때 등급에 따라서 금액이 결정되어 있는 것, 무슨 행사를 마을에서 할 때 그 행사에 들었던 돈을 마을 사람들이 분담해 내는 것 등에서 등급이 있었다. 그때 나는 절대적 평등을 생각하고 있었던 것 같다.

5학년 때 기억이 나는 책은 일본의 소수민족인 "아이누"를 다룬 책이다. 이 책은 대단히 긴 이야기 책이라는 이유로 샀는데 역시 차별에 대한 책이었다. 그때 선생님은 열심히 독서 지도를 하시는 선생님이어서 공부도 그렇지만 독서에도 관심이 많았다. 중·고등학교 때는 문학서를 읽으려고 했는데 별로 재미있지 않아서 많이 읽었던 것도 아니다. 인생서나 시는 그 시절에 읽었다. 사상적인 걱정이 있었는지 모르지만 내가 겉장을 씌운 책을 읽고 있으면 아버님이 그런 걸 하지 않으면 읽을 수 없는 책은 읽지 말아라 하신 말도 기억에 남아 있다. 고등학교 때는 사회주의적인 사상에 동경도 있었고 그러한 교사한테 받았던 영향도 컸다. 친구들과 선생님과 같이 그러한 연극을 보러 간 것도 그때였다. 보수적인 시골지방, 보다 보수적인 "寺" 생활에 대한 반항, 그리고 수용. 이러한 것이 나 자신 안에 교차해서 내재하고 있다. 나는 한 작가의 책이 재미있다면 계속 그 작가만 읽으려고 하는 경향이 있다. 이 경향은 30대 되었을 때이다. 몸이 약할 때 기독교적인 흐름이 있는 三浦綾子의 작품을 계속 읽었고, 시간이 많을 때는 추리소설과 논픽션 작품을 많이 읽었다. 나는 교사 생활을 그만두고 동경에 갔을 때 동경 도립대에서 청강을 한 적이 있다. 그때 한 살 아래인 친구를 만났는데 그녀는 공산당원이었다. 이것은 후에 알았는데 그녀로부터 영향을 받았던 것이 적지 않다. 그후 공해 문제를 다룬 책과 병행해서 여성문제 책을 읽게 되었다. 여성문제에 관심을 두게 되었던 시기는 교사직을 그만둔 후였던 것 같다. 나는 무엇을 해야 하는지 왜 살아 있는지 답을 찾으려고 한 것이다.(71학번 유학생, 여, 사사끼 노리꼬)

20) 나는 글자를 읽을 수 있기 전부터 책들을 무척 좋아했다. 어머님께서 동화책을 세 권 읽어주시지 않으면 잠을 잘 수 없을 정도였다. 책들이 너무 재미있었기 때문에 빨리 다섯살이 되고 싶었고 학교에서 글자

를 배우고 싶었다. 웃긴 기억은 내가 학교 가기를 아주 많이 고대해서 유치원 첫날에는 동화책을 열 권 정도 가지고 학교에 간 것이다. 우리 어머님께서 책을 가져가지 말라고 하셨지만 내가 고집을 피우고 그 책들을 가져가고 말았다. 그때부터 책이란 것은 내게 이미 어떤 귀중한 존재가 되었다. 대학교에 다닐 때까지 책 읽기를 강요당한 적이 없었다. 소설이든 역사 교과서든 과학 참고서든 다 기꺼이 읽었다.

그러나 모순 같지만 고등학교를 졸업할 때까지 가장 힘든 과목은 국어였다. 표현력이 부족한데다가 내가 책을 읽으면서 그 책의 의미에 별로 신경을 쓰지 않았기 때문이다. 책 읽는 경험을 혼자 간직하고 싶었지 내용을 분석해 논문을 쓰는 것은 싫었다. 책을 읽으면서 내용에 대해 정리하고 새 아이디어를 생각하는 것보다 내 머리 속에 영화를 만들 듯이 그림을 그려보는 습관이 생겼다. 등장한 인물들이 어떻게 생겼는가, 배경도 어떻게 마련되어 있는가 등을 상상하고 있었던 것이다. 내가 영문학으로 대학 전공을 선택한 것은 당연한 일이다. 그렇지만 책을 분석해야 하는 억압이 커지면서 논문을 쓰는 것에 대한 거부감도 생겼다. 지금 생각해 보니까 그 거부감이 생긴 것은 내가 책들을 분석할 수 있을 자신이 없었기 때문이었다. 그때까지 많이 안해 봤으니까 말이다. 이 억압과 거부감을 극복하려고 일부러 논문을 많이 써야 하는 과목을 선택했으므로 학기마다 논문을 여덟 내지 열 개를 써야 했다. 그로 인해 분석하는 것에 익숙해졌고 결국 좋아하게 되었다.

하지만 나는 연극 서클에 참여하여 다른 식의 책 읽기도 여전히 하고 있다. 주로 연출 일을 했는데 연출로서 텍스트를 읽는 상상력이 풍부하지 않으면 안된다. 연출을 하면서 나의 상상력이 풍부해지고 책을 그려보는 습관이 훨씬 높은 차원에 도달하게 되었다. 또 연기를 통해 내가 의미를 찾는 것보다 의미를 만들어 낼 수 있다는 것도 깨달았다. 우리가 어떻게 연기하는가에 따라 의미도 달라지는 것이 나에게는 아주 놀라운 일이었다. 연극 덕분에 내가 나의 책 읽기 습관을 새롭게 인식하기 시작했다. 내가 연출한 연극들은 모두 다 교포문학에 속한 것들이었다. 그 희곡 작가들이 영어의 틀을 벗어나 새로운 언어로 연극을 만들기 위해 노력하는 것이 내게 아주 감동적이고 자유로왔다. 이 경험은 해방이라고 할 수 있다. 교포문학을 통하여 내가 교포임에 대한 고민도 많이 하였다. 그로 인해 내가 언어와 문화의 밀접한 관계를 실감했다. 그런 이야기를 그전에 들었지만 그때까지 그 의미를 완전히 파악하지는 못했던 것이다. 이제는 어떤 책을 읽을 때 그 작가가 어떤 문화에 속하는가 또는 내가 교포로서 자랐기 때문에 나의 책 읽는 습관이 어떻게 고정되어 있는가를 동시에 생각해 본다. 아직도 아주 딱딱한 학문적 책이라도 상상해 그려 보며 책 읽는 습관이 그대로 있다. 그래도 학문을 한다면 수업에서 토론할 때 그 토론이 어떻게 진행되어 가겠는가를 미리 생각하고 분석해야 할 것이다. 어떤 사람이 어떤 의견을 가지는가 각자의 의견을 어떻게 서술하겠는가의 상상 말이다. (87학번 유학생, 남, 동준)

여기에 실린 글들을 읽어본 독자들은 나름대로 지금의 대학생들이 가진 학교시절의 경험과 사회과학에 관심이 있는 대학생에 대해 많은 것을 알게 되었을 것이다. 내가 현저한 특징으로 주목해 본 것은 일차적으로 입시준비에 바빠서 교과서 외의 책 읽기 수준은 형편이 없다는 점이다. 이것은 끝에 실린 두 유학생의 글과 대조해 볼 때 매우 현저하게 드러난다. 어떤 규범에 딱 맞추거나 거부하기보다는 개인적 성장에 따른 자신의 내면적 욕구에 맞추어 성장의 시기별로 책을 읽어 갈 수 있는 여지가 좀더 주어져 있다는 느낌을 받는다. 우리 학생들의 경우, 자신의 성향이나 가정환경에 따라 책을 그나마 즐겨 읽은 경우가 있으나 그것은 거의가 여학생들의 경우였다.

다음으로는 대학에 오면 으레껏 읽도록 되어 있는 맑스주의류의 '사회과학 서적'에 관한 논의들이 공통적으로 나타났다. 그리고 많은 학생들, 특히 여학생들은 한결같이 '사회과학 서적' 읽기에 상당히 부담을 느끼고 있었다. '사회과학 책 읽기'에 관해서 남학생들은 두 부류로 나뉘는데 하나는 매우 해방적으로 느끼는 집단이고 다른 하나는 초기부터 배척을 하는 집단이다. 여학생들은 어느 쪽을 적극적으로 선택하지 못하고 부유하면서 억압을 느끼는 편이 많다고 보는 것이 적당할 것이다. 가정 환경, 종교적 환경, 특히 기독교가 학생들의 책 읽기에 강하게 작용하는 경우가 두드러져 보였으며, 중고교 시절 교사의 영향력도 무시할 수 없는 변수로 보인다.

이들의 책 읽기에 대해 나름대로 일반화를 해본다면 대략 크게 1) 교과서 외 책 읽기가 거의 불가능한 교육체제에 순응한 교과서적 책 읽기, 2) 대학 서클에서 새로운 책 읽기를 시작하면서 맛보게 되는 매력과 저항들, 그리고 3) 여전히 자기 삶을 회피하고 '공부거리'로 책을 읽는 버릇으로 유형화해 볼 수 있다.

먼저 책 안 읽기와 입시 중독증에 관해 살펴보자. 현재의 대학생들은 치열한 입시 경쟁문을 뚫고 거의 탈진 직전에 대학에 들어왔다. 입시 준비 시절의 괴로움에 비례하여 기대감은 컸고, 막상 대학 입학 후에는 심리적 갈등이 많은 시기를 거치는 것으로 보인다. 이들은 앞으로 이 사회의 지도적 지식인이 될, 아니면 적어도 안정된 생활을 할 가능성을 확보해 놓은 집단이며 경제성장이 급격히 이루어진 시대에, 입시경쟁이 극도로 악화된 상태에서, 자식들의 출세에 목을 매단 부모들의 기대 속에 자라났다.

이들이 약 18년간에 한 삶의 체험이란 소위 일류대학에 들어온 경오늘이 통일신라의 종교에 대해서 배우는 날이라면 선생님은 먼저 신라의 종파에는 '5교 9산'이 있다고 말씀하시고 (중략) 첫머리 글자인 '열, 계, 법, 화, 법'을 따서 외우라고 하십니다. 우리는 노트에 '열계법화법'이라고 써놓고 맹렬하게 외우기 시작합니다. 선생님은 다시 열반종의 중심 사찰은 경복사 (중략) 우린 다시 사찰의 이름을 외우기 시작합니다. '경통분부금, 경통분부금, 경통……' 선생님은 또 고려시대의 구호시설에 대하여 외우라고 하십니다. '흑의상제혜대태, 흑의상제혜대태……' 어느 땐 조선조의 사고(史庫)에 대해서 외웁니다. '춘충성전-춘오태마-춘오태정-소동서서' (중략) 그런데 어느날 일제시대의 문학에 대해서 강의하시던 선생님은 이 세계의 모든 문학은 사조별로 '고낭사자상초', 즉 고전주의-낭만주의-사실주의-자연주의-상징주의-초현실주의 순으로 발전돼 온 것이라고 우리들에게 외워두면 도움이 될 거라고 했습니다. 열심히 외우는 척하다가 나는 그즈음 동생에게서 빌려 읽던 '어린 왕자'에 생각이 미쳐 '쌩떽쥐베리는 무슨 주의'냐고 물어보았습니다. 그러자 선생님은 그런 건 몰라도 된다고, 자신이 모르는 것은 절대로 시험에 나오지 않는다고 말했습니다. (김혜순 1991,《낮게 나는 새가 자세히 본다》책나무 출판, 89-92쪽)

우일수록, 재수를 안한 경우엔 더욱, 극히 한정된 범위에서 이루어졌다고 해야 할 것이다. 대학 신입생을 가르칠 때마다 그들의 체험은 국민학교 5학년 정도에서 멈추어선 게 아닌가 하는 의심을 나는 종종 한다. 이들을 이해하기 위해서는 극도로 경쟁적인 입시 풍토에서 살아남기 위해 자기 나름으로 삶을 직접 살아보는 체험의 기회를 박탈당해 왔을 뿐만 아니라 간접체험의 장인 책 읽기의 기회마저 빼앗긴 채 살아왔다는 사실을 아는 것이 중요하다. 이들에게 가장 흔하게 나타나는 책 읽기는 도식적 책 읽기일 것이다. 교과서나 참고서 외에는 책을 읽지 않으며——잠시잠시 스트레스를 풀기 위해 만화책을 읽는다——읽더라도 매우 수동적으로 읽는 것, 시험 준비를 위한 '보충 참고서 보기'나 교리문답 준비를 위한 '성경 읽기' 식을 들 수 있겠다. 이러한 도식적 책 읽기에 길들여진 학생들 중에는 대학에 들어와서도 계속 교과서나 읽고 학점 따기, 영어 공부, 취직 공부나 하면서 삶에 대해 폭넓은 관심을 가지지 않고 사는 경우가 많다. 이런 이들은 대학을 졸업하고도 책보다는 일간지, 월간지나 텔레비전 수준에서 '정보'를 얻는 식으로 지낼 것이다. 이 책에서는 지식인으로서 나름대로 책을 읽어가는 집단에 한정하여 논의를 해왔다. 하여간 이들의 책 읽기의 특성을 이해하려면 소수의 저항적인 경우를 제외하고는 시험 준비를 위한 책 읽기 방식을 이해하여야 한다. 그러면 시험을 위한 책 읽기의 특성으로 어떤 점을 들 수 있을까?

첫째로 시험을 위한 책 읽기는 이론과 현실이 분리되는 책 읽기의 전형이다. 어느 교육학자가 입시 위주 교육을 극복하기 위한 세미나에서 든 예가 생각난다. 국민학교 일학년 때부터 아이들은 시험 답안에 "밥 먹기 전에 손을 씻어야 한다"는 항에 동그라미를 치도록 배우지만 실제로 밥 먹기 전에는 손을 씻지 않는 경우가 대부분이라는 것이다. 다른 예를 들어보면 지방 국민학교 교사가 〈우리 고장 이야기〉라는 주제로 공부하는 시간에 그 고장의 이야기를 들려주니까 아이들이 집에 가서 "우리 선생님은 공부는 가르치지 않고 이야기만 한다"고 일렀다는 것이다. 몇년 전에 나는 국민학교 6학년 사회 교과서 마지막 부분을 써달라는 부탁을 받고 원고를 쓴 적이 있다. 반응을 보기 위해 국민학교 6학년 아이에게 읽혀본 적이 있는데 이 공부 잘하는 아이는 이렇게 말했다. "재미는 있지만 교과서는 될 수가 없겠어요. 어디다 밑줄을 쳐야 할지 모르겠거든요." 이렇게 국민학교 고학년이면 벌써 입시 중독 증세가 나타나기 시작한다. 현재와 같이 형편없는 수준의 사지택일형 시험공부만 하다보면 학생들은 매우 자연스럽게 교과서 안에 있는 내용을 중심으로 "현실과 관련이 없는, 외울 수 있는, 그러면서 점수 차이를 낼 수 있는 단편적 지식들"을 요약 정리하고 출제자가 기대하는 정답을 찾아내기에 급급해진다. 달리 말해서 "문명의 4대 발상지는?" 하고 질문이 떨어지면 퀴즈의 답을 맞추듯 답을 재빨리 찾아내는 훈련을 누구 못지않게 받게 되며 이때 이들은 문명이 무엇인지에 대해서 생각해볼 시간도 마음의 여유도 없다. 스스로 질문을 만들어 본다든가 기준을 정한다는 것은 상상해 보지 못한다.

자연히 암기력에 바탕을 둔 기계적인 사고를 하게 될 뿐 다른 식의 사고, 곧 비유적인 사고라든가 독창적인 생각을 하지 못하게 된다. 이들은 커다란 틀 안에서 개념과 기준이 먼저 주어져야만 머리를 굴린다. 이 〈문화이론〉 수업이 괴로운 것은 개념 규정을 확실히 해주지도, 생각을 정리할 기준을 명확하게 주지도 않은 채 진행되기 때문이다. 정답을 잘 찍어내기 위해서는 변화무쌍한 실생활과 연결시켜서는 안 된다는 것이 시험을 잘보는 황금률 중에 하나다. 실생활과 관련시키다 보면 헷갈리기 일쑤이고 그러면 틀리게 된다. 적당한 수준에서 머리를 굴려야 하며 너무 추상적으로나 너무 현실적으로 가서는 안되는 것이다. '공부'를 위한 말과 생활을 위한 말은 일찍부터 분리되며, 삶과 따로 노는 지식이 '공식적' 지식으로 군림하게 된다. 학생들이 단편적 지식을 조립하는 기계적인 사고훈련만 받는 것은 아니다. 사실상 이들은 반복적 '공부' 과정에서 엄청난 '의지력'과 참을성도 기르고 극심한 경쟁심도 갖추게 되며 자기 속의 소리를 듣기보다 항상 남(특히 입시출제자)이 어떻게 생각하는지 눈치를 보는 기술도 배운다. 이런 모든 능력은 거대규모의 생산공장에서 시키는 대로 일해야 하는 산업 역군이 가져야 할 가장 필요한 자질들인지도 모른다. 상관의 마음을 잘 읽어내고 경쟁심을 늦추지 않으며 시키는 일이 아무리 자기 마음에 들지 않아도 기계적으로 꾸역꾸역 해내는 인내심을 가진 탈정치화된 인력 양성의 차원에서 말이다. 입시 위주의 교육은 열린 사고를 할 수 있는 '지식인'과는 거리가 먼 단순 체제 인간들을 양산하고 있는 것이다.

입시 위주 교육과 병행하여 이들이 받는 이데올로기 교육은 상황을 더욱 악화시킨다. 학교에서는 시험을 푸는 작업을 반복적으로 하게 하여 자유로운 사고를 체계적으로 죽이는 반면 '북한' 공산주의 사회에 대한 적개심과 선진국에 대한 열등감을 체계적으로 심어주었다. 주입식으로만 배우고 생각해온 학생들은 북한 사회에도 사람이 살아가고 있으며 정부를 좋아하는 사람도 있고 싫어하는 사람도 있다는 생각조차 못하는 경우가 대부분이다. 교과서에는 살아있는 인간이 등장하지 않는다. 외국 지사에 나가서 일하는 사람들을 "사우디에 외화를 벌러 갔다"라고 쓴 문장을 두고 수업시간에 토론을 한 적이 있는데, 실제로 사우디에 간 사람은 가족의 생계를 위해서, 직장에서 보낸 출장으로 사우디에 갔지 외화를 벌려고 간 사람은 없을 것이라는 것이다. 그러나 교과서는 실제 살아가는 사람의 모습을 애써 감추는 듯 국가주의적 입장에서의 서술만 하고 있다. "우리는······ 자랑스러운······ 사명을 띠고 이 땅에 태어났다······"는 국민헌장을 외우게 하고 삶이 담기지 않은 교과서만 읽혀온 것이다. 이 세대에게 훌륭한 책이란 "삶이 담기지 않고 그 자체로서 하나의 완벽한 체계를 갖춘 책", 아니면 누구도 감히 거역할 수 없는 권위주의적 목소리를 담은 책일 수밖에 없다. 이들에게 자기의 삶과 연결되는 '소소한' 개인 이야기가 담긴 책은 심각하게 읽을 필요가 없는 책이라는 인식이 은연중에 심어졌을 것은 분명하다. 학생들 중에 어려운 말이나 이론이 담기지 않은 책을 볼 때 불안해 하는 경우가 그러하다. 너무 쉽게 이해되면 배운 것이 없다고 생각하는 것도 다 이런 '배움 아닌 배움'에 길들여진 강박관념에서 나오는 반작용들이다.

  대학에 들어가서 학생들은 비로소 본격적 책 읽기를 할 기회를 갖게 되고 또 새로운 책들을 만나게 된다. 특히 맑스주의적 책을 읽으면서 학생들은 자신이 어른들이 '불온시'하는 책을 '주체적으로' 찾아 읽게 된 기쁨과 아울러 비로소 지식인이 되었다는 느낌을 갖게 된다. 그 동안 사회를 알아가는 호기심을 억제해온 학생들에게 대학에 입학하면서 읽게 되어 있는 사회변혁과 관련된 책들은 해방의 느낌을 갖게 하기에 충분하다. 게다가 잔소리 많은 부모나 아는 척하던 고등학교 '꼰대'가 이해 못하는 책을 자신이 이해한다고 생각할 때의 기쁨을 상상해 보라. 이제까지 배운 것은 시험을 보기 위한 무용한 지식이거나 거짓이었다는 자각과 함께, 그 동안 어른과 선생들에게 속아왔다는 배반감을 가지고 학생들은 새로운 책 읽기를 열성적으로 하게 된다. '보수반동적'인 국가 교육의 때를 말끔히 씻어버리고 세상을 '올바로' 보는 눈을 갖고자 비판적 사회과학 책들을 탐독하게 되는데 이 과정을 통해 학생들은 일차적 '시각 교정'을 하게 된다. 이 과정은 대다수 학생들에게 커다란 '해방'의 체험이다. 그러나 어느 정도 시간이 지나면 그 방면의 책 읽기가 주는 또 다른 '억압'을 느끼게 되고 다시 방황하는 경우가 생긴다.

그 동안의 입시 교육의 뿌리가 너무 깊어서 새로운 책 읽기에까지 그 영향을 미치고 있는 것이다. 근대적 사고의 기본이 '의심'의 제도화에 있다고 기든스가 지적했듯이 사실, 절대주의적 사고를 넘어서서 상대주의적으로 보는 것, 곧 주어진 '진리'를 끊임없이 의심해보고 새로운 진리를 추구하는 것은 지금 우리에게 꼭 필요한 태도이다. 그러나 이런 태도는 그 동안 학생들이 길러온 태도와 너무나 다르다. 입시 위주 교육제도에서 길들여진 학생들은 정답이 없는 질문을 매우 싫어하며 혼돈 상태를 참아내지 못한다. 성급하게 근원주의, 본질주의로 빠지는 것이라든가 어떤 거창한 이론에 완전히 기대버리고 싶어하는 것도 바로 그 동안 길들여진 사고 경향과 관련이 깊다. '경전 읽기' 방식을 벗어나기가 그렇게도 어려운 것이다. 그들은 결국 경전만 바꾸었을 뿐, 그 방식에서는 여전한 경전 읽기를 계속하는 경향을 보이는데 이것이 실은 바로 문화의 보이지 않는 힘이 아닌가? 성서에 적힌 것이라면 무엇이든 곧이곧대로 믿어야 한다고 생각하는 문자근본주의적 습관은 하루아침에 자각을 한다고 고쳐지는 것은 아니다. 정답과 오답을 분명히 가르듯 정통과 비정통을 구분하고, 자신들의 경전에는 교과서에서처럼 반드시 해답이 있으리라고 믿으며, 정통에 들지 않는 듯한 애매한 말에 대해서는 꼬투리를 잡아 거부해 버리면 그만이다. "모든 것을 분명하게 하자. 혼란스러운 것은 진실이 아니다"는 식으로 현실 읽기를 하는 것, "모순의 집약점만 깨면 된다"면서 자신 속에 스며 있는 갖가지 모순을 읽어내려 하지 않는 것, 현실 속에서 문제를 보지 못하기 때문에 진정한 토론이 이루어질 수 없으며 합의는 더우기 이루어지기 힘들다. 그래서 논리를 가장한 독선이 횡행하거나 '급진성'의 정도에 따라 '올바른 실천'이 정해지는 상황이 벌어진다. 우리 학생들이 맑스를 읽어내고 소화해 내기 전에 그것을 감정적으로 거부하거나 반대로 그것에 빠져서 급속히 '혁명가'가 되어버리는 경향은 둘 다 책을 삶과 분리시켜 읽어내던 그 동안의 버릇과 깊은 관련이 있다는 것이다. 문자근본주의자들처럼 끊임없이 '이단' 논쟁을 벌이는 것, 논쟁에서 지치면 무조건 밀어붙여 보는 것, 그러면서 최신에 들어온 이론이라면 기가 죽는 것도 이와 관련하여 나타나는 일련의 현상이다.

그러면 대학물을 오래 먹은 대학원생들의 글 읽기는 좀 나은가? 자유로운 대학 생활을 통해 분명 나아졌을 것인데 실제 그런지 살펴보자. 아래에 실린 글들은 이 책의 초록을 읽거나 비슷한 내용의 강의를 듣고 있던 학생들이 쓴 글로서 1991년 가을 학기 〈현대사회론〉과 〈사회학 연구〉 시간의 과제물로 제출된 것들이다. 대학원생들은 이전부터 학문과 삶간의 괴리라든가 서양 학문의 토착화 문제로 고민을 해온 터라 한결 이 주제와 밀접한 글을 써냈다. 그런데 흥미롭게도 이들은 한결같이 이러한 자아 성찰적인 글쓰기를 몹시 고통스러워 했다.

1) 나의 글 읽기 : 대학에 들어와서 나는 고등학교 시절 내내 이유 모를 목마름, 매사에 그런대로 적극적이고 활달하던 나를 한없이 무기력하게 만든 그 무엇을 털어버릴 준비가 되어 있었다. 중단되었던 책 읽기도 시작되었다. 이곳에서라면 인간적인 교감의 상대, 지적 토론의 벗을 찾을 수 있겠지. 처음 나는 고등학교 시절 읽고 싶던 목소리들, 나를 좀더 다양한 지식으로 장식하고 싶었던 욕망에 부응할 수 있는 그런 목소리들을 읽어 나가고자 했다. 그러나 내가 만난 대학이라는 상황은 예상했던 것과는 많이 달랐다. 나의 이런 순진무구한 기대와 열정이 자리잡을 공간

은 쉽게 발견되지 않았다. 청년다운 열정으로, 초보 지식인다운 책임감으로 꽤 진지하게 세상에 대한 관심을 표출하는 소위 운동권은 학과에서나 캠퍼스에서나 언제나 제일 눈에 띄기는 했지만, 그들의 주장은 나에게 억지가 많아 보였고, 군데군데 유치해 보였다.

여러모로 불만족스러운 대학 생활을 마친 뒤 나는 대학원에 진학하여 나를 포함한 인간을, 그들이 모여 사는 사회를 좀더 잘 이해하기 위해, 무지와 덜 떨어진 지식을 깨기 위해 공부를 계속하기로 했다. 그러나 학문에 임한다는 것이 나를 지배하는 전부는 아니다. 나는 전부가 되지 않기를 주장한다. 대학원에 진학하여 교수를 비롯해 같은 길을 걷는 많은 선배들, 동학들을 보면서 나는 지식인의 모습에 회의를 갖곤 한다. 나의 회의는 생활에서 부딪히는 구체적인 것이다. 어떤 사람은 자기 생활과는 너무나도 동떨어져 무엇을 위해 공부하는지 의심스러울 만큼 맹목적으로 매달린다. 모든 것에서 멀어져 전체를 본다고 하지만 어쩌면 아무것도 보지 못하고 있는지도 모른다. 또 요즈음 들어 나는 내가 나를 표현할 수단으로서 글 쓰기, 특히 논문이라는 양식을 갖추어야 하는 글 쓰기가 적절한지 회의를 품게 된다. 물론 석사과정을 마무리하기 위해서는 수행해야 하지만 …… 편집광적인 도서 수집과 쏟아부은 노력에 비해 그 누가 제대로 읽어줄지 의심스러운 수준의 논문들이 계속해서 쏟아져 나오고 있다. '논문의 질은 참고서적 reference의 질에 좌우된다' '원전을 찾아라' …… (대학원 2학기, 여, 이영)

2) 나를 억압하는 것은 무엇인가? 이것은 약간의 짜증스러움과 뭔가 도전적인 방어의 마음이 일어나게 하는, 매우 당황스런 질문이었다. 그래서 나는 우선 그 이유에 관해 생각해 보려고 한다. 왜 짜증이 나는가? 아마 그것은 나 스스로에 의해 이미 한번쯤은 진지하게 검토되고 또 질문되었어야 했던 것을 타인에 의해, 그것도 숙제라는 형식으로 제기되었

요즈음 들어 나는 내가 나를 표현할 수단으로서 글 쓰기,
특히 논문이라는 양식을 갖추어야 하는 글 쓰기가 적절한지 회의를 품게 된다.
물론 석사과정을 마무리하기 위해서는 수행해야 하지만
편집광적인 수집과 쏟아부은 노력에 비해
그 누가 제대로 읽어줄지 의심스러운 수준의 논문들이 계속해서 쏟아져 나오고 있다.
'논문의 질은 참고서적의 질에 좌우된다' '원전을 찾아라'……
(대학원 2학기, 이영)

기 때문일 것이다. 그렇다면 또 한편에서 도전적인 방어의 마음이 들었던 이유는 무엇인가? 이 문제는 사실 복잡하고도 애매한 부분의 해명을 요구하는 것인데, 왜냐하면 첫번째로, 나 자신이 이것에 대해 성실하게 생각해볼 만큼 훈련 받아오지 않았다는 것이고——그리 그럴듯한 변명이 될 것 같진 않지만——두번째로, 이 부분은 내가 항상 맨구석으로 몰아 놓았던 문제였기 때문이다. 어쨌든, 이러한 어려움에도 불구하고, 나에게 도전적인 방어의 마음을 들게 한 실마리를 발견하게 되었다. 그것은 위의 질문에서 던져진 '억압'이라는 단어가 나에게는 항상 '억압 구조'와 동일시되어 왔다는 사실과 관련되어 있다. 따라서 나는 '억압'을 '억압 구조'로 이해하는 것이, 나에게 있어서 어떤 의미를 갖는지 설명해 보려고 한다.

내가 '억압 구조'라는 단어를 처음 대한 것은 대학교에 들어와서이다. 고등학교를 졸업하고 그야말로 푸른 꿈을 지니고 대학에 들어왔을 때, 우리나라 대학생이면 누구나 겪게 되는 큰 당혹감과 좌절감을 느끼게 되었다. 그때, 강의시간이나 학회시간에 배운 '억압 구조'라는 용어는 상당히 신선하고 매력적인 것이었다. 그러나 그 이후에 내가 느끼는 모든 모순과 찜찜한 느낌에 대해, 이러한 용어를 사용한 '만병통치약' 식의 해석은 자기 성찰의 몫을 축소시켜 왔다는 생각이 든다. 대개 사회과학자에 의해 만들어지는 '구조'라는 용어는 구체적인 삶의 모습들 속에서 사회의 그늘지고 왜곡된 부분을 해명하고 그의 실천적인 극복을 위해 만들어진다. 하지만 이렇게 만들어진 구조는 다시 우리들의 구체적인 삶으로부터 분리되고, 우리의 손이 미치지 않는 곳으로 달아나 버린다. 따라서 사회의 모순을 억압 구조라든지 기타의 구조로 이해하는 것은 여러가지 이점을 지니는 것이지만은, 그것으로 자신의 문제를 들여다보려고 할 때에는 일정한 한계에 봉착하게 되거나, 강아지 뒷다리 긁는 식의 결론을 맺기 쉽다. 이것은 내가 일상생활 속에서 끊임없이 안게 되는 문제 상황이다.

그럼에도 불구하고 거시적인 구조의 틀을 통해 문제들을 들여다보는 방식에 익숙하게 되어버린 것은 우리가 매일매일 부딪히고 있는 현실의 암담함과 비상식적인 행태들이 자기 성찰로 버티기에는 너무 무거웠기 때문인 것 같다.

이제 다시 두번째의 질문으로 돌아가 보자. 왜 방어의 마음이 드는가? 두 가지 정도의 답――그것도 답이라고 할 수 있다면――을 할 수 있을 것 같다. 하나는 그것이 편하기 때문이다. 자기 자신에게서 문제를 다시 한번 걸러 보는 수고를 하기보다는 외부에서 답을 찾는 것이 항상 편한 일 아닌가? 두번째로, 그 질문이 억압 구조가 아닌 억압에 대해 질문하고 있기 때문이다. 항상 억압 구조를 자기 억압의 답으로 생각하고 있는 사람한테, 그것도 억압 구조에 대한 인식 때문에 억압당하고 있다고 생각하는 사람한테, 억압이 무엇이냐고 질문을 던지게 되면, 당연히 자기 방어의 모습을 보이게 마련인 것이다. 그러면 그 방어의 무기는 무엇인가? 그것은 당연히, 억압 구조의 자기 억압화를 정당화시켜주는 사회구조일 것이다.

요즈음은 기존의 사고방식에 대한 많은 도전에 부닥치게 된다. 구체적인 생활 속에서, 책에서, 화장실에서. 이런 것들에 대해 나는 가끔 귀찮음을 핑계로 하여 타협을 하거나, 조금 부지런할 때에는 고개를 갸우뚱거리면서, 수첩에 적어 놓거나 책을 뒤적거린다. 그런 것들에 대한 더이상의 생각들은 오늘 그리고 내일 치열하게 해결해야 할 것들이다. 그래서 아래에는 내가 껄끄러움을 느꼈던 요즈음의 일들을 좀 산만하게 적으면서 이 글을 끝마치려고 한다.

남자친구와 쟁점이 되는 얘기를 할 때, 일일이 싸우기 싫어서 그냥 웃어넘길 때――대학교 때, 여성학 공부할 때는 침 튀기면서 여성의 자리매김에 대해 얘기했었는데……, 대학교 때, 같이 학회활동을 했던 친구와 만났을 때, 그때 기대했던 우리의 모습이 너무나 다르게 나타나 보일 때——기대했던 대로라면 난 지금 노동자가 되어 있어야 하는데……, 뭔가 항상 학문적인 용어나 무슨 이론을 염두에 두고 현실을 설명하려고 할 때, 이론에 현실을 끼워 맞춘다는 느낌이 들 때, 입맛이 쓰다. 오후 5시, 공부할 때는 현실이라든지, 대안의 문제 등에 대해 열심히 고민하면서도, 오후 6시 아르바이트를 위해 학교 교문을 나서서 아르바이트 시간을 맞추기 위해 최루탄을 피해 뛰어가면서 "짜식들, 왜 하필 오늘이냐?" 하는 생각을 자연스럽게 하기 시작한 나에 대해 뚜렷치 않은 혐오감이 생긴다. 길거리를 걸으면서 날씬하고 예쁜 다리를 가진, 세련된 미적 감각이 돋보이는 내 또래의 여자를 볼 때, "그래, 공부를 못하는 사람은 예쁘기라도 해야지" 하며 은근히 자족감에 젖어드는 내가 웃긴다. 끊임없는 비교와 남보다 어떤 기준에서이든지 나아야 한다는 생각을 떨쳐버리지 못하는 나의 모습…… (대학원 2학기, 여, 현경)

3) 〈현대사회론〉이라는 수업을 듣고자 했을 때, 나는 대학 3학년 때에 수강했던 '성과 사회'——역시 조혜정 선생님의 강의였다.——라는 수업 시간을 떠올렸다. 그 당시에도 그 수업은 형식과 내용에 있어서 많이 달랐다. 우선 수업에서 선생님의 개입이 비교적 적었다. 대부분의 수업이 팀별 공동연구 발표로 이루어졌다. 팀별 발표 후에는 나머지 학생들과의 토론으로 이루어졌는데 지금의 기억으로 그때에도 선생님의 개입이 거의 없었던 것 같다. 출석을 부르는 일도 거의 없었다. 때문에 수업을 듣는 이가 참여하고 싶은 욕구가 없다면 요령껏 빠질 수도 있었다. 더욱 기억에 남는 것은 수업의 내용이었다. 대부분의 다른 수업이 이론을 위한 이론과 같은 내용으로 채워져 있어 매우 논리적이고 객관적이기는 하지만 웬지 '나의 것'이 빠져 있는 듯한 공허감을 느끼게 하는 반면 이 수업은 내가 안고 있는 문제, 일상과 가까운 문제가 그것의 내용이었으므로 많은 친밀감을 느낄 수 있었다. '性'이라는 것은 나의 출생과 동시에

나에게 엄청난 영향을 준 것이니까……

　이런 기억들을 가지고 현대사회론이라는 수업을 들었을 때, 처음 강의 계획서를 받아보고는 당혹감과 호기심을 동시에 느꼈다. 우선 대학원 수업이라면 고도의 추상성을 지닌, 이름만 들어도 머리가 아프기 시작하는 굉장한 상상력과 논리성을 요하는 거물급 저자들의 이론을 다루는 것이라고 생각하고 있었는데 강의 계획서는 소설이나 영화, 국내 저자의 글 등으로 채워져 있었다. 워낙에 영화 보기나 소설 읽기가 나의 감상적 성향에 맞다고 생각하고 있으므로 기대가 되기도 하였다. 그런데 수업의 횟수가 많아질수록 가슴이 답답해옴을 느끼지 않을 수 없었다. 분명 수업이 지루하거나 재미없는 것은 아닌데 주체적인 참여를 할 수가 없었다. 다른 사람들이 하는 이야기를 듣는 것이 내가 할 수 있는 전부였다. 혼란스러웠다. 선생님을 비롯하여 많은 사람들이 편안한 모습으로 자신의 이야기를 하고 있는데 나는 자꾸만 긴장이 되고 지나간 시간들이 떠올랐다.

　대학에 입학한 후 수업에 임하는 것이 고통스러웠다. 책을 읽는 것도 어려웠다. 생소한 용어의 사용이 많았으므로 단어 하나하나의 개념을 이해하는 것도 힘에 부쳤다. 생각해 보니 글 읽기라는 것을 해본 지도 참 오래된 것 같았다. 고등학교에 입학한 이래로 교과서 이외에는 무엇을 읽었는지 기억이 나질 않았다. 교과서를 읽는 방법도 참 특이했다. 국어 시간에 시를 읽으면 그 시에서 읽을 수 있는 개인의 생각을 발표하는 것이 아니라 시험에 나올 것 같은 질문에 대한 답이나 가르쳐주고 또 외우고…… 창조적인 글 읽기의 반대적인 훈련을 이미 어린 시절부터 매우 혹독히 받은 셈이다. 머리 속에 넣어주는 것을 받아먹기에 바빴지 만들어 먹을 생각은 감히 하지도 못했다. 좀 다르고 싶었다. 답답했다.

　그때 학회와 서클에서 새로운 공부를 시작할 수 있는 기회가 주어졌다. 선배들의 입에서 뱉어지는 단어들이 멋있어 보였다. 저런 어려운 말을 줄줄하려면 얼마나 공부를 많이 했을까? 그들과 공부라는 것을 하기 시작했고 새롭고 신기한 이론들에 매료되기도 했다. 지금까지와는 뭔가 다른 것이 있을 것 같았다. 그런 것에 관심을 기울이지 않는 아이들은 웬지 한심해 보이기까지 했다. 그러나 한편에서는 이게 아닌데 하는 생각들이 머리 속에 자리잡기 시작했다. 도대체 이상일 뿐이지 현실과는 많은 간극이 존재하는 이런 것들만 읽어야 하는가? 내가 몸으로 느끼고 체험하는 문제들은 소중한 것이 아닌가? 그러나 그것은 나의 생각일 뿐이지 다른 아이들과 그런 이야기를 하자고 할 수는 없었다. 다른 아이들은 그렇게 생각하지 않을 터이니까. 대학 1학년 언젠가 시위가 있는 날, 나는 처음으로 치마를 입고 학교에 갔는데 어떤 선배가 하는 말 '이런 날 치마를 입다니……' 굉장히 한심하게 쳐다보았다. 나는 역사에 먹칠이라도 한 것 같은 치욕을 느꼈다. 그런 분위기에서 어떻게 국가와 민족을 이야기하는 것이 아닌 또 다른 이야기를 할 수 있을까? 어찌하였든 나는 '사회과학적'인 글 읽기를 계속하였고 또 객관적이고 과학적이라는 그 진리를 계속 외워나갔다. 내가 여기에서 하고자 하는 이야기는 그러한 이론에 대한 진리성의 여부가 아니라 내가 과연 그러한 글들을 읽으면서 창조적으로 소화하여 나의 것으로 만들었는가 하는 점이다. 돌이켜보면 나는 고등학교까지 받아왔던 교육을 뛰어넘지 못하고 또다시 그것을 답습하였던 것 같다. 선배들이 그 책을 어떻게 읽나를 들여다보고는 나도 그들처럼 읽으려고 했다. 비판적인 사고를 해야 한다는 말까지도 그냥 외워버려 박제화했다. 나에게 비판적인 작업을 수행할 능력이 어디 있었겠는가. 너무나 어려운 내용들을 이해하고 소화하기도 바빴는데……

지금도 나의 이야기를 하는 수업보다는 남의 글들을 읽고 요약 정리하여 발표하는 것이 나에게는 훨씬 쉽다. 나의 가슴은 차갑게 놓아두어도 되며 멀리 떨어져 관망하는 자세가 편하다. 나를 들춰내는 것은 아프다. 그러나 그만큼 내가 하는 일에서 해방감이나 신바람을 느낄 수 있는 기회는 없다. 〈현대사회론〉 시간에는 그런 것을 자꾸 들춰낸다. 혼란스러울 수밖에…… 한때는 나의 이야기를 뱉음으로써 묘한 해방감을 맛본 적도 있었다. 학부 때 〈여성학〉 시간에는 공허한 이론보다는 체험과 경험, 그리고 우리 주변의 일상사에 초점을 맞추어 진행해 나갔다. 숙제도 '자신의 성 정체감'에 대해서 자기 고백적인 글을 써가는 것 같은 것이었다. 참 기뻤다. 내가 고민하는 문제가 바로 내가 해야 하는 공부라니! 책을 읽을 때에도 머리만 살아 움직이는 것이 아닌 가슴과 함께 하는 듯한 일체감이 느껴졌다. 그때 나는 누구의 의도대로 책을 읽거나 과학적이고 객관적인 진리(?)라는 미명하에 행해지는 지식에 대한 무조건적인 삼켜 버림은 결코 〈나의 것〉이 될 수 없다는 생각을 하게 되었다. 우선은 나를 둘러싼 현실, 나의 경험, 나의 문제에서부터 출발하여 그것에 필요한 글을 내 나름대로 읽어가는 것이 정말 필요한 것이라는 생각이 들게 되었다. 아마 대학 4학년 때의 일이었을 것이다.

그러나 4학년이 되자 그런 생각을 실천할 수 있는 기회는 이미 사라지고 없었다. 진로에 대한 고민과 취직에 필요한 공부를 해야 했으므로 …… 대학원에 들어오는 과정에서도 변화는 없었다. 두번의 시험을 치르었는데 첫번째 시험의 경우 시험에 대한 정보 없이 나름대로 책을 읽으며 공부했더니 시험 문제를 적중시키지 못하여 낙방의 고배를 마시고 말았다. 다시 몇몇의 필요한 논문을 읽고 줄줄줄 외어 (나의 생각이든 아니든 상관없이) 시험을 보았다. 그래서 붙었다. 이렇게 글을 적고 보니 제대로 된 글 읽기를 한 적은 별로 없었던 것 같다. 여성문제에 관심을 기울였던 것은 바로 나의 문제였고 우리의 말로 표현하기가 다른 어떤 것보다도 수월했기 때문이었다. 영화와 소설을 좋아하는 것은 복잡하고 어려운 글이 아니더라도 충분히 자신의 말을 할 수 있어서였다. 그런데 혼자가 아닌 다른 사람과 영화나 소설에 대해서 또는 성 문제에 대해서 이야기할 때는 웬지 논리적이고 이론적이고 추상적인 말로 해야 할 것만 같은 강박관념은 어디서 오는 것일까? 어찌하였든 이런 식의 (내가 보기에는 완전히 솔직한 것 같지는 않다) 글조차도 써내려 가기가 참으로 힘들다. 얼마 전에 사회학 연구 시간에 내주었던 조혜정 선생님의 숙제——자기 고백서——에 대해서 많은 친구들이 고민하는 모습을 보고서 나만의 문제는 아닌 듯하였다. 마치 사랑방 이야기 같기도 하였고 도대체 선생님께서 무엇을 말하고자 하는 것인지 상당히 오랫동안 감이 잡히지 않았던 수업이었지만 소서사보다는 거대이론에 더욱 익숙해져 있는 나에게 진한 고민거리를 던져주었다. 수업시간에 하는 많은 말들이 나의 경험을 이야기하고 있는 듯도 하고, 때로는 수업에 들어가서 무엇하는가 하는 생각이 들기도 하였지만 자기 성찰에 대한 중요성을 일깨워준 시간이었다. (대학원 2학기, 여, 은희)

4) 나는 그 동안 참 나 자신에 대해 소홀했던 것 같다. 아니 일부러 소홀하려고 애썼는지도 모른다. 교수님의 〈글 읽기와 삶 읽기〉책 원고 중에서 잘못된 예로 등장하는 인물을 만나면서 바로 나 자신을 이야기하고 있는 것 같아 한편으로는 오기가 발동하고 또 한편으로는 부끄러움이 내 마음을 엄습하였다. 나는 누구인가? 왜 나의 머리와 나의 마음과 나의 입에서 나의 생각이 나오지 못하는 것일까? 내 생각이란 것이 있는데도 표현을 못하는 것인지, 아니면 아예 나의 생각이라는 것은 원래부터 없는 것인지 도무지 알 수가 없다. 나는 그 해답을 어렴풋이나마 잡을 수 있을지도 모르겠다. 나도 모르게 생겨난 권위에의 의존성, 즉 원고에서 말한 현대 지식인의 고질병이 나에게도 감염되어 있음이 분명하다. 그럼에도 불구하고 그러한 외부의 권위를 자신있게 떨쳐버릴 수 없음은, 나의 감염 정도가 매우 심함을 말해준다. 어쩌면 지금의 감염 상태가 나에게 더 편안함을 줄지도 모른다는 생각이 현재 나의 솔직한 심정이다.

나 자신 남의 이론을 접하거나 나 스스로 이론적 모델을 구축하고자 할 때, 가장 큰 중점을 두는 부분은 그것의 포괄성——마치 세계를 모두 설명이라도 할 듯이——이다. 시공간을 초월한 보편적 특성을 발견하고 그것을 변수화하여 그 변수간의 도식적 관계를 설정하면서 나 스스로 지식인이라는 자부심에 희열을 맛본다. 지엽적이라고 생각되는 이론을 대할 때에는 '소시민성'이라는 이름으로 가차없이 난도질하고, 현상적인 것에 치중하는 모델을 볼 때에는 '관념적'이라는 족쇄를 채운다. 나는 인류 보편의 문제를 다루고, 또 그에 알맞는 이론을 구축하는 것을 큰 자랑으로 여겨왔다. 그러한 시도를 하지 않거나 못하는 것은 기회주의적 인간이나 뒤떨어지는 지식인으로 취급된다. 내가 한때 지방자치제에 관하여 공부하고 있을 때 나의 좁은 시각을 꾸짖던 친한 친구의 모습은 이 시대 지식인의 표본이라 할 수 있다. 사실 나는 한국 사회를 구조적으로 분석하는 데에는 익숙하면서도 우리 동네에서 발생하는 쓰레기 수거 문제의 원인 분석에 대해서는 어떻게 접근해야 하는지조차 모른다. 과연 이 시대에 진정 우리에게 필요한 이론은 무엇인가? 적어도 내 옆에서 일어나고 있는 사건을 외면하지 않는 이론이어야 한다는 것이 최소한의 대답은 될 것이다.

    나는 방법론에 참 관심이 많으며 또한 가장 자신 있는 분야이기도 하다. 기능주의, 구조주의, 해석학, 현상학, 방법론적 개인주의, 변증법적 유물론, 이 모두 나에게 큰 흥미를 주었던 분야이다. 방법론에 대해 남들과 이야기를 나눌 때면 시간 가는 줄도 모르고 나의 논리에 매료되기도 한다. 남들도 그러한 나의 모습을 높게 평가하는 것 같다. 그러나 다음과 같은 한마디 물음에 나는 맥을 못춘다. "그래서 어떻게 (무엇을) 하면 되는데(so what?)?" 정말 나는 나의 방법론이 실제로 어떻게 적용되는지, 실제 어떠한 모습으로 발현되는지, 방법론과 실제가 어떻게 조응되는지, 그리고 그 기준이 무엇인지에 대해서는 깜깜하며 아예 관심도 없다. 그러면서도 수업시간에, 그리고 술집에서 열띤 논쟁을 벌이며 자위하는 나의 모습을 생각하니 한심하기 그지없다. 사회과학은 인간학이다. 인간을 점점 사상시켜 나가는 '논리 물신성'은 또 다른 우리의 장애적 요소이다.

이 수업을 들은 후 처음 떠오르는 단어는 '후회'였다. 사실 너무 힘들었다. 나중에는 수업에 들어가기 싫었다. 이렇게 초라함을 느낀 것은 처음이었다. 그러나 이왕 알았으니 빨리 고쳐나가는 것이 나의 삶에 더욱 도움을 주리라 생각한다. 책은 곧 간접적인 삶이다. 내 삶을 외부의 권위에 맡긴다든지 실제 현상으로부터 유리시키는 것은 곧 삶을 포기하는 것이다. 이러한 사실을 깨닫게 되었다는 점만으로도 이 수업에 감사할 뿐이다. 이 글을 쓰는 순간, 내 글의 하나하나에 신경을 쓰게 되었다는 사실 자체가 감사할 충분한 이유가 있음을 말해준다. (경영학과 대학원 2학기, 남, 준규)

일반적으로 대학원 학생들의 글 읽기에서 이론중심적 책 읽기와 과시적 책 읽기는 끈질기게 남아 있다. 때로는 오히려 나빠진 상태로 …… 대학 때는 그래도 고등학교 때의 '때'를 벗어보려고 안간힘을 쓰며 자유롭고자 노력한다. 그런데 대학원생이 되면 또 다시 '공부거리'를 찾는 학생으로 돌아가는 경향을 보이는 경우가 많다. 보다 방대한 지식을 쌓겠다는 '포부'에서 애써 자신의 삶을 외면하면서 '독자적' 학문세계에 빠져들고자 하는 것이다. 그럴듯한 논쟁의 영역을 남겨두면서 적당히 현학적이 되어가는 것이다. 내가 누누이 강조해온 삶과 연결해 내는 창조적인 책 읽기를 하기에 그들은 너무 바쁘며 너무 많은 양의 외국이론 책을 읽는 숙제를 해야 한다. 그러면서 "왜?"라는 질문을 또 유보한다. 이런 면에서 보면 대학생활 4년이 우리의 젊은이들에게는 유일한 변신의 시기가 아닌지 모르겠다. 다시 '공부거리'를 찾아 나선 대학원생들은 자신의 현실 감각을 포기하고 '상습화된' 공부 습관 속에 다시 안주한다.

"세상에는 황금률이란 없다. 이것이 첫번째 황금률이다"는 깨우침 속에서 자율적이고 비판적으로 책을 읽어가야 한다고 말하면 학생들은 두려워하는데, 그런 상대주의적 입장은 무규범 상태로 들어가는 것을 뜻하기 때문이라고 한다. 이 끈질긴 불안과 공포는 어디서 오는지?

사회과학에서, 특히 현실을 이해해 가려는 과정에서 '감을 잡는다'는 것은 얼마나 중요한가? 그런 면에서 '감응적 개념'[22]은 매우 중요한 개념이다. '감응적 개념'이란 그 단어를 쓰는 사람들이 감으로는 알고 있으나 아직 명확한 개념 규정은 이루어지지 않은 개념을 뜻한다. 사회과학의 발전사는 어떤 면에서 이런 감응적 개념을 보다 확실한 개념으로 풀어가는 역사이다. 그런데 기존의 교실에서는 이런 감응적 개념을 싫어한다. 그런 '모호한' 개념을 사용하는 것 자체를 불안하게 생각하고 그런 개념을 담은 책들을 교재로 쓰지 않는다. 학생들도 이 감응적 개념을 참아내지 못한다. 불명확하게 규정된 개념에 대한 불신감은 참으로 대단하다. 확실한 것에 대한 유혹은 어쩌면 자신의 사고력에 대한 불안과 비례해서 나타나는지도 모른다. 그 동안 개념이란 것이 외부에서 들어온 것이고 그것을 우리것으로 만드는 노력을 제대로 기울이지 못한 지성계를 생각할 때 이러한 반응은 너무나 자연스러운 반응인 것이다. 그러나 "감을 잡아가는 과정"을 않겠다고 버티는 한 우리 학문은 자라날 수 없다.

김용옥이 우리나라의 학문 풍토를 '불모지'라고 표현한 글이 있다. 《동양학, 어떻게 할 것인가?》라는 글에서 그는 철학자의 입장에서 우

---

[22] Blumer, 1974?, "What's Wrong with The Social Theory?" (ed. by Filstead) *Qualitative Methodology*에 '조작적 개념'에 반한 '감응적 개념 sensitizing concept'에 관한 논의가 이루어지고 있다.

리 학문에 대해 이렇게 말하고 있다.[23]

"한국 철학은 우리 철학이며 우리의 일상적 삶 속에서 맥동하는 매우 시시하게 보이는 문제들로부터 출발하지 않으면 안된다. 철학은 칸트도 아니며 공자도 아니다. 철학은 밥 먹고 똥 싸는 지금 여기에서의 나의 삶의 문제 속에서 구성되어 나가지 않으면 안된다. 내가 이러한 눈으로 한국 지성계, 특히 내가 속한 동양학계를 바라보았을 때 나는 나의 눈앞에 전개되는 불모지를 정직하게 바라볼 수밖에 없었다. 분명히 내가 본 것은 불모지며 황무지며 정체되어 있는 무풍지대였다. 이것을 어떻게 개간할까? 여기에 어떻게 바람을 일으켜야 할까? 내가 이 땅의 사람으로 이 시점에 해야 할 일이 무엇인가?…… 너무도 초라하게 보이는 〈번역〉이라는 문제에 나의 모든 의식은 귀착되었다. 〈번역〉이라는 문제야말로 개간의 방법론이며, 정초의 작업이며, 이 사회의 만연된 고질을 뿌리뽑는 전환의 돌파구였다."

이 글에서 잘 나타나 있듯이 우리는 그 동안 우리 이야기를 하지 않았고 그렇다고 서양의 것도 제대로 번역하여 읽지도 않았다. 나는 '내셔널리즘'에 관한 논의를 할 때마다 화가 난다. 민족주의라느니 국가주의라느니 민족 문학이라느니 많은 이야기들이 나오면서 실제로 이 개념은 제대로 번역되어 있지 않다. 번역의 어려움을 말하고들 있으나 문제를 지적하는 차원에서 그치고는 그냥 그대로 혼란스럽게 그 개념을 사용하고 있다. 서양의 맥락에서 볼 때 내셔널리즘은 영국이나 독일의 경우에서처럼 산업자본주의화 과정에서 영토의 새로운 조정과 통합을 이루기 위한 측면에서 강조되는 통합국가주의일 수도 있고, 불

---

23) 김용옥, 1985,《동양학 어떻게 할 것인가?》민음사, 10-11쪽.

란서처럼 계층적 통합을 강조하는 국민국가주의일 수도 있다. 반면 제 3세계의 많은 신생국가들에서 내셔널리즘은 제국주의에 반하는 저항 이데올로기이자 새 국가 건설의 이념이다. 하여간 '내셔널리즘'이라는 단어는 서양의 제국주의적 근대화 과정에서 생긴 현상과 관련하여 만들어진 개념으로, 서구 열강의 지배를 직접적으로 받은 적이 없고 오랫동안 한 국가를 이루어온 우리나라의 경우에 그대로 적용시키기에는 무리함이 따른다. 우리는 '민족'이라든가 '국가'라든가 하는 면에서 매우 독특한 배경을 가지며 특히 분단 상황은 이를 더 복잡하게 만들었다. 외국에서 만들어진 용어를 사용할 때 학자 공동체 내에서 충분한 토론이 있어야 하는 이유가 바로 여기에 있는데 우리는 그러한 토론 과정을 생략하거나 중간에서 엉거주춤 처리해 버리고 마는 경우가 허다하다. 일본은 그런 혼란스러움을 고쳐보려고 '국민국가주의'라든가 '민족주의' 등의 구분을 하기도 하고 영어를 그대로 쓰기도 하는데 우리는 그런 고민이 한 개인 학자의 고민으로 그쳐 버려서 그 다음 세대가 같은 문제로 개인적인 시간을 소모하고 방황하지 않도록 도와주지 못하고 있다. 바로 지성계의 빈곤은 이런 것을 해결해 나가지 못하고, 그냥 '별것 아닌 것'들로 치부해 버리는 행태들에서 빚어지는 것이 아닌가? 김용옥의 말대로 우리 지성계는 그 동안 제대로 번역 작업을 해내지 못해 왔으며 이것은 사실 우리에게 그 동안 책을 통해 알 수 있는 지식이 실질적으로 별로 중요하지 않았음을 의미한다. 이는 또한 책을 삶과 관련하여 창조적으로 소화해서 읽지 못하는 것과도 깊은 관련이 있다.

지식인 사회에서 책을 어떻게 읽는가 하는 질문은 곧 삶을 어떻게 읽는가 하는 질문과 통한다는 전제를 다시 한번 생각해 보자. 내가 존경하는 어느 노교수는 강의시간 때 노트 필기를 하지 못하게 하고 대신 강의하는 사람의 머리 속을 꿰뚫어 보라고 강조한다. 또한 책을 읽고 나면 그것에 더이상 매이지 말고 잊어버릴 것을 수시로 강조한다. 불에 태우라는 식으로까지 표현함으로 실감이 나게 한다. 농담반 진담반으로 "교주가 되라, 신도가 되지 말라."는 말도 한다. 우리는 대학 출신 모두가 교주가 된 세상을 상상하며 끔찍해 했다. 그러나 다시 생각해 보면 독자적으로 사고하라는 그분의 말은 이 시대 지식인들이 새겨들어야 할 가장 의미있는 메시지가 아닐까? 바람직한 책 읽기는 일차적으로 자신의 삶과 관련하여 읽고 싶은 책이 있다는 것을 전제로 한다. 우리 대학생 중에는 그런 욕구조차 잃어버린 이들이 많다는 사실이 우리를 걱정스럽게 한다.

다음으로 중요한 것은 자신이 선택한 책을 그 책이 출현한 구체적 역사성 속에서 읽어내는 일일 것이다. 저자가 뜻한 바를 '정확하게' 읽어내기 위한 노력은 중요하다. 사실상 우리는 그 동안 외부에서 들여온 책을 쉽게 구입할 수도 없었고 또 정확하게 읽어낼 환경에 있지도 않았다. 비록 지적소유권 문제로 서구 사회에서는 우리를 '비신사적' 미개인으로 낙인을 찍었더라도 복사기 덕분에 우리는 이제 많은 책을 손쉽게 구할 수 있게 되었다. 그리고 책벌레 같은 많은 서양 유학생 출신 학자들 덕분에 그런 책들을 꽤 정확하게 읽어낼 수도 있게 되었다. 아직도 우리의 번역 수준을 생각하면 한심한 생각이 들지 않는 것은 아니나 분명 진전은 보인다.

하여간 '정확하게' 읽어 내었다 해서 그것에서 그쳐서는 안된다는 것이 내 주장이다. 학생들의 글 읽기에서 보았듯이 끊임없이 이론서를 읽고 그 개념들을 익히고 그것의 한계를 꼬집어 내고는 또 다른 책으로 전전할 수 있다. 그러나 책 읽기는 궁극적으로 창조적이어야 하고, 그래서 새로운 책 쓰기로 연결이 되어야 한다. 책을 적극적이고 창조적으로 '잘못 읽음'으로 자신에게 필요한 새로운 의미를 창출해 가는 작업은 비판적 성찰을 하기가 더욱 어려워진 이 종말론적 시대에 '인간이 인간으로 남을 가능성'을 확보해 가는 것과 직결된 행위이기도 하다. 해롤드 블룸은 "詩적 역사는 詩적 영향력이다"라면서 시인들이 선배 시인들의 시를 誤讀함으로써 자신의 상상적 공간을 개척해 갔음을 드러낸 바 있다. 문학적 창작행위에서만이 아니라 모든 새로운 생각은 '잘못 읽음'의 결과일 것이다.[24] 똑같은 내용이라도 받아들이는 사람의 사회적 조건과 인지 양식에 따라 매우 달리 읽히게 마련이며 이 달리 읽음을 제대로 해낼 때 '자기'가 표현되고 새로운 문화가 탄생한다.

---

24) Harold Bloom, 1973 : 5, *The Anxiety of Influence*, Oxford U.P. 최근 페미니스트 비평가들은 19세기 서구에서 남성독점적인 문단에 제인 오스틴이나 샤롯 브론테와 같은 훌륭한 여성 소설가들이 나올 수 있었던 것은 바로 그들이 남성 작가들의 거작을 창조적으로 오독하고 비틀어 버림으로 가능했다고 보고 있다. (권택영, 1990, 〈여성비평의 어제와 오늘〉《후기 구조주의 문학이론》민음사, 119-125쪽.)

거창하고 화려하고 세련된
무수한 '겉도는 말'에 유혹당하지 않도록
서로를 도와주면서
우리의 삶을 토론할 수 있는
'말'을 찾기 위해 길을 떠나자.
우리 삶 한가운데서 나오는 지식,
자신의 내면에서 삭혀져 나오는 글을 쓰자.
힘을 빼기보다 힘을 솟게 하는 글,
만병통치약을 바라는 조급함 속에서 쓴 글이 아니라
'우리'를 만들어 가는 여유와 즐거움 속에 쓴 글,
생각을 풀어주고 마음을 풀어주는 그런 글을 말이다.

자신의 삶을 포기하지 않는 사람만이
세상을 바로 읽는다.
그렇다. 바로 읽는다.
"객관적"으로, "과학적"으로,
"총체적"으로 읽는다는 말이 아니다.
자신의 삶과 이어져 있는
세상의 삶을 자세히 관찰하고 토론하며
보다 낫게 하는 식으로, 비판적이고
실천적으로 읽는다는 말이다.

6장 삶을 이야기하는 교실

스승이 없는 나는
식민지 지식인이다.
보편적 법칙에 '매달리는' 나는
식민지 지식인이다.
논문 끝에 붙은 참고서의 절반넘어가
꼬부랑 글자인 나는
식민지 지식인이다.
선배들의 눈치는 심하게 살피면서
학문적 노고는 간단히 무시해 버리는 나는
식민지 지식인이다.
만병통치약이 있다고 믿는 나는
식민지 지식인이다.
내 삶을 이론화하지 못하는 나는
식민지 지식인이다.

교육은 자율적이고 비판적인 사고를 하게 하는 것이라는 원칙에 반대할 사람은 아무도 없을 것이다. 그런데 실제 상황에서 우리 사회는 그 원칙을 거스르기 위해서 안간힘을 써왔다. 본질이 어디에 있는지를 끊임없이 묻는 본질주의자, 모든 것을 설명해줄 수 있는 하나의 이론을 찾아 헤매는 절대주의자, 어디엔가 보다 나은 이론이 있으리라는 생각에 무수한 이론을 읽느라고 온통 시간을 보내는 '이론바라기', 문제 의식도 가르쳐 주어야 하는 '문제 없는' 젊은이, 이들에게 이론은 삶 읽기를 잘하게 하기 위한 도구일 뿐이며, 자신의 경험을 바탕으로 일상생활에서 의미를 만들어가는 것이 바로 이론화 작업이라고 말하기가 왜 이리 어려운지!

이 책 앞머리에 나는 하나의 명제를 내걸었었다. 그것은 "우리의 지식인 사회는 식민지성에 찌들어 있다. 우리는 자신의 문제를 토론할 언어를 가지고 있지 못하다"는 것이었다. 그리고 이 명제를 〈문화이론〉 교실에서 이루어진 대학생들의 토론과 책 읽기를 통해 살펴보았다. 우리들의 책 읽기를 통해 드러난, '식민지성'이라는 이름 아래 모아질 수 있는 지식인 담론의 특성은 구체적으로 '보편적 이론에 대한 집착', '외부의 권위에 기댐', '일상성으로부터 유리된 지식 생산'으로 나타난다.

물론 이런 특성을 식민지성과 직결시키는 데는 무리가 있다. 예를 들어 보편주의에 대한 '집착'은 식민지 지배과정에서 나온 논리라기보다는 지식 형성의 토대로 간주될 부분이 있고 더 나아가 '근대기획'의 핵심으로 봉건적 지역성과 혈연성, 그리고 절대군주권을 넘어서서 새로운 국민국가 이념과 자본주의적 원리를 실현해 가는 과정에서, 또 과학기술주의 시대에 들어서면서 더욱 강화된 것이었다. 내가 이 글에서 강조하려고 한 것은 우리가 서양인들이 '보편주의'에 집착한 것과는 다른 식으로, 또 다른 이유에서 보편주의에 매달리게 되었다는 것이다. 서양인들이 새로운 시민사회 질서를 형성하고 효율적인 산업화를 해내기 위해서 보편성을 강조했다면 식민지에서는 식민종주국을 따라가기 위해서 '보편성'에 매달려 온 부분이 있는 것이다. 그리고 그때 강조되는 보편성의 내용은 상당히 다르다. 서양의 경우는 개인의 의견이나 기존의 규범이 잘못될 수 있으며 따라서 보다 보편적인 법칙을 알아내기 위해서는 끊임없이 기존의 것을 의심해야 한다는 방법상의 보편성이 강조되었다면 우리의 경우는 불변의 법칙이 있다는 결과의 면에서 보편성이 부각되어 왔다. 식민지 사회에서는 이미 이론화된 것에 대해서는 감히 이의를 제기하지 않으며 그 이론의 법칙성을 '틀리지 않게' 읽어내는 면만 강조하였던 것이다.

그러나 '틀리지 않게' 읽는다는 것이 뜻하는 것은 무엇인가? 서양 이론가의 직속제자가 되는 것인가? 그렇다면 그 직속제자들은 각자의 일상적 체험과 마음 깊숙히 자리한 욕망을 어떻게 처리하고 있는가? 학문은 기존이론을 다르게 읽어냄으로 발전한다는 기본상식이 거부당한 풍토에서 지식인들이 건재할 수 있을까?

이러한 상황과 관련되어 나타나는 지식인들의 심리적 측면은 내적 억압에 대한 외면과 자기 분열, 급진적 보상주의와 무기력감을 들 수 있을 것이다. 나는 이러한 특성이 현재의 입시 위주 교육과 깊은 관련 속에서 재생산되고 있음을 앞에서 보이고자 했는데 사실상 이는 입시 위주 교육의 후유증이기도 하지만 이 문제의 뿌리는 더 깊은 곳에서 찾아져야 한다. 지식이 겉도는 우리네 삶에 대한 역사적인 분석과 그 상태를 벗어나기 위한 방법론적 논의가 더 이루어져야 한다는 것이다. 이에 관한 집중적인 논의는 다음 책에서 하기로 하자. 이 정도에서 교실을 통해 우리를 돌아보는 작업을 마무리 짓고자 한다.

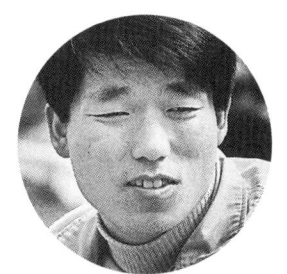

막상 비판의 화살을 겁없이 던진 지금, 나는 내가 던진 화살이 부메랑처럼 내게로 돌아오고 있는 것을 느낀다. 여전히 논문 끝에 붙은 참고문헌의 대부분은 서양 사람이 쓴 것이고, 학생들에게 읽히는 교재도 서양 것이 대부분이다. 학풍을 이어간다는 면에서 "이렇습니다" 하고 자랑스럽게 내세울 스승도 없으면서 그나마 어렵게 베풀어진 스승의 사랑을 간단히 넘겨버리는 나, 선배들을 그다지 존중해 본 적이 없는 나의 '오만기'가 바로 나 자신 깊이 내면화하고 있는 식민지성의 표상이 아닌가? 대학 안에서 수업에 관한 문제만이라도 개선해 나가자고 늘상 결심만 하는 것은 또 뭔가? 대형 강의실을 나올 때마다 나는 다짐한다. 학생들을 이런 게토에서 배우게 해서는 안된다고. 그 동안 주입식 교육에 찌들어온 학생들에게 참된 교육을 하려 한다면 작은 교실, 토론식 교육밖에는 없다고. 그 생각을 한 지도 벌써 몇 년이 되었는데도 나는 여전히 대형 강의실에 서고 있지 않는가? 잠자코 말이다.

새 학기는 시작되었다. 강의실의 새 얼굴들은 여전히 그 낯익은 '굳은 표정'으로 내게 다가온다. 아니, 거리를 두고 다가오지 않으려 애쓰는 듯하다. 그리도 다양하고 생기 있는 모습들을 애써 숨기면서 집단적 거부감을 드러내는 것이 습관처럼 되어버린 당신들, 10여년의 제도 교육 현장에서 굳어진 소극적 저항의 몸짓들을 만난다. 4월쯤 되면 '우리'의 얼굴이 좀 풀어질까? 내가 식민지 지식인의 옷을 빨리 벗게 될수록 그 굳은 표정 또한 빨리 거두게 되겠지. 새로운 교재를 쓰는 일이 그래서 시급한 것이다. 그래, 새 교재 말이다.

새 교재에는 '우리'가 들어 있어야 할 것이고 그러려면 우선 '우리', '지금'을 그대로 받아들이고 살펴가는 일이 시급하다. 등불이 없더라도 동전이 떨어진 곳에서 찾아야지 동전이 없는 곳에서 등불을 밝혀봐야 무슨 소용이 있느냐는 고대 현인의 말은 여전히 유효하다. 급격한 근대화 과정에서 우리 개개인은 많은 상처를 입었다. 그리고 그 상처난 곳이 미처 아물 시간도 없이 마냥 쫓기듯 달려온 것이 우리의 근대사이다. 덕지덕지 화장으로 상처를 감춘 채 자신의 모습을 직시하지 않으려 애쓰면서 달려온 역사…… 일상에 뿌리내린 역사를 애써 외면해 온 권력의지, 그 막강한 힘을 거슬러서 이제 우리는 우리 자신의 상처와 꿈과 좌절과 분열과 희망에 대해 각론을 펴나갈 때이다. 자신의 삶을 포기하지 않는 사람만이 세상을 바로 읽는다. 그렇다. 바로 읽는다. "객관적"으로, "과학적"으로, "총체적"으로 읽는다는 말이 아니다. 자신의 삶과 이어져 있는 세상의 삶을 자세히 관찰하고 토론하며 보다 낫게 하는 식으로, 비판적이고 실천적으로 읽는다는 말이다.

우리는 상당히 긴 시간 동안 지식의 불모지에서 살아왔고, 그래서 우리들의 이야기는 그만큼 보잘것없는 꼴을 지니고 있을지 모른다. 아직은 단편적이고 횡설수설하는 헛소리처럼 들릴 수도 있다. 그러나 '새로움을 심는 세대'는 그 '보잘것없는 우리 이야기'의 터에 씨를 심어가야 할거다. 그 속에 '발가벗은 임금님'을 발가벗었다고 하는 이야기도 있고 서로를 감싸주는 이야기도 있으며 세대로 이어갈 지혜도 있을 것이기 때문이다. 거창하고 화려하고 세련된 무수한 '겉도는 말'에 유혹 당하지 않도록 서로를 도와주면서 우리의 삶을 토론할 수 있는 '말'을 찾기 위해 길을 떠나자. 우리 삶 한가운데서 나오는 지식, 자신의 내면에서 삭혀서 나오는 글을 쓰자. 힘을 빼기보다 힘을 솟게 하는 글, 만병통치약을 바라는 조급함 속에서 쓴 글이 아니라 '우리'를 만들어가는 여유 속에 쓴 글, 생각을 풀어주고 마음을 풀어주는 그런 글을 말이다. 겉도는 말을 쓰라고 부추기는 준거집단을 가졌다면 지금은 용기있게 그 물을 떠날 줄도 알아야 하고 자신의 삶을 헛돌게 하는 강의에 참을성을 잃고 교실을 스스럼없이 걸어나갈 수도 있어야 할거다. 우리 이야기의 봇물을 교실에서 트자.

이게 **진리**인가요?

그냥 **이야기**인가요?

이건 **우리** 이야기야.

따로 읽기 : 박완서 문학에서 비평은 무엇인가?*

*이 글은 박완서 특집으로 묶은 《작가세계》 1991년 봄호에 실린 글을 다듬은 것이다. 이 글이 나간 후 학생들과 토론을 하였고 또 다른 지면을 통해 반론이 제기되기도 하였다. 이런 저런 토론 가운데서 글이 불분명했기 때문에 생긴 오해들을 찾아볼 수 있었고, 이 글에서는 그 부분들을 다듬었다. 전승희의 〈여성문학의 진정한 비판의식〉(《창작과 비평》 1991 여름호) 등 진지한 반론을 편 한두 글들이 있었는데 '진정한 비판의식'이라는 단어를 놓고는 생산적 토론을 해낼 것 같지 않아서 답문은 쓰지 않았다. 그러나 전승희씨가 글을 통해 몇 가지 지적한 것은 바로잡았다. 〈여성사연구회〉의 명칭과 《목마른 계절》의 결론을 《나목》의 결론이라고 인용했던 것, 그리고 '절반의 실패'라는 말 앞에 '박완서의'라는 문구를 괄호로 집어넣은 것이 그것이다. 성의 없는 책 읽기가 난무하는 요즘에 꼼꼼하고 성의 있게 읽고 반론을 펴준 것을 고맙게 생각한다.

박완서 문학에서 비평은 무엇인가?[25]

> 훌륭한 작가는 그가 생각하는 것 이상은 말하지 않는다.
> 발터 벤야민

1. 머리말

 이야기꾼이란 누구이며 무엇이 그를 훌륭한 이야기꾼으로 만드는가? 소설 읽기란 무엇이며, 문학 비평가들의 소설 읽기는 일반 독자들의 소설 읽기와 어떻게 다른가? 문학비평이 훌륭한 문학을 독자들이 '제대로' 읽어내는 것을 돕는 일이라면 훌륭한 비평 읽기를 돕는 작업은 누가 하며 또 그

---

[25] 이 글을 쓰는 과정에서 김성례씨(강원대 인류학과)가 많은 도움을 주었다. 생각보다 많은 양의, 그리고 다양한 주제를 다루고 있는 비평들을 읽느라고 허우적대며 쓴 초고를 자세히 읽어 주었으며 논지가 좀더 강하게 부각되어야 할 부분들을 지적해 주었다. 함께 토론한다는 것은 얼마나 즐겁고 유익한지!. 자료를 모아준 이수정씨에게도 감사한다.

일을 제대로 해내지 못하는 비평의 '비평'은 누가 하는가? '살림'[26]의 평단을 만들어 가기 위해 우리는 무엇을 해야 하는가?

나는 박완서의 소설을 읽으면서, 그리고 그의 문학에 대한 평론을 읽으면서 자주 이러한 질문들을 던져왔다. 박완서가 뛰어난 이야기꾼이며 또 훌륭한 이야기꾼이라고 늘 생각해온 나는 박완서가 종종 비평가들에 의해 몹시 부당한 대우를 받는다는 느낌을 받아왔다. 비평이란 원래가 이야기꾼의 작품을 '살려내기 위한' 것인데 이야기꾼 덕분에 존재하는 평론가들은 어떤 근거에서 그러한 횡포스런 일을 하는가? 나는 그것이 내심 못마땅했다. 그래서 언젠가 때가 되면 그 근거를 캐보아야겠다는 생각을 해왔다. 그것이 비평가가 소설가 위에 군림하는 우리 문단의 잘못된 속성에 기인하는지 아니면 박완서라는 소설가로 대표되는 '여성 체험 중심적인 문학을 하는 여성'에게만 유독 주어지는 것인지 알아보고 싶었던 것이다. 아니, 이 둘은 분리될 수 없는 것이리라.

마침 잡지사에서 박완서 특집을 꾸미는데 그의 소설을 산업사회적 맥락에서 분석한 글을 써달라는 부탁을 해왔다. 나는 미루던 숙제를 해야 할 때가 왔음을 느끼고 뭔가를 쓰기로 했다. 그 글이 바로 잡지 편집부가 준 주제와는 판이한 주제로 쓴 이 글, 곧 '박완서 문학에 관한 평론에 관한' 글이다. 박완서 문학을 '제대로' 읽어 내는 것을 돕는 비평이 나오기 어려운 우리 문단의 상황을 여성주의적인 관점에서, 그리고 문화인류학의 문화비평적 방법을 통해 드러내 보고자 한 것이다.

이 글은 "글 쓰기는 필연적으로 이념적이고 시대제약적이다"는 전제에서 출발한다. 이때의 글 쓰기는 물론 소설가와 평론가 모두의 글 쓰기를 의미한다. 글 쓰기는 삶을 이론화하는 작업임과 동시에 역사적 실천이다. 지난

---

26) '살림'의 비평에 대한 생각은 김현 추모 특집호인 《문학과 사회》(1990 겨울, 문학과 지성사)를 감명깊게 읽으면서 하게 된 것이다. '살림'이라는 단어는 '죽임'의 문화 속에 사는 우리들에게 많은 것을 의미한다.

10여년간 우리 문단은 체제비판적인 문학운동을 통하여 순수문학의 신화를 깨뜨리고 글 쓰기 작업의 역사성을 분명히 해왔다. 문학의 사회성, 그리고 문화비평으로서 문학이 갖는 의미는 이제 더이상 부언 설명을 필요로 하지 않는다. 이런 풍토는 문화비평으로서의 문학의 기능을 강조해온 '여성해방주의적 비평'이 자라기에 매우 적합한 풍토이기도 하다. 허나 이상하게도 여성해방주의적 문학비평은 기대만큼의 성장을 하지 못했다. 그 '이상함'의 현황과 근원을 우리는 비평가들에 의해 박완서 문학에 가해진 '실천'에서 여실히 보게 된다.

 간단히 말해서 그 동안 우리 문단에서는 '문학의 역사성'에 대한 숱한 토론이 이루어져 왔음에도 불구하고 그 역사적 인식에 여전히 모자람이 있지 않았나 하는 것이다. 여성해방 작가나 노동해방 작가에 대한 평단의 반응을 잠시만 살펴보면 이 점은 상당히 분명해진다. 예를 들어 지식인이 노동자 문학 작품을 읽어 가고자 한다면 그는 노동자 집단에게 글 쓰기와 글 읽기가 지식인 집단의 그것과 어떻게 다른지를 우선 알아내야 한다. 여성해방 문학 작가의 작품을 읽을 때도 역시 마찬가지이다. 글 쓰기와 글 읽기의 행위가 남성과 여성에게 각기 어떤 경험으로 체화되는지를 제대로 파악하고 있어야 한다는 것이다. 대립적 이해관계를 가진 집단들이 각자의 분리된 공간에서 살고 있는 양상을 분명히 인식하여야 한다는 것이며, 우리가 만약 그런 대립과 분리를 허물고 싶어한다면 먼저 그 대립과 분리의 모습을 알아가야 하는 것이다. 구체적으로 글 쓰는 사람과 그 글을 읽는 사람이 선 자리, 글 쓰기와 글 읽기의 역사성에 대한 깊은 이해가 필요하다는 말이다.

 나는 이 글을 쓰기 위해 56권의 '나름대로 이름이 있는' 출판사에서 나온 평론가들의 책과 잡지를 훑어보았다. 그 중에 박완서에 관해 반 페이지 이상 언급한 글이 34편이었고 서너 페이지에 걸쳐 그나마 본격적 논의를 펴나간 글이 19편이었다. 이로써 우선 박완서의 다작에 비해 그의 문학이 비평가들의 주목을 끌어온 편은 아님을 알 수 있었다. 80년대 들어서서 작가가 본격적으로 여성문제를 소재로 쓴 작품들에 대해서는 더욱 그러하다.

　박완서 문학에 관해 나름대로 논리를 펴고 있는 글의 내용을 보면 크게 세 부류로 나누어진다. 첫번째는 박완서의 소설을 대중소설로 분류한 후 그 작품들을 상당히 엘리트주의적인 입장에서 전문가적인 투로, 그러나 몹시 무성의하고 비전문적으로 평한 경우이다. 이들은 박완서의 작품에 대해 애정이 없다. 흥미롭게도 이 부류는——젊은 세대는 남녀불평등에 관해 좀더 이해가 있을 것이라는 기대를 깨고——주로 30대의 소장파 남성 비평가들로 이루어져 있다. 이들의 글 중에는 화이어스톤[27]이 '유죄'라고 판정을 내린 여성해방을 방해하려는 '사나이 주식회사'[28]가 연상될 정도의 여성 혐오감을 드러낸 것도 있다.

　두번째는 박완서의 작품을 상당히 진지하게 애정을 가지고 읽었고 그 탁월함을 지적하고 의미를 밝혀내려고 노력한 경우이다. 평단에서 존경을 받는 원숙한 남성 비평가들이 그 주류를 이루며——우리 문단에 원숙한 여성 비평가가 없다는 사실에 주목하기 바란다.——이들의 글을 읽으면 우리 문단이 서구 사회에 비해 여성 작가에게 꽤 넉넉하다는 인상을 받게 된다. 그러나 그들의 한계 역시 뚜렷한데, 그것은 화이어스톤의 표현대로 '무지', 곧 "남성의 현실이 총체적 현실이 되지 못한다는 데 대한 인식 부족"에서 비롯한다.

　세번째는 여성 비평가에 의한 박완서론이 있다. 평단의 남성중심주의를 그대로 반영하듯 문단에 나름대로 단단한 자리를 굳힌 여성 비평가는 아직 없다. 겨우 지면을 얻고 있는 여성 평론가가 없지 않으나 경쟁이 심한 평론계에서 살아남기 위해서 오히려 더욱 적극적으로 남성적 비평을 흉내내는

---

27) S.Firestone, 1971, *The Dialectic of Sex*, New York : Bantham, 167–169쪽.

28) 체리 리지스터, 〈미국 여성해방문학비평〉, 《여성해방문학의 논리》, 창작과비평사. 69–104쪽.

전술을 쓰는 경향을 보여왔다. 80년대 후반에 들어서서 '여성해방'에 관한 논의가 본격적으로 일기 시작하면서 비로소 박완서 작품에 관한 새로운 비평이 일기 시작하였는데 기이하게도 박완서의 작품을 '살려내는' 평론은 여전히 찾아보기 힘들다. 이른바 '여성해방문학'을 지향하는 신인 여성 비평가들은 주로 공동집필 형태의 평론을 써왔는데, 이들이 고수하는 이데올로기는 박완서의 작품을 살려내기에 적합한 틀이 되기에는 한계가 있었던 것이다.

평론을 두번씩 읽어내려 가면서 잠정적으로 내린 이러한 구분이 얼마나 타당한지에 대해 고민하던 터에 마침 백낙청의 비평에서 이런 분류가 나름대로 타당함을 확인케 하는 실마리를 엿볼 수 있었다 : "사실 박완서씨는 문단의 이른바 자유실천운동에 직접 뛰어들지도 않고 있고 거기다 여류작가요 인기작가라는 통념에 싸여 있어서 그렇지, 장편 《휘청거리는 오후》라든가 단편집 《부끄러움을 가르칩니다》와 《배반의 여름》에 실린 다수의 작품들만큼 명백하고 신랄한 사회비판의 문학도 드문 셈이다(1979:297)."[29] 이 문장은 '역사적 실천'에 참여하는 작가, 남성 작가, 그리고 대중적 인기와는 거리가 먼 작가가 현재 평단의 이상형임을 시사한다. 이 범주에서 벗어난 작가는 그만큼 평단에서 따돌리거나 불이익을 당하게 되어 있는데 박완서가 바로 그 세 범주 모두에서 벗어나는 작가임에 주목할 필요가 있다. 순수문학 또는 지식인 문학과 대비되는 대중적 인기작가, 일반작가와 구별되는 '여류작가', 그리고 조직화된 문단의 조직원이 아닌 '비참여작가' 박완서와 그의 문학에 관한 담론을 통해 우리는 아래에서 작게는 한 여성 작가에게 행해지는 의식적, 무의식적 거부와 횡포를, 크게는 우리 사회의 축소판인 문학비평계 문화를 보게 될 것이다.

---

29) 백낙청, 1979, 〈사회비평 이상의 것〉 《창작과 비평》 서평. (1985, 《민족문학과 세계문학 2》에 재수록. 292–301쪽)

2. 여성 작가를 비하하고 여성 억압을 부추기는 비평

서구의 경우 여성 작가에 대한 부당한 비평에 대한 연구는 여성해방운동이 대중화된 1970년대 이후 매우 활발하게 이루어져 왔다. '남근중심적'이라는 단어로 표현되는 기존 평단에 관한 논의를 간추려 보자.

1) 남근중심적 비평가들은 여성 작가들을 아예 다루지 않거나 적어도 작가로서 다루지 않는다. 이들 성차별적 비평가들은 여성 작가를 본격적인 작가로 인정하지 않으려는 선험적인 저항감을 갖고 있다. 여성 작가를 인정할 때는 오직 전통적인 여성성 개념으로 이해되는 한에서이며 그들의 작품도 그 개념에 입각해서 평가한다. 이들은 여성 작가들이 이룩한 문학적 가치를 애써 인정하지 않으려 하거나, 하더라도 그것이 의식적으로 성취된 결과물임을 거부한다. 에밀리 브론테의 《폭풍의 언덕》을 "무의식적으로 씌어진 작품"이라고 한다거나 제인 오스틴을 "본인도 의식하지 못한 채 베를 짜는 노처녀에 비유"하는 것 등에서 그 사례를 볼 수 있다.

2) 남근중심적 비평가들은 작품보다 오히려 작가의 개인적 사생활에 더 관심을 기울인다. 이들은 "여성 작가의 작품이 여성의 육체라도 되는 양" 이야기하려는 경향을 갖는다. 이들은 "여성성이라는 애초의 선입관으로 정확하게 복귀"하는데, 에밀리 디킨슨의 시를 그녀의 월경주기와 연결시킨 경우가 그 대표적 사례이다. 칼라일의 저작들을 그의 소화불량증과 연결시킨 비평가는 없었다는 점을 생각해 보면 이러한 논리의 정치성을 쉽게 간파할 수 있을 것이다. 남근중심적 비평가들은 자아가 강한 주체적 여성을 싫어하는 남성중심사회의 가치를 그대로 내면화하고 있으며 두려움 없이 공공연하게 그러한 여성 작가를 비난하거나 조롱한다. 그리고 자신의 공격적 행위에 대해 조금도 양심의 가책을 느끼지 않는다.[30]

---

30) 리지스터, 윗글 79–82쪽과 바바라 스미스, 1990, 〈흑인 여성해방비평을 향하

3) 일부 비평가들은 위의 남근비평가들처럼 적나라하게 성차별적인 공격성을 드러내지 않지만 지배적 위치에 있는 남성——가부장적 사회에서는 남성이 표준적 인간이다——의 경험과 관점에서 모든 것을 해석하는 경향을 보인다. 그리고 이들은 그것이 오류임을 알지 못한다.

여기서는 첫번째와 두번째 부류에 포함되는 평자들, 즉 성차별의식이 투철해서 여성 작가의 작품을 심각하게 읽을 의도가 없는 경우를 '남근중심적', 또는 '여성혐오형' 비평가로 분류하고, 세번째 부류에 드는 평자들, 즉 그렇게 의도적으로 여성 작가를 매도하지는 않지만 사회가 근본적으로 성 범주에 따라 구조화되어 있음을 인식하지 못하고 있는 평자를 '남성중심적' 비평가로 분류하여 따로 다루려고 한다. 이 장에서는 전형적인 '남근중심적' 평자들의 논의를 두 주제로 나누어 살펴보자.

2-1. 전통적 여성비하의식에 근거한 오독(誤讀과 汚讀)의 사례들

먼저 여성 작가에 대한 심한 반감을 드러낸 비평가들부터 살펴보자. 우리는 30년대 평단에서 이미 그러한 글을 찾아볼 수 있다. 박화성의 글이 "선이 굵고 호흡이 억세고 스케일이 큰 점"을 빗대어 안회남이 "박화성씨는 여성 멸시에 젖어 있는 것이 아닌가"라고 평을 한 것이라든지 "여자가 쓴 소설, 소설을 쓰는 여자, 여자가 소설을 쓰는 것, 이 세 가지는 비위에 맞지 않아서 여류작가의 작품을 잘 읽지 않는 버릇이 있다"라고 선언한 것이라든지 여성은 단지 남성의 연애 대상으로만 의미 있는 존재라고 말한 데서 그 정형을 볼 수 있다.[31] 60년대 말에도 여전히 그러한 여성비하적 발언이

여),《여성해방문학의 논리》244-270쪽에서 이와 관련된 자세한 내용을 읽을 수 있다.

31) 김영혜 등이 쓴 〈여성문학론 정립을 위한 시론〉(《여성운동과 문학》1, 1988, 실천문학사) 275쪽에서 재인용.

공공연하게 평단에 오르내리는데 정창범이 《현대문학》에 기고한 "여류문학의 경우"에서 그 단적인 표현을 찾아보게 된다 : "여성 작가는 작가인 동시에 철두철미 여자여야 한다는 것이다⋯⋯ 남자보다는 좀 순결하다고 할 때 여류작가의 작품을 읽을 의미가 생긴다는 것이다."[32] 여성 작가는 모름지기 전통적 여성성을 지켜야지 그렇지 않을 경우는 참아줄 수 없다는 식의 감정이 이 글에 그대로 드러나 있다.

80년대에 들어서서도 이러한 감정적 발언은 좀 세련된 형식과 내용으로 그대로 반복되고 있다. 이를 홍정선과 정영자의 글을 통해 살펴보자.

〈한 여자 작가의 자기 사랑〉(1985)이라는 글에서 홍정선은 남근중심적 비평의 '정석'을 보여주고 있다. 월간잡지 《샘이 깊은 물》에 실린 이 글에서 홍정선은 남근중심적 비평가의 한 전형으로 '인기 여성 작가' 박완서에게 접근한다.[33] 내가 아는 한 홍정선은 박완서의 소설에 대한 본격적인 평을 한 적이 없다. 앞에서 언급한 남근중심적 비평의 대표적인 사례로서 그는 작가의 작품보다 그의 사생활에 더 많은 관심을 가지고 있다. "어느 순간 작가가 갑자기 흥분하여 자신의 모습으로 불거져 나와 있는 부분은 어떤 소설에나 있기 마련이다. 그 부분들을 포착해 내는 순간 우리는 숨어서 낄낄거리며 작가를 감시하는 쾌감을 맛볼 수 있다(1985:70)"면서 홍정선은 "사십대의 가정부인으로 뒤늦게 작가로 변신한 박완서가 쓰고 있는 그 가면의 교묘함이나 두께는 얼마만큼이나 되는 것일지"에 대해 독자들이 관심

---

32) 김영혜 등(1988) 윗글, 278에서 재인용.
33) 이 글은 《샘이 깊은 물》에 발표된 후 자신의 평론집 《역사적 삶과 비평》 (1986, 문학과 지성사)에 재수록되었다. 나는 《샘이 깊은 물》에 실린 이 글을 읽고 아직도 이런 글을 쓰고 또 싣는 잡지계에 대해 매우 실망했으나 잡지의 판매부수를 올리기 위해 약간의 장난을 친 정도로 생각을 했다. 그러나 이 글이 자신의 저서에 그대로 실린 것을 보고 이것이 평자의 '진지한 모습'이며 평론계의 수준임을 알게 되었다.

을 기울일 것을 부추긴다. 도대체 그의 호기심의 근거는 무엇이며 이를 통해 무엇을 하겠다는 것일까?

이 글에서 홍정선은 박완서라는 한 사람에 대해, 또 그를 통하여 여성들에게 하고 싶은 말이 있다. 그는 박완서의 작품을 작가의 삶과 동일시하면서 박완서를 '작가'이기 이전에 "무서운 집념을 가지고 자신의 생애를 살아가는 이기주의자"이며 오로지 자기의 생애만을 지나치게 귀중하게 여겨서 "남편과 살아온 스무해의 세월을 한순간에 낯선 것으로 만들어 버리"고 처녀처럼 느끼고 싶어하는 '여자'라고 쓰고 있다. 그에게 박완서는 남편을 감히 "다른 세상 남자들과 동일하게 만들어 버리는" 여자이며 "가족이 안락한 생활을 누리게 하려고 나날을 소모하는 피곤한 남편이나 그 남편의 모습을 냉정하게 내면의 눈으로 바라보는" 헌신적이지 못한 아내이다. "일상의 삶에 대한 사랑과 증오, 일상의 삶의 주모자인 남편에 대한 혐오와 연민"을 가진 여자, 남편을 왜소하게 만들고 모녀가 공범이 되어 "집안에서 남자의 의미를 고의적으로 거세시키려고 드는" 무서운 여자이다. 홍정선은 독자들이 이 점을 명심해 주기를 바라고 있다.

그러면 여기서 홍정선이 흥분하는 구절들을 통해 그의 여성관을 거꾸로 읽어보자. 그가 그리는 여성은 주체의식이란 아예 없이 오로지 한 남성을 천생연분으로 믿고 순종하며, 그와 더불어 살아온 결혼 후의 인생만을 진정한 생으로 간주하며, 처녀 때의 기억을 결혼과 동시에 망각의 세계로 멀리 날려버린 여자이다. 그녀는 남편을 다른 남자와 비교하는 것을 상상도 못할 무례한 일로 알고 오로지 존경과 감사에 찬 눈길로 지아비 남편을 바라보며 남편의 기를 살려주는 아내이며 반복되는 일상의 가사를 기쁨에 겨워 수행하는 가정지향적 여성이다.

여기서 자신이 그리는 여성상을 여지없이 깨뜨리고 있는 박완서의 작품을 대하고 홍정선이 느꼈을 위기감을 우리는 쉽게 상상할 수 있다. 박완서가 그려내고 있는 "남편을 냉정한 눈으로 쳐다보는" 중년 여성의 모습은 사실은 전혀 생소한 모습이 아니다. 그것은 오정희의 소설에 끊임없이 등장하는 모습이며 또한 우리가 어머니를 통해 집에서 어릴 적부터 느껴온 모습이다. 최근에 〈또 하나의 문화〉에서 펴낸 《주부, 그 막힘과 트임》에 실린 수기들을 읽으면 그것이 이 시대의 한 보편적인 주부의 모습임을 쉽게 알게 될 것이다. 그러나 홍정선은 그런 현실을 직시하려 들지 않는다. 대신 그는 그가 느낀 위기감을 나름대로 극복할 방안을 강구하는데 그가 찾아낸 방법이 바로 박완서가 그린 현실을 작가의 개인적인 체험으로 환원해 버리는 방법이었다. 홍정선은 남자의 진정한 의미와 역할을 무시하는 소설 속의 주인공은 "자신의 생애를 일상성 속으로 차압시킨 두 남자(오빠와 아버지)를 끝까지 용서하지 못한" 작가의 개인적 원한에서 창조된 허상일 뿐임을 강조한다. 박완서의 작품은 그의 사적 경험에 근거한 극히 사적인 사실이므로 일반적인 상황에 있는 아내들과는 무관한 일일 거라는 암시를 그는 독자들에게 주고 있는 것이다. 이런 결론을 내림으로 그는 또한 따가운 아내의 시선에 시달리는 남편들에게도 위안을 준다. 그리고 보편적 현실에서는 여전히 남자들이 생명력의 원천으로 건재함을 확인한다.

홍정선이 박완서에 대해 갖는 감정이 적대적이기까지 한 이유를 우리는 이제 알게 된 듯하다. 그는 가부장제의 붕괴 상황을 적나라하게 그려냄으로써 그 과정을 더욱 가속화시키고 있는 한 여성 작가를 상대로 가부장체제 고수를 위한 '성전(聖戰)'을 하고 있는 것이다. 그는 박완서가 "결혼 후 십년 동안에 다섯 아이를 낳았고 기르는 일에 열중했고, 행복했다"는 자전적인 진술을 믿지 않는다. 행복에 몰입한 듯 가장한 것일 뿐이라는 야유를 보낸다. 박완서는 결혼한 스무해 동안에도 줄곧 "작가가 될 야심을 은밀히 불태우면서" "자신이 생각하기에도 무섭고 냉혹하게 삶을 움켜쥐려"한 "말 못할 독종"이라는 것이다.

"말 못할 독종"이라는 말은 박완서 자신이 자신을 표현할 때 쓴 말인데 나는 박완서가 독종이며 무서운 집념을 가진 작가라는 데 동의한다. 그러나 그 집념은 그가 허위적 세계나 전통의 질곡에 갇히지 않고 본질을 보려는 의지, 사람 사는 삶이 보다 사람답게 되는 길을 절망적인 상황에서도 포기하지 않고 추구한다는 점에서 그렇다고 본다. "문학에 대한 야심"이라든가 "작가가 될 야심"이라는 것은 또 얼마나 적개심을 깔고 있는 단어인가? 여성의 '글 쓰기'가 그가 상상하는 남성들의 야심과 얼마나 거리가 먼 것인지는 뒤에 따르는 논의에서 좀더 잘 밝혀질 것이나, 하여간에 홍정선은 어떤 면에선 박완서가 작품을 통해 보내는 메시지를 제대로 전달받은 경우인지도 모른다는 생각이 들기까지 한다. 홍정선은 박완서의 소설에서 가부장제가 붕괴하는 소리를 확실히 들었던 것이며 그래서 방어전까지를 펼친 셈이니까 그의 책 읽기는 정확했다고 할 수 있겠다. 지식인이라고 불리우기에는 너무도 부끄러운 남근중심적 사고의 틀에 충실한 채로 말이다.

정영자(1986)는 "현대 인기소설의 특성과 그 문제점"에서 홍정선과 비슷하게 박완서를 전통적인 여성성에 비추어서 평가하고 있다.[34] 〈그 가을의 사흘 동안〉에 대한 짧은 글에서 그는 다음과 같이 쓰고 있다.

"'전천후 폭격기'로서 그 위세를 다하는 작가는 왕성한 비판력과 비판 의욕이 원동력이 되어 이 사회의 비리를 거침없이 파헤치며 때려부수고 또 야유하고 있다. 신 들린 사람처럼 써내려 가면서 박완서 특유의 날카로운 여성심리 묘사에 뛰어나고 있다. 그는 부끄럼 없이 너무나 가혹하게 어떤 면에서는 무자비하고 잔인하게 여자들을 요리하고 있는 여성학대 소설가이다. 그러나 보여주고 느끼게 할뿐 더이상은 없다."

정영자에게 박완서가 비판 의욕만 강렬한 '여성학대 소설가'로 읽힌 근거는 어디에 있을까? 이어서 평자는 박완서 소설에는 "너그러움과 사랑이 부

---

34) 정영자, 1986, 〈현대 인기소설의 특성과 그 문제점〉《분단현실과 비평문학》(한국문학평론가협회 편), 상록. 322-323쪽.

족"함을 나무라고 또 "작가는 삶의 전체적인 진실을 포괄적으로 수용할 수 있는 성숙한 눈과 마음이 미흡하다"는 평가를 내리고 있다. 박완서의 작품 세계가 그러한지는 뒤에 이어지는 다른 평자들의 논의에서 자세히 밝혀질 것이므로 여기서는 한 가지만 지적하려고 한다. 남근중심적 비평은 남자만이 하는 것이 아니라는 점이다. 우리 사회가 성 범주를 중심으로 어떻게 구조화되어 있으며 또 그 구조화가 현대인들을 어떻게 억압하는지를 파악하지 못한 채 전통적인 여성상에 매달리는 사람이라면 남녀를 불문하고 박완서의 작품을 읽어도 별다른 '재미'를 보지 못하며 깊이 생각할 거리도 얻어내지 못한다. '여성', '남성'은 되어지는 것이지 생겨난 것이 아니기 때문이다.

2-2. '대중작가'로서의 박완서

남근중심적 비평가들의 '횡포'가 횡행하는 문단에서 여성 작가는 성에 구애받지 않는 '공평한' 평가를 받기를 일찍이 포기한다. 그리고 대신 독자들에게 보다 많은 관심을 기울인다. 리지스터는 여성 작가들이 상업적 성공을 목표로 하는 것은 남근중심적 문단 문화를 고려한다면 너무나 당연한 것이라고 말한 바 있다.[35] 박완서에 관한 비평이 대중작가론과 연결되어 있다는 것은 그런 면에서 시사하는 바가 많다. 대중작가, 인기작가이기 때문에 어쩔 수 없이 비평을 '받게 된' 경우인 셈인데 그 내용을 오생근, 이동하, 성민엽의 글을 통해 살펴보자.

오생근(1977)은 〈한국 대중문학의 전개〉라는 평론에서 "대중들과 대중사회와 대중문화를 강 건너 불 보듯, 무조건 비판적으로 경멸할 수 있었던 시대는 이미 지난 것 같다"[36]면서 70년대에 신문 연재소설을 쓴 '대중작가' 박

---

35) 리지스터, 윗 글, 82쪽

완서의 《휘청거리는 오후》를 분석하고 있다. 오생근은 이 소설이 "이 사회의 타락한 결혼 모럴과 타락한 삶의 가치관을 비판하는" 소설로서 대중사회의 신분상승욕에 초점을 맞추고 있으며, 특히 결혼을 수단으로 신분상승을 꾀하려는 허영심 찬 두 세대의 여성을 비판적으로 그리고 있다는 면에서 긍정적 평가를 하고 있다.

그런데 이 평론을 읽으면서 독자는 상당히 불편한 느낌을 갖게 되는데 그것은 평자가 작품 내의 사건을 작품 내의 컨텍스트에서 충분히 검토하지 않은 채로 작가를 '대중작가'라는 선입견에서 평가하는 듯한 인상을 주기 때문이다. 실제로 오생근은 작가가 이 작품을 통해 보여주고자 한 많은 문제들을 해독해 주기보다 "멜로드라마류의 극적인 충격 혹은 극적인 전환효과와 다를 바 없는 수법"을 썼다거나 "문장이 지나치게 거침이 없다", "속어적 표현이 종종 눈에 띈다"는 평가를 내리고 있다. 그리고 많은 지면을 작가의 의도를 파악하는 데 할애하는데, 특히 초희의 불행을 "집요하게" 몰고간 의도를 궁금해 한다.

오생근은 작가의 작중인물에 대한 비판이 지나치게 감정적이고 균형을 잃고 있다는 점을 강조하고 있는데 마치 정영자가 말한 '여성학대 소설가'라는 데 동의를 하고 있는 것 같은 생각이 들 정도이다. 그가 읽은 바로 작가는 "틈이 있을 때마다" "거의 증오에 가까울 정도로" 젊은 세대의 안일한 삶의 태도를 비판하며 속물적인 삶에 대한 "끊임없는 분노와 외침과 야유"를 보낸다. 그는 작가가 작품의 자연스러운 흐름을 외면하면서까지 "초희의 불행을 집요하게 몰고 나갔다"고 생각하고 있으며 그래서 작가의 비판적 안목이 "감정적인 원한"으로 오해받지 않을지를 염려한다. 이런 식의 염려를 갖게 된 것은 평자가 이 여성 작가의 사회의식이 그렇게 깊으리라는 것

---

36) 오생근, 〈한국대중문학의 전개〉, 《해방 40년의 문학 4》 (1977, 권영민 엮음), 민음사. 222-242쪽.

을 여성이라는 이유에서든 대중작가라는 이유에서든 전제하지 못하고 있기 때문인 것으로 보인다.

여성들 세계의 신비의 막이 걷히고 상호작용의 원리와 심리적 갈등이 여지없이 파헤쳐져 있는 박완서의 소설을 읽으면서 많은 여성들이 감정이입적인 공감을 하는 반면 많은 남성들은 "허황되다" 또는 "심하다"는 느낌을 갖게 되는 것은 가부장적 사회에서는 너무나 당연한 현상이다. 그것은 여전히 대다수의 남성과 여성이 서로 다른 경험세계에 살고 있기 때문이며 이것은 우리가 원하든 원하지 않든 현대적 삶을 이해하는 기본상식이다. 그리고 이때 그런 차이를 보는 열린 시각을 가진 평자라면 당연히 자신이 왜 심하다고 느끼는지에 대해 심사숙고할 것이다. 그러나 우리 사회의 편향성을 보지 못한 때문인지 또는 여성 대중작가 박완서를 신중하게 고려하지 않은 때문인지 평자는 '대중소설' 작가를 다루는 지식인 문학측의 비평가로서의 입장을 견지하여 작가가 미리부터 결론을 내리고 있었다거나, 배신했던 여자의 유혹으로 정사를 가진 남성이 지나치게 냉혹하게 그려졌다거나 문장이 "지나치게 거침이 없으며," 속어적 표현을 빈번히 써서 "현실 파악에 있어서 감정적이라는 인상을 줄 우려가 크다"는 식의 충고를 주저없이 하면서 그의 글을 끝맺고 있다.

이동하 역시 대중소설과 관련하여 박완서의 작품을 다루고 있다. 그는 〈집 없는 시대의 문학〉(1982)[37]에서 이문열의 《황제를 위하여》와 박완서의 《오만과 몽상》을 집 없는 시대의 삶을 그린 대표적인 소설로 보고 평을 한 바 있으며, 〈예술성과 저속성의 변증법〉(1990)[38]이라는 글에서도 최근의 베스트셀러로 올랐던 《그대 아직도 꿈꾸고 있는가?》를 "본격문학의 범주에 속하는 작가들에 의해 씌어진 것이면서 베스트셀러가 되었고", "운동성을

---

37) 이동하, 1982, 〈집 없는 시대의 문학〉《집 없는 시대의 문학》(1985) 정음사. 167-176쪽.
38) 이동하, 1990, 〈예술성과 저속성의 변증법〉《한길문학》 7월호. 251-258쪽.

강조하는 민중문학 계보에 들어가지 않는" 작품으로 범주화시키고 있다. 그가 박완서를 본격적으로 평한 글은 〈한국 대중소설의 수준〉[39](1984)이라는 글에서인데 이문열의 《레테의 연가》, 이청준의 《낮은 데로 임하소서》와 함께 80년대 전반기를 장식한 대형 베스트셀러로서 박완서의 《그해 겨울은 따뜻했네》를 다루고 있다. 그는 이산가족을 다룬 이 소설이 당시의 이산가족찾기 운동이 매스컴에 의해 대대적으로 전개된 시류를 타서 주목을 끌었을 것이라는 추측을 함으로 소설의 인기가 우연에 의한 변수가 작용했음을 구태여 강조하고 있다.

이동하는 박완서의 소설이 대부분 '풍속소설'의 범주에 포함된다고 말하고 있다. 박완서의 소설이 일상적 삶의 묘사와 세태 풍자에 중점을 두고 있다는 말인 듯한데 그의 비평을 읽어보자. 이동하는 《그해 겨울은 따뜻했네》는 기본적으로 "비역사적인 시각"에서 쓰여졌다고 보고 있다. 6·25의 비극적 역사는 이 소설에서 "하나의 우연한 소재로 기능하고 있을 뿐이며 주제와는 아무런 상관이 없다"는 것이다. 이 작품에서 박완서가 진정으로 관심을 쏟은 것은 "오늘의 세태 풍속을 실감나게 그리면서 인간 심리의 악마적인 양면성을 추적하는 일이었다."(1984:140)는 것이 그의 해석인데, 평자의 말대로 세태 풍자에 박완서를 따를 자가 없다는 지적에는 많은 독자들이 공감을 할 것이나 '비역사적'이라는 단어는 삼가했어야 옳다.

단어를 실수로 선택했을 수도 있다. 하여간에 깊은 역사 의식을 가진 것으로 알려진 남성 지식인 작가가 이런 소설을 썼다면 이동하는 여전히 "비역사적 시각" 운운했을까? 역사란 거대한 사건들의 필연적인 전개과정이기도 하고 개개인의 사적 삶 속에 응어리진 공포, 굶주림, 생존을 위한 집착의 기억이기도 하다. 주인공 수지의 끈질긴 행복에의 집념은 바로 6·25

---

39) 이동하, 1985, 〈한국대중소설의 수준〉 《집 없는 시대의 문학》 정음사. 133-152쪽.

로 인해 파생된 역사적 기억에서 나오는 것이며 이산가족 40여년이 지난 아직까지 우리 주변에서 허망한 행복찾기 놀음이 끈질기게 벌어지고 있는 것도 이런 40년 전의 기억된 역사와 결코 무관하지 않다. 내가 읽은 박완서는 특히 여성들 세계에서 이어져오는 기억, 역사를 밝혀내는 작업을 시종일관 해온 작가이다. 새 역사를 만들어 가려는 세대는 부모 세대의 '피난민 의식'과 비합리적 집착의 근원을 이해하지 못한 상태에서 그 작업을 시도할 수 없는 것이며, 그런 의미에서 박완서가 이 소설에서 그려내고 있는 "집단적 기억으로서의 비공식 역사"의 의미는 중대하다.

　박완서가 6·25관련 소설을 통하여 보여주고자 한 것은 전쟁의 발발 원인이 아니고 그 상황, 그리고 전쟁의 직접적인 원인과는 하등의 상관이 없이 당해야만 했던 기억, 자신을 내팽개치고 싶은 절망감, 절망감 속에서 꽃피는 도박심리와 한탕주의, 운명을 바꾸어 보려는 간교한 책략들을 실행에 옮기는 인간들의 삶이 아니었을까? 그리고 그 전쟁이 끝난 후에도 계속 개인들의 삶에 그늘을 드리우고 악몽처럼 생활세계를 지배해온 과거의 기억과 감정, 그리고 그것의 공유로 확인되는 운명공동체로서의 자기 확인과 치유 가능성이 아니었을까? 평자는 혹시 역사는 필연적인 사건의 연속이며 커다란 역사적 사건으로 기승전결을 이루는 것이라는, 그래서 일반 민중의 삶과는 유리된 공식적 영역과의 관련에서 비로소 이해가 된다는 거시사관을 박완서가 의도적으로 거부하고 있다는 생각을 해본 적은 없는지? 세태묘사를 주로 하는 '풍속' 작가인 박완서 작품에서 그런 것을 읽어 내리라고는 기대조차 하지 않은 것은 아닌지? 아무래도 내게는 통치권력을 유지하거나 장악하기 위해 조작하고 다시 쓰는 공식적, 엘리트적 역사가 아닌 또 다른 숨겨진 역사를 그렇게도 분명한 언어로 써서 우리 앞에 제시해 주고 있는 작가에게 '비역사적'이라는 단어를 사용한 것은 횡포의 일종으로 보인다.

　이동하는 또한 박완서가 작품 곳곳에 지나치게 개입함으로써 곧잘 작품의 탁월성을 훼손하고 있다는 평을 하고 있다. "도대체 박완서라는 작가는 독자에게 과다한 친절을 베풂으로써——다시 말하면 작가 자신이 전면에 나서서 사태의 진전을 해결하거나 문제의 의미를 설명하고 그리하여 '우둔한' 독자의 이해를 도와주는 자선행위를 자주 실천함으로써 작품의 긴장미를 상실 내지 감소케 하는 결과를 종종 빚어온 터이거니와 〈그해……〉에서도 이 점은 여전히 극복되지 못한 것이다"고 그는 쓰고 있다. 다시 말해서 박완서의 글 쓰는 스타일이 "흡사 친절하나 수다스러운 아주머니의 입담을 듣는 거와 같은 느낌에 빠지게" 하여 평자를 불편하게 한다는 것인데, 이런 느낌을 늘 '수다'를 떨고 수다 속에 살아온 여성 독자들도 똑같이 가질 것인지에 관해 평자는 의문을 가져보았는지 궁금하다. 박완서가 "지나친 개입"을 한다고 인정할 경우, 그런 친절이 바로 그의 작품이 제대로 읽히지 못하는——비평가에게는 더욱 '제대로' 읽히지 못하는——문단 풍토에 기인한다는 생각은 해보지 않았는지도 궁금하다. '수다스러운 아주머니의 입담'과 작가의 지나친 개입의 문제는 다음 장에서 작가의 방법론을 다룰 때 좀 더 자세히 살펴보도록 하자.

이동하는 "대중소설이라면 무조건 저속한 것으로 여겨 왔던 일부의 무지하고 오만한 통념"을 깨뜨림으로 "우리 대중소설의 나아갈 방향에 관해서 어떤 구체적인 시사"를 던질 수 있기를 바라면서 이 글을 썼다고 했다. '대중성'과 '문학적 진실성'의 이분법을 깨뜨리는 작업은 정말 중요한 작업이다. 그리고 그 작업을 하는 데 있어 박완서는 완벽한 사례가 될 수 있다. 그러나 안타깝게도 이동하는 자기 자신이 그 이분법에 여전히 매여 있어서 박완서에 관해 "예리한 안광", "능란한 솜씨", "남 달리 기민하고 영리한 작가", "삶의 진실을 희생시킴으로 소설의 진실을 건진 셈"이라는 등으로 '지식인 비평가'의 단어를 골라 쓰면서 작가가 숨겨논 보석을 찾지 못하고 만 것이다. 사실성과 추상성, 일상성과 비일상성, 기교면에서의 실험정신과 단순한 세태 묘사, 문학적 진실성과 삶의 진실성, 대중문화와 고급문화 등의 이분법 구도에 젖어 있는 한 박완서의 작품세계를 제대로 읽어내기는 불가능하다. 이 이분법 구도 속에서 박완서는 처음부터 일상적 사생활을 다루는 작가이자 특별한 방법론 없이 입담이 좋은 '대중소설가'일 뿐이다. 박완서의 작품세계는 '대중성', '일상성', '진실성', '사생활' 등의 개념에 대한 근원적 재규정을 촉구하고 있음을 그가 읽어낼 리 없다는 것이다.

성민엽(1982) 역시 박완서를 대중작가의 한 사람으로 다루면서 지식인 평자로서 착실한 충고를 하고 있는 경우이다.[40] 그는 〈윤리적 결단과 소설적 진실〉이라는 평론의 첫머리에 다음과 같이 인기작가인 박완서를 다루는 자신의 입장을 피력하고 있다.

> 탁월하면서도 일반 독자에게 많이 읽히지 않는 작가들에 대해 적극적으로 논의하며 그 탁월함을 지적하고 그 작품세계의 의미를 추출함으로써 독자의 읽기를 유발하는 일은 평론이 할 수 있는 중요한 작업 중의 하나일 것이다. 한편 일반 독자에게 많이 읽히는 세칭 인기작가에 대한 적극적 논의 또한 그에 못지않게 중요한 일이다. 많이 읽힌다면 왜 많이 읽히는가를 작품을 통해 점검해 봄으로써 작품과 독자와의 관계가 '습관적인' 것으로 '추락하지 않도록' 경계할 수 있기 때문이다. 이는 '문학의 상품화에 대항하여' 문학의 고유한 영역을 지키기 위한 싸움의 일환이 될 것이다. (강조 표시는 필자에 의한 것임.)

성민엽은 박완서가 많은 독자층을 확보하고 있는 데 비해서 그에 대한 비평가들의 논의는 양적, 질적으로 그다지 충분하거나 적극적이었다고 생각지 않는다는 평가를 스스로 내림으로 평론가들이 박완서에게 인색했음을 인정하고 있다. 그는 박완서 작품에 대한 "기왕의 논의들은 작품의 주제에 대한 평면적인 해설로서의 성격이 강한 것처럼" 보여서 좀더 본격적으로

---

40) 성민엽, 1985(원래 쓰여진 때 1982), 〈윤리적 결단과 소설적 진실〉《지성과 실천》문학과 지성사. 119-131쪽.

박완서의 작품세계가 "우리에게 무슨 의미를 부여하는지를 찾아보고자" 이 글을 썼다고 밝히고 있다. 그러나 그의 평을 읽어보면 그 자신 역시 몹시 평면적인 해설에 그치고 있음을 보게 되는데 그것은 어차피 애초부터 그렇게 될 수밖에 없었던 것임을 그의 문학론이 밝혀져 있는 위의 글로 미루어 보아도 쉽게 알 수 있다. 글 첫머리에서 밝혔듯이 그는 박완서의 문학을 '탁월한 문학적 소설'과는 대비되는 대중소설로 범주화하고 '문학의 상품화에 대항'하여 '문학의 고유한 영역'을 지키기 위한 의도에서 이 글을 썼던 것이다.

성민엽이 박완서의 문학세계에 대해 내린 해석은 '배금주의와 물질주의 사회에서 좌절된 행복에의 갈망', '중산층에 대한 깊은 애정과 상류층에 대한 날카로운 적의', '개인주의적 자유', '과거지향적 태도'로 요약된다. 그에 따르면 "중산층의 일원인" 박완서는 소설을 통해 "중산층의 계층내 상승의 허구성"을 드러내고 "중산층의 불건강함"을 비판하면서 "개인 각자의 인격, 지성, 교양, 품위 등이 성취"되는 건강한 중산층의 재편을 꾀하여 왔다. 성민엽은 이런 작업의 중요성에도 불구하고 박완서가 가진 인간회복의 비전이 19세기 후반부에 이미 그 현실적 근거를 상실한——그것도 서구에서 "이식된"——개인주의적 휴머니즘에 바탕을 두고 있다는 데 문제가 있다는 식으로 논의를 전개해 간다. 다시 말해서 박완서의 인간회복을 위한 시도는 과거지향적이고 잘못된 것이며, 박완서의 소설들이 "차갑고 앙심 품은 냉소만을 지닌" 풍자와 함께 인간에 대한 절망으로 끝나는 것은 바로 이런 잘못된 "윤리적 결단" 때문이라는 것이다. 결론적으로 성민엽은 박완서에게 "전면적 진실성을 획득하기 위해서는 무엇보다도 자기성찰이 요구"된다는 조언을 주고 있다. "모름지기 윤리적 결단의 확인으로서의 그의 작품이 이제 삶의 근본적인 문제들에 대한 질문의 양식으로 바뀌어야 하리라"는 것이며, 이것이 바로 "문학의 고유한 영역을 지키고자 하는" 지식인 평론가로서의 성민엽이 '대중작가'인 박완서에게 주는 충고이다.

성민엽이 《나목》을 "20대 초반의 젊은 여자가 6·25로 인해 받은 정신적 외상을 어떻게 아파하며 어떻게 극복하는가를 그린 다소 도식적인 작품"이라고 평한 것이나 모녀간의 관계를 끝내 증오와 불화의 관계로만 파악하고 있는 데서부터 나는 그가 얼마나 박완서의 작품을 평면적으로 읽고 있는지를 알 수 있었다. 《나목》에 관한 성의 있고 깊이 있는 분석은 다음 장에서 살펴볼 김윤식의 평론에서 자세히 다루기로 하고 여기서는 간단히 박완서를 '과거지향적'이라고 단정짓는 부분에 대해 좀더 논의해 보고자 한다.

  성민엽이 박완서의 소설을 과거지향적이라고 단정짓는 근거는 박완서가 소설에서 추구하는 행복이나 자유가 개인주의적이라는 데 있다. 그리고 그것은 구체적으로 "19세의 나날"에나 가능했던 '엉뚱한 짓들'(〈지렁이의 울음소리〉), "철이 엄마의 그 짐승 같은 새끼와 간음을 하고 말 것 같은 예감", 또는 어머니 세대에나 가능했던 "흐뭇하고 행복했던" 모자관계(〈닮은 방들〉)들로 나타난다. 진정 박완서가 그 단편에서 표현하고자 한 것이 "개인적 구원 의지"일까?

  여기서 우리는 자본주의 사회에서 가정주부들이 갖는 위치와 그 억압에 대해 좀더 알아볼 필요가 있다. 자본주의화가 진행되면서 현저해지는 양상 중에 하나는 '가정'이 '사회'에 종속된다는 것이다. 그 가정의 주인공인 주부의 소외는 특이한 양상으로 나타나는데 그 중 대표적인 현상을 바로 박완서가 많은 단편에서 그려내 주었다. 박완서의 많은 단편들이 그려내고 있는 이들 가정주부, 곧 '사회'적 영역에서 배제된 채 일상적, 세속적 삶 속에서 함몰된, 물질을 통한 신분과시증에 시달리며 또 배금주의적인 광고에 휘둘리면서 서서히 자기를 잃어가는 여성들에게 개인적 자유가 서구 시민사회에서 참정권 획득을 위해 싸우던 시대의 것과 같은 의미일 것이라고 평자는 정말 생각하는가? 그것이 무척 다른 의미를 갖는다는 것은 자기 아내가 당하는 억압에 대해 한 번이라도 깊이 생각해 본 적이 있는 사람이라면 놓치지 않을 사실이다. 그런데도 성민엽은 현실이 아닌 이론으로 박완서의 작품을 읽어내려 하였고 결과적으로 심한 오독을 한 것이다.

　일상적 삶 속에서 체험과 자기 성찰을 통해 뼈아픈 글을 쓰는 박완서의 작품세계를 외국에서 빌려온 "이념 (개인주의적 휴머니즘 등)"으로밖에는 풀어내지 못하는 평자가 어떻게 박완서가 제기하고 있는 문제들의 의미를 제대로 읽어낼 수 있을까? "적극적, 전면적 진실성" 등의 단어를 사용하면서 역사적 현실에 대한 '포괄적이고 총체적인 인식'이 마치 자기(들)만이 갖고 있는 상품인 듯 믿고 있는 편협한 세계관으로 그는 도저히 '자유'에 대한 새로운 개념과 생명존중 사상을 잉태하고 있는 박완서의 미래지향성을 읽어낼 수 없을 것이다. 기혼여성들에게 '처녀'가 된다는 것이 상징하는 것은 "과거에 대한 향수"나 "개인적 자유에 대한 그리움"이 아니다. 그것은 자기 혼자 '주체'로 서는 것을 뜻하며 현재의 억압사슬에서 놓여남을 의미하는 미래지향적인 선언이다.

　성민엽은 작가가 소외계층의 삶에 관심을 기울인 면에 대해서도 비뚤어진 시선을 보낸다. 그는 우선 박완서가 소외계층의 삶에 초점을 맞춘 것은 그런 소설들이 "앞을 다투어 씌어진 70년대 후반의 소설계 분위기와 무관하지 않음"을 지레짐작하면서——실상 영향을 받는 것은 지극히 바람직한 일이 아닌가?——이 작품들 역시 중산층에게 절망한 작가가 "그의 과거지향적 가치관의 실현을 소외계층에게서 손쉽게 찾으려 했을 뿐"이라고 단정을 내린다. 성민엽은 물질적 "결핍 상태를 극복하지 않고서는 인간 해방이 불가능하며", 그렇기 때문에 "이미 인간다운 삶을 박탈당한 소외계층에게서 그 결핍상태의 현실적 극복 없이 휴머니티의 실현이 가능하다고 보는 견해는 허구 이외의 아무것도 아니라"라고 자기 나름의 사회과학적(?) 주를 달고 있다. 이런 식의 단순한 처리, 작가의 역사의식을 알아가 보려는 노력을 기울이지도 않은 채 자신의 '유식함'을 과시하기에 급급한 태도는 평단의 일반적 스타일인가 여성 작가에 대한 소홀한 대접인가? "일면적 진실성"이나마 착실히 체득한 비평가라면 이런 식의 서투른 논리로 거침없이 작품 해설을 하려 들지는 않았을 것이다.

지금까지 우리는 박완서를 '작가'로 보기보다는 '여류작가', '대중소설가' 정도로 간주하고 그의 작품에 대해 상당히 차별적인 비평을 한 경우를 살펴보았다. 이들은 모두가 박완서의 작품을 인기소설 내지 대중문학의 범주에 넣고 그 범주 안에서 손쉽게 처리하려는 경향을 여실히 드러내었다. 어쩌면 이들이 여성 작가의 작품을 열심히 읽고 거론했다는 면에서 일단은 여성들의 삶에는 아예 관심이 없는 비평가들보다는 공평할 수 있는 비평가로 보아야 할지 모르겠다. 여성 작가를 전적으로 무시하고 술좌석에서 흥미거리 정도로 거론하는 것보다야 낫다는 것이다. 새로운 영역을 기웃거리는 용기와 호기심이라도 있지 않은가? 그러나 이들의 책 읽기는 진지하지 않았으며 평론은 실망스러운 수준이었다.

이들은 작품을 소화해 내기 위해서 별다른 노력을 기울이지 않은 채 자신이 알고 있는 몇 가지의 개념으로 섣불리 작품을 평가하는 경향을 공통적으로 보이며 박완서의 작품이 여성 세계를 지나치게 감정적이고 과장되게 묘사하고 있다고 보고 있다. 이들은 또한 박완서가 남녀가 만들어내는 일상적 삶의 어두운 면을 파헤치는 것에 대해 거부감을 드러내고 있으며 공공연하게 적대적인 평을 하기도 한다. 자신이 잘 이해하지 못하는 영역을 인내 있게 이해해 보려는 자세를 견지하기보다는 그런 부분은 으레 별로 중요하지 않은 것으로 간주해 버리는 데서 우리는 그들이 박완서를 '작가'로서 심각하게 받아들이지 않고 있음을 확인하게 되는 것이다. 이동하(1990: 257)가 "흔히들 그러하듯 엘리트주의적인 척도를 가지고 그것을 비판하면서 은근히 자신의 똑똑함을 과시하는 짓을 되풀이하고 싶은 생각은 없다"는 말로서 비평가들이 흔히 하는 일을 묘사한 적이 있는데, 박완서는 이들로부터 바로 그런 식의 소홀한 대접을 받고 있었다. 이것은 박완서가 남성도, '지식인 작가'도 아니기 때문에, 다시 말해서 '동류'가 아니기 때문에 받는 부당한 대우인 것이다. 이런 비평을 하는 평단은 박완서에게 무엇일까?

3. 인간적 삶의 보편성과 '여성됨'의 역사성

박완서를 뛰어난 작가로 인정하고 그의 작품세계를 성의있게 탐색해 들어간 평론이 없지 않다. 박완서의 괄목할 창작활동에 관한 논의는 70년대 후반부터 기성평론가들의 주목을 끌어왔다. 당시의 비평계는 순수문학의 신화를 깨고 사회비판과 현실참여로 어려운 방향전환을 이룬 시점이라 박완서의 사회비평적 소설은 상당히 좋은 반응을 얻을 수 있었다. 백낙청, 유종호, 원윤수, 이선영 등은 박완서의 비판의식을 높이 평가하고 있으며 김치수와 김주연은 여성문제 인식과 관련하여 좀더 구체적인 비평을 한 바 있다. 김윤식 역시 박완서의 작품세계에 많은 공감과 애정을 가진 비평을 하였으며 특히 일상적 삶을 그려내는 박완서의 붓놀림에 경외감을 표하고 있다.

위에 언급된 비평가들은 박완서를 여자이기 이전에 작가로서 진지하게 받아들이고 그의 작품세계를 편견없이 읽어내려고 노력한 경우들이다. 그러나 이들은 자신들의 그러한 의도적인 노력에도 불구하고 책 읽기에 한계를 드러내고 있는데 그것은 이들이 우리 사회에서 성에 따른 경험의 세계가 얼마나 철저하게 분리되어 있으며 이것이 어떤 역사적 의미를 갖는지에 대해 충분한 성찰을 하고 있지 않다는 데서 비롯된다.

비유를 들어보자. 나이가 사회생활의 기본적 범주가 되고 있는 부족사회를 생각해 보자. 이 사회를 연구하러 간 학자가 이야기꾼으로부터 이야기를 듣고 그것을 제대로 이해하고자 할 때 그가 맨 먼저 알아야 할 것은 이 사회에서 나이가 무엇을 의미하고 나이란 것이 어떤 식으로 상호작용을 규제하는지에 관한 것이다. (물론 그 이야기를 들으면서 동시에 그것을 파악해 나간다.) 또한 그는 이야기꾼이 속해 있는 연령대와 그 이야기꾼의 청중이 누구인지를 파악해야만 그 이야기의 의미를 제대로 이해할 수 있다. 마찬가지로 성이 사회생활을 규제하는 하나의 기본범주인 현대 사회에서는 일차적으로 이 사회에서 성이란 무엇을 의미하고 어떤 형태로 상호작용을 규제하는지에 대한 기본 이해가 있어야 한다. 다음으로 작가나 독자가 여성인지 남성인지 알아 그들의 체험적 세계에 근거해서 그 글을 읽어가야 한다. 다시 말해서 이야기의 생산자가 누구이며 수용자가 누구인지에 대한 정보가 없이는 이야기의 의미를 읽어낼 수 없을 것이라는 것이다.

이것은 여성 작가에게 '여류'라는 운치 있는 이름을 주고 주어진 '여성성'의 테두리 안에서 글을 쓰라는 명령과는 판이하게 다르다. 그것은 그런 명령을 받았음에도 불구하고 '여성답지 못한' 글을 쓰는 사람의 입장이 되어 보는 것이고 그럼으로 그 명령(이데올로기)과 그런 명령을 하는 사회 자체를 읽어내는 것이다. 여기에 언급된 평자들은 바로 이 점에서 부족함을 보인다. '여성됨'과 '남성됨'의 차이를 무시하거나 자신이 알고 있는 경험세계에 근거해서 책을 읽었기 때문에 그들의 평론이 실제 작가의 애독자인 많은 여성들에게는 별 의미 없는 글을 생산해 냈다는 것이다. 이런 면에서 현대 사회의 이상적인 비평가는 자신이 삶의 '보편적 진리'와 관련된 글을 쓰고자 하는 경우 남성됨과 여성됨 양쪽을 다 체득하고 있어야 한다. 그러나 그러한 인식의 태동기인 지금과 같은 상황에서 그런 사람을 찾기란 무척 어려울 것이다. 최소한 우리가 할 수 있는 일은 바로 자신의 한계를 알고 작품을 대할 때——특히 자신이 속해온 문화와 다른 문화에서 살아온 작가의 것을 대할 때——좀더 성찰적인 자세를 취해야 할 것이라는 점이다.

아래에서 그러한 성찰이 부족할 때 어떤 식의 일반화를 하게 되는지를 몇 가지 주제로 나누어 살펴보자.

3-1. 자본주의 사회 모순에 관한 인식의 차이

《창작과 비평》 1978년도 좌담 중에 박완서 문학에 대해 언급한 부분이 있다. 토론의 주제는 〈내가 생각하는 민족주의 문학〉이었고 52페이지에 달하는 긴 좌담이었는데 그 중 한 페이지 정도가 박경리와 박완서에게 할애

되었다. 유종호는 70년대 작가 중에 박완서는 "이 사회를 운전해 가는 여러 사람들이 국민에게 약속한 근대화에 따른 여러 가지 행복의 약속이 허구적인 것임을 문학에서 적절하게 제시해준 작가"(1978:41)이며 또 그 사실을 "많은 사람들이 실감하도록 대중적인 상상력에 호소해서 작품화해 냈다는 점에서 매우 주목할" 작가라고 평가했다. 그는 계속해서 "소시민적 행복이라는 약속이 무언가 허구에 근거하고 있다는 문학적인 비판이지요. 그리고 〈조그만 체험기〉 같은 단편도 그것이 르뽀르따쥬 비슷하지만 이 사회에 산다는 것의 거짓없는 실감이라는 점에서 될수록 많은 사람들이 읽어볼 가치가 있는 작품입니다…… 일상생활 속에 숨어 있는 위기의 심연을 보지요"라며 작품의 의미를 풀어내고 있다.

백낙청은 유종호의 의견에 동조하며 "흔히 말하는 가난하고 억울린 사람들의 삶만이 비참한 것이 아니라 제법 밥술이나 먹고 산다는 사람들의 일상생활의 잔혹성이랄까요…… 서로 위해 준답시고 하는 가족들끼리 일상적으로 조성해 내는 상황의 고통스러움이나 잔인함 같은 것, 이런 걸 박완서 씨는 정말 예리하고 생생하게 보여주고 있지요"라고 덧붙이고 있다. 백낙청은 〈사회비평 이상의 것〉(1979)이라는 비평문에서도 박완서를 70년대 한국 문학의 손꼽히는 작가로 들면서 그의 남달리 뚜렷한 비판의식과 도시 중산층의 삶을 잡아내는 능력에 감탄한다. "이 작가의 경우 비판 대상이 되는 현실은 주로 70년대 도시 중산층의 삶으로서, 물질적 생활수준이 오르고 아파트족, 자가용족이 늘며 이민붐이 부는 등 온갖 행복의 찬가가 불리어지는 가운데 진정한 행복과 삶의 기쁨은 날로 만나기 어려워지는 현상을 저자 특유의 정직하고 예리한 시선으로 잡아낸다(1979:297)"면서 "시종 솔직한 세태 비판을 듣는다는 속시원함과 더불어 거듭거듭 그 이상의 어떤 충격을 맛본다"고 쓰고 있다. 《그해 겨울은 따뜻했네》에 관해서도 "좀더 폭넓은 민족사적 시각에서 보았더라면 하는 아쉬움이 남지만" "우리 사회에서 빈부간의 등돌림이나 좀 사노라는 생활의 위선과 허망함을 이처럼 끈덕지고 앙

칼지게 추궁한 소설도 드물 터이다"는 평을 하고 있다(1985:266).

백낙청은 또한 앞에서 본 비평가들과는 달리 박완서 작품의 주인공들에 대해 애정을 갖고 있다. "작중의 '나'는 소시민적 안일에 어느 정도 젖어 사는 사람이지만 결코 소시민적 자기 기만에 함몰되어 있지" 않으며 "스스로의 감정에 대해 솔직하고 타인에 대해 민감하며 온갖 가식을 일시에 떨쳐버릴 용기와 생명력을 지닌 인물 (298-299)"임을 간파한 그는, 그런 인간상을 그처럼 생동하는 모습으로 그릴 수 있는 것은 작가의 인간적 너비와 애정에서 비롯된다고 보고 있다. 〈조그만 체험기〉에 대해서도 "간장종지처럼 작고 소박한 자유"에 대한 인식이 보다 큰 깨우침으로 이어져야 할 것임을 잊지 않고 지적하면서 "그런 자유의 우선됨을 말하는 작가의 음성에는 단순히 한 소시민의 솔직한 실감뿐 아니라 진정으로 작가다운 어떤 위엄마저 있다"는 찬사를 보낸다.

70년대 사회적 비리와 모순을 생활세계 속에서 탁월하게 형상화해간 박완서의 '냉철한 시선'과 '정직한 비판'에 대해 감탄을 금치 못하는 위의 두 평자들의 논의는 아쉽게도 더이상의 진전을 보지 못하고 있다. "서로 위해 준답시고 하는 가족들끼리 일상적으로 조성해 가는 상황의 고통스러움", "닮은 방 속에서 똑같은 가재도구를 제때제때 사들이는 재미", "자식을 통한 보상심리", 이런 것이 얼마나 '역사적'인 사실이며, 거대한 음모의 핵심인지에 대한 간파로 이어질 법도 한데 이들의 비평은 여기서 끝난다.

내가 읽은 바로 박완서는 전쟁 후 혼란의 역사와 70년대 이후 본격적인 자본주의화 과정에서 '생활세계의 식민화' 현상이 두드러지게 나타나는 단계를 여성들의 삶을 통해 여실히 보여주고 있다. 《나목》과 《휘청거리는 오후》에서 유종호(1977:215)[41]가 표현한 것처럼 작가는 "억세고 잡스러운 사람

---

41) 유종호, 1977, 〈고단한 세월 속의 젊음과 중년〉 (《나목》과 《휘청거리는 오후》 서평) 《창작과 비평》, 1977 가을호.

에 대한 혐오감"을 드러내고 있는데 그것은 바로 남성들이 무수히 죽어가고 허약해져서 제구실을 못하게 된 혼란기에——이 역사적 배경을 이해하지 못하는 사람들에게 박완서는 허약한 남성만을 소설에 등장시키는 작가로 비추인다. 얼마나 많은 남성 평자들이 이 점에 주목하고 흥분하는지!——생존을 감당하기 위해, 또는 한몫을 단단히 잡으려고 남을 밀치고 잡스러운 일을 해야 했던 여성들이 엮어낸 역사와 그 역사의 산물에 대한 혐오감이다. 민여사를 "허욕의 비계덩이"로 만든 것도 이 빈곤의 역사이며 초희가 결혼시장에서 큰 몫을 노린 것도 이러한 생존을 향한 처절한 몸부림의 연장선상에서 이해되어야 할 부분이다.

〈지렁이의 울음소리〉나 〈닮은 방들〉에서 그려지고 있는 것은 무엇인가? 생산력 발전에 지나치게 집착한 시대의 모순을 그려주고 있는 것이 아닌가? 도구적 합리성의 원리가 지배하는 경제영역이 의사소통의 원리로 이루어지는 생활세계를 억누르고 인간을 교환가치로 평가하게 되는 자본주의화 과정에서 가장 먼저, 그리고 가장 첨예하게 삶의 붕괴를 느끼는 사람들은 가정주부들이다. 경제생산의 장에서 소외된 채 가정이라는 좁은 영역에서 그들은 자신이 상실되고 있음을 느끼며 저마다 저항의 몸짓을 벌이기도 한다. 그 저항의 몸짓들은 아직 성숙한 것이 아니나 분명 커다란 변혁의 잠재력을 숨기고 있다. 텔레비전과 광고 그리고 그런 매체가 상품처럼 포장하여 내놓는 '행복'의 울 안에서 살던 주부들이 자신들은 실은 하나도 행복하지 않으며 이 세상은 온통 뒤죽박죽이 되어서 죽음의 시대로 들어서고 있음을 감지하고 거부의 몸짓을 짓기 시작한 것이 바로 여성운동일텐데, 박완서는 바로 우리 사회에 일고 있는 이러한 술렁거림을 집어내어준 것이다. 하버마스를 읽지 않았고 그가 본격적으로 소개되기도 전인 70년대에 박완서는 벌써 여성의 삶에 주리를 튼 자본주의 사회의 모순, 식민화된 생활세계와 인간의 분열을 우리들 삶의 현장에서 본 것이다.

박완서의 이러한 통찰력을 평단의 날카롭고 원숙하기로 평이 난 이 비평가들이 제대로 읽어내지 못한 것은 어디에 기인하는 것일까? 이미 언급했듯이 여성의 역사는 남성의 역사와 다를 수 있다는 것, 그리고 때에 따라서는 여성 작가가 시대의 모순을 더 잘 파악할 수 있다는 점에까지 이들의 생각이 미치지 못했기 때문이다. 글 첫머리에 언급한 대로 이들은 "남성의 현실이 총체적 현실이 아니라는 점"을 인식하지 못하고 있기 때문에 일상적 삶 속에 그러한 거대한 자본주의적 음모가 숨어 있음을 감지하지 못한 것이다. 그것은 한편 지배적 위치에서 살아온 남성들이 일상성 속에 스며들어 있는 작은 권력투쟁들, 끈질긴 개인적 집착과 그로 인한 보수성, 그리고 수시로 시도되고 있는 눌린 자들의 '소극적 저항' 등이 갖는 역사적 힘을 포착해 내기란 거의 불가능하다는 측면에서도 설명될 수 있다. 소설을 본격적으로 쓰기까지 10여년간 전형적인 비취업 가정주부로서의 삶을 살아온 박완서의 체험이, 가정주부가 갖는 특이한 주변적 위치가, 곧 박완서를 이 시대의 새로운 역사가로 만든 바탕일 것이라는 생각을 이들은 순간적으로라도 해보았을까?

    박완서는 가정주부로 살면서 무수한 이웃의 여성들과 만나왔을 것이며 그들 속에서 광고와 물질주의 사회에서 이리저리 휘둘리는 허수아비들을 보았을 것이다. 어머니들로 하여금 아이 기르는 일에까지 자신을 잃게 한 사회를 또한 보았을 것이다. 어머니들의 횡포에 가까운 비공식적 권한의 행사와 못다 채운 욕망에 대한 미련, 일상성 속에 함몰될 위험성과 사람됨을 포기하라는 보이지 않는 압력은 "남들보다 잘 살아보려는 위세경쟁"의 시대를 거치고 바야흐로 '생활세계의 식민화' 단계에 들어선 시대가 만들어낸 것들이다. 이러한 여성들의 삶에서 그는 뭔가 크게 잘못되어가고 있음을 본 것이다. 작가 자신 억압의 현장에서 힘겨운 체험을 통해 얻은 역사인식이지만 그것은 지배집단의 문화에 젖어온 평자들의 눈에는 보일 리 없는 성격의 것이다. 그들은 그들 나름대로 현 사회 모순에 대한 문제 인식이 있고 치유를 위한 처방이 서 있을 것인데 아마도 그들은 자신들의 처방이 가장 보편적이고 효과적이라고 생각하고 있을지도 모른다. 그렇게 독단적이 아니라 하더라도 여성의 경험세계를 바탕으로 하여 박완서가 내놓고 있는 또 다른 역사 인식을 심사숙고할 여유가 아직은 없는 모양이다.

3-2. 원천적 고독과 생명주의

김주연(1984:409-413)[42]은 〈말이 학대받는 사회〉에서 박완서를 여성문제를 다루는 작가로 정의함으로 박완서 작품세계에 좀더 가깝게 접근한다. 그는 "1960년대까지의 우리 문학에서 사실상 여성이 한 개인이 아닌, 사회적 현실과의 긴밀한 관련 아래서 고찰된 경우란 매우 드물어" "기껏해야 남성의 연애 대상이거나 남성 중심의 가치관을 벗어나려는 개인적인 노력과 시도의 수준"에 머물렀는데 박완서가 그것을 한 단계 극복하는 소설을 내놓고 있다고 보고 있다. 그는 작가가 "물질적 풍요를 위해 부끄러움마저 잃어버려가는 중년 여인들의 탐욕스러운 일상생활을 리얼하게 묘사해줌으로 한국 여성들이 바야흐로 부딪치고 있는 문제의 실상에 상당한 접근을 보여준다"고 평가하면서 작품을 빌어 한국 여성들이 드러내는 문제 현상을 분석하고 있다. 그는 현대의 한국 여성들이 지위 과시적이며 물질 과시적이며 자녀 과시적이라고 규정하면서 반성을 촉구하는 식의 결론을 내리고 있다. 이 글은 여성문제를 한 영역에 국한된 문제로 다루고 있어 상당히 평면적으로 여성문제를 처리하고 있다는 생각을 하게 한다.

김주연은 그의 또 다른 비평문인 〈구원과 소설〉(1985:269-270)[43]에서 예리한 통찰력으로 박완서의 작품세계를 이해하고 있는데 놓치지 말아야 할 부분이다. 그는 《휘청거리는 오후》에서 박완서가 "삶의 기초가 되는 일, 즉 노

---

42) 김주연, 1990, 〈말이 학대받는 사회〉《문학과 정신의 힘》문학과 지성사. 387-415쪽.
43) 김주연, 1987, 〈구원과 소설〉《문학을 넘어서》, 문학과 지성사. 259-270쪽.

동이 신성한 것이 되지 못하고 있음을 보여주면서, 언어 역시 이러한 사회에서 참뜻을 왜곡당하고 타락하고 있음을 아울러 보여주었"다면서 여성들의 삶 속에서 생활세계의 식민화의 현상을 본 듯한 암시를 주고 있는데 더 이상 논의는 진전되지 않고 있다. 김치수(1987)는[44]《서 있는 여자》해설에서 "남녀가 함께 사는 고통", 성폭력과 육체적 접촉으로 이어지는 손상된 남성의 자존심 회복과 인성 파괴에 관해 언급하면서 쉬운 해결이 결코 진정한 해결이 될 수 없는 여성문제의 깊이와 편재성에 관해 시사하고 있다. 그는 하나의 해결이 새로운 출발이 될 뿐인 거대한 성모순의 핵심을 감지하고 있는 듯하다.

그러나 이들 여성문제에 눈을 뜬 평자들도 어느 시점에서는 '남성적' 비평을 그대로 하고 있음을 보게 된다. 김주연은 〈부처님 근처〉에서 박완서가 "이 땅에서의 고통을 극복하고 언제나 담대하게 새로와질 수 있는 능력", 즉 초월적 심성에 대한 탐구를 해왔음을 알려 왔다. 76년의 《부끄러움을 가르칩니다》이후에 그는 "정말 끊임없이 부끄러움을 가르치고 있으며 이 부끄러움이 원천적으로는 이러한 (평온하고 천진스럽고 깨끗한) 죽음을 우리 사회가 갖고 있지 못하기 때문에 생겨난다는 점을 은밀히, 지치지 않고 역설하고 있다"고 읽고 있다. 나 역시 박완서가 그 비슷한 많은 단편들을 통해서 하고자 한 이야기는 이 언저리에 있는 것이라고 느끼고 있다. 박완서가 여기서 하고 있는 것은 단편적인 여성문제의 지적이나 부분적 사회현상에 대한 비판이 아니라 사회 전체의 변혁, 노동을 함께 나누어 하고 그 의미를 새롭게 하며 새로운 언어를 만들어 가는 작업을 암시하고 있다는 생각이다. 부끄러움을 아는 인간, 평온하고 깨끗하게 맞이하는 죽음, 이런 것이 자연스러운 삶의 흐름의 중심이 되는 세상을 박완서는 꿈꾸어 왔다는

---

44) 김치수, 1987, 〈함께 사는 꿈을 위하여〉《우리 시대 우리 작가》17. 동아출판사. 401-410쪽.

말이다.

내가 김주연의 글에서 불편함을 느끼는 부분은 그가 자신의 그러한 통찰을 역사적 현실과 연결시키는 것이 아니라 '보편적 종교성', '초월적 심성'과 관련지어 논의를 전개시키는 부분이다. 물론 그가 한국인의 종교적 심성에 큰 관심을 기울여온 만큼 그러한 방향에서 이 책을 읽어내는 것을 부당하다고 할 수는 없다. 단지 내가 하고자 하는 말은 그가 이왕에 끄집어낸 주제, 곧 '글 쓰기'가 박완서에게 무엇을 의미하는 것이냐는 주제는 "고통의 승화"라는 개념으로 추상화되기 전에 보다 구체적인 역사적 맥락에서 조명되었어야 하지 않느냐는 것이다. 박완서의 작품을 살려내기에 상당히 접근한 상태에서 다른 주제로 허술하게 넘어가 버린 것이 아쉽다는 것이며, 여기서 나는 그가 여성문제를 자신이 늘 해오는 식의 비평과는 좀 다른 분리된 항목으로 처리해 버리고 있지 않나 하는 의구심을 갖게 된다.

박완서의 작품을 비역사적으로 읽어내는 경우는 유종호(1977:217)의 글에서도 나타난다. 그는 《나목》이 "사람살이의 원천적인 외로움"을 그리고 있으며 한편 "젊음의 실상과 그 뜻하는 바를 이모저모로 싱싱하게 보여주고 있어……희기한 청춘의 책"이라고 보고 있다. 충분히 그렇게 볼 수 있다. 그러나 그것이 또한 외로움을 확인함과 동시에 자기를 발견하는 과정으로, 또는 청춘에 대한 그리움만이 아니라 중년에 자신을 추스리는 행위가 숨어 있는 것으로 읽힐 수 있는 가능성이 충분히 있음을 열어놓았더라면 하는 아쉬움은 분명 남는다.

이선영(1990:25-30)은 〈세파 속의 생명주의와 비판의식〉이라는 부제의 박완서론을 쓴 바 있다.[45] 그는 《나목》,《엄마의 말뚝》 등의 작품을 대할 때 "뿌리 깊은 일종의 생명주의와 비판의식"을 만나게 된다고 하면서 그 생명

---

45) 이선영, 1990, 〈박완서론 : 세파 속의 생명주의와 비판의식〉《생명의 힘, 진실의 힘》(민족문학작가회의 자유실천위원회편). 23-36쪽.

주의는 "완벽한 질서나 화려한 문명보다 삶의 근원적인 활력 내지 야성을 존중하고 첨단적인 기술이나 기계보다 인간의 생명과 성적 활력을 오히려 신뢰하고 사랑한다"고 쓰고 있다. 그는 박완서가 일상의 사소한 삶을 통해서 커다란 진리를 말하고자 함을 알아차리고 있는 것이다. 곧 이은 "박완서의 이러한 생명주의는 그 자체를 방해하는 현대 문명의 인간 소외와 지금 이곳의 정치적 사회적 모순에 대한 비판의식으로 발전한다"는 지적에 이르면 독자는 이 논조가 자연스럽게 '배타성'과 '사냥꾼'적 생활원리에서 비롯된 가부장적 문명 비판론으로 이어질 것 같은 기대를 하게 된다. 그러나 예상은 빗나간다.

나는 박완서의 이런 생명주의는 '여성됨의 자각'에서 온 것이라고 보고 있는데 이선영은 이것을 박완서의 개인적 체험, "영원한 비도시적 문밖의식 내지 어릴 때 시골생활에서 지니게 된 순수한 야성"과 연결시킨다. 나는 그의 논의에도 상당한 설득력이 있다고 보며 그가 박완서와 비슷한 유년시절을 보냈다면 더구나 '문밖의식'을 공유하는 동류로써 박완서의 작품을 감동 깊게 읽어낼 것임을 믿어 의심치 않는다. 그러나 그의 해설이 일관되게 개인적 차원에서 '본능적' 차원으로 단숨에 비약해 버리는 것에는 문제가 있다는 것이다.

이선영이 찾아낸 야성지향적 생명주의의 표본은 〈공항에서 만난 사람〉에 등장하는 "오만하고 당당한 위엄과 사납고 야성적인 활력"을 가진 "일종의 한국 여인 고유"의 모습이다. 그리고 이 야성지향적 생명주의는 〈그 가을의 사흘 동안〉과 〈울음소리〉에서 "인간 생명에 대한 사랑으로 변모된다"고 쓰고 있다. 그는 "이 작가의 생명주의는 육체 예찬이나 관능주의의 동의어가 아니며 두뇌 편중의 문명 존중과도 다른 것이다"라고 쓰면서 "강렬한 생명애에 기초한 박완서의 생명주의는 〈유실〉에서 인간 존재의 정체 탐구에 집착함"과 관련됨을 밝힌다. 이 '숨겨진 존재의 정체'로 상징화되는 것은 이 작품에서는 병든 노인이지만 여성주의에서 볼 때 그것은 현대 많은 가정주부들의 상실된 자아와도 상당히 근접해 있다. 이미 논의한 대로 식민화될 대로 식민화되어 버린 생활세계의 공간을 지키고 있는 가정주부의 자아 상실 말이다. 박완서의 생명주의는 존재상실의 위기에 직면한 현대 여성들의 자각에서 나오는 자신의 정체 탐구의 정열과 관련시킬 때 그 의미가 더욱 잘 살아나는 것 아닐까? 이선영은 박완서가 공유한 여성들간의 체험에 대해 알지 못하므로 그의 생명주의를 "삶의 근원적인 활력", "야성 및 성본능", "중용과 평형에서의 일탈을 가능케 하는 싱싱한 인간 내면의 추구"라는 상당히 추상적인 주를 다는 것에 만족할 수밖에 없었던 것으로 보인다.

3-3. 방법론이 부재한 문학

김윤식은 박완서의 작품들, 특히 《나목》을 깊은 애정을 가지고 읽었으며 성의 있는 '살림의 평'을 한 경우이다. 그의 《나목》에 대한 비평을 읽다보면 그 소설을 다시 읽고 싶은 생각이 날 정도이다.[46] 작가의 마음을 읽어내고 당시 상황을 재구성해 내며 예술의 의미를 새롭게 짚어내준 따뜻한 글이다. 그 자신이 박완서와 비슷한 세대로서 개인적으로 그 시대에 애착을 갖고 있으며 많은 체험과 기억을 공유하고 있기 때문일까? 비평에 있어 공감대의 형성이란 이렇게 중요한 것을!

김윤식은 1988년에 27페이지짜리의 〈박완서론〉을 〈천의무봉과 대중성의 근거〉라는 부제로 정리하였다.[47] 그는 이 글에서 박완서의 작품은 워낙 기존의 작품과 달라서 자신의 소설 독법을 바꾸어야 했음을 고백하고 있다. 〈카메라와 워커〉를 읽고 그는 "도대체 소설이 이렇게 진실해도 좋은지"에

---

46) 김윤식, 1984, 〈박수근과 박완서—고목에서 나목으로 이른 길〉《황홀경의 사상》, 홍익사. 171-192쪽.
47) 김윤식, 1989(1988), 〈박완서론 : 천의무봉과 대중성의 근거〉《80년대 우리 문학의 이해》서울대학교 출판부. 25-51쪽.

대해 충격을 받았고 "소설은 꾸며낸 거짓말"이라는 전제에서 시작되는 소설 독법에 익숙해 있던 자신은 박완서 작품을 어떻게 읽어야 할지 몰라 심히 당황했었다고 한다. "소설에서의 방법론과 그에 따른 참주제 찾기를 일삼아온 독자에게는 박완서의 존재는 참으로 낯선 것"이었는데 "박씨의 작품엔 아무런 방법론도 지적인 장난도 없으며 따라서 꾸며낸 것에 관련된 주제도 없는 형편"이었기 때문이었다고 밝히고 있다. 그에게 박완서는 "소설이라는 통념을 빌어 실상은 '사실 자체'를 제시하고자 마음먹은" 작가이다. 그리고 그 '사실 자체'를 너무나 잘 알고 체험해 왔기 때문에 그 표현이 "병의 물을 꺼꾸로 쏟는 듯이 유려하고 한 점 막힘 없는" '천의무봉'의 경지를 이루고 있다. 김윤식은 이것이 또한 박완서가 확보하고 있는 대중성의 원천이라고 보고 있다. 여기서 우리는 상당한 시사를 받는다. 박완서는 소설에 대한 개념, 방법론, 그리고 '대중성'에 대해 새롭게 생각케 한 작가라는 것이다.

박완서의 작품을 읽으면서 이 정도로 깊은——그를 이해하기 위하여 자신의 기존의 책 읽기 방식을 바꾸고 '소설'에 대한 통념을 바꿀 정도로——근원적 성찰을 한 열린 자세의 비평은 찾아보기 힘들 것이다. 그러나 '살림'의 글을 쓰려는 그의 노력에도 불구하고 그 역시 박완서 문학에 나타나는 '여성됨'의 차원을 읽어내지 못한다. 김윤식은 작가의 체험, 삶의 깊이가 어디서 오는지 물으면서 그 해답을 작가가 겪은 6·25의 "원점 같은 악몽", "오빠와 아버지를 깜쪽같이 처리한 원죄의식", "죽음 자체보다도 그 죽음을 소화하지 못했음에서 오는 고통"에서 찾고 있다. 개인적 체험의 차원으로 환원하고 만 것이다. 작가의 이 체험이, 또는 이와 비슷한 체험이 작가가 삶의 깊이를 보는 계기가 된 것이 사실이라고 하자. 그러나 그런 체험을 바탕으로 그 많고 깊은 '사실 자체'를 체화할 수 있는 더 중요한 근거가 있으리라는 생각은 들지 않는가? 그가 더이상의 탐구를 하지 않은 것은 하나의 원인, 가장 궁극적인 근원만 알면 모든 것을 이해했다고 생각하는, 여성주의자들이 "인과적, 단선적, 기승전결적"이라고 불러온 "남성적 사유경향"을 결국 벗어나지 못한 때문이 아닐까? 박완서의 체험과 인식이 깊어가는 과정에 대한 보다 지속적인 관심, 역사적인 이해를 시도할 생각은 없었던가?

그는 글의 뒷부분에서 "삶의 뿌리"를 다시 심으려는 일념 아래 "조카를 뿌리 잘 내리는 품종으로 키우기를 밤낮으로 모색하며" 사는 두 모녀의 삶의 과정을 추적하고 그것을 우리 사회의 중산층적 삶에 일치시킴으로써 작가가 중산층 감각에 뛰어날 수밖에 없는 근거를 다시 한번 보여주고 있다. 그리고 이어서 "일상적 삶의 감각을 조직하는 힘이 그대로 작품의 구성력으로 전위된다는 점"을 들어 박완서의 또 다른 세련성의 근거를 밝혀내고 있다. 그렇다면 이것은 무엇인가? 바꾸어 말하면 "가부장제의 절대절명의 명제"를 수행해 가는 여성, 그리고 일상적 삶을 적극적으로 조직하고 구성하며 살아온 여성이기에 박완서는 천의무봉의 경지에 이를 수 있었다는 뜻이 된다. 가부장적인 사회에서 모순을 수시로 느끼며 살아온 삶, 일상적 생활 속에서 빈틈없이 계산하며 사람답게 살려고 애쓰는 가운데 문득 찾아드는 허망감, 작가가 이런 체험을 통해 자신의 주변을 읽어내는 통찰력을 갖게 되었음을 김윤식은 알고 있다. 그러나 김윤식은 박완서의 개인사를 '여성됨의 역사'로 연결하는 데까지는 생각이 미치지 못한다. 그래서 결국 박완서 문학이 도달한 경지는 "만들어진 것, 방법론에 의한 것이 아니라고 보는 것이 제 결론입니다. 그것은 중산층의 삶의 생리적 감수성이 아니었을까"라고, 자신의 표현대로 "싱거운 결론"을 내리고 만다.

김윤식이 박완서의 소설을 두고 "대체 소설이 이렇게 진실해도 좋은가?"를 거듭 되묻는 부분에 주목해 보자. 여기서 우리는 소설적 진실과 삶의 진실의 차이를 구별하지 못하는 작가, "자기 이야기"밖에 쓰지 못하는 소설가, 방법론이 (필요)없는 문학", "'생리적 감수성'으로 쓴 문학"을 하는 박완서를 만나게 된다. 이와 관련해서 이동렬(1988:308)도 "이 글(〈궁상반색〉)을 소설로서 읽어야 할지 자서전적 에세이로 읽어야 할지"라면서 난색을 표한다.[48] 단편이라고 하기에는 너무 짧은데다가 너무 많은 사건을 얘기하고 있다는 것이다. 박완서는 분명 기존문단의 통념을 깨는 작업을 해왔다. 자신이 깊은 애정을 가지고 읽은 작품의 작가로부터 김윤식은 무엇인가 새로움을 분명 느끼고 있다. 그러나 그것이 실은 "생리적 감수성"이 아니고 여성주의적 방법론이며 박완서의 확대된 자아가 써 내는 '여자들 이야기', "여성들의 역사"임을 김윤식이 알아차리지는 못하고 있다.

3-4. 글쓰기의 정치성과 여성주의적 방법론

현실을 끔찍할이만큼 생생하게 그려내는 리얼리즘 소설가 박완서, 놀라운 심리 묘사와 익살 떨기, 풍자와 설교에 두루 능한 이야기꾼 박완서는 자신의 글 쓰기를 어떤 행위로 보고 있는가? 이 문제를 전형적인 '남성의 시각'에서 다루고 있는 원윤수(1976)의 글을 통해 살펴보자.[49]

원윤수는 박완서의 "작품세계는 지나치게 민감하고 고집 센 결벽성이 늘 감도는 한편, 정의감이 위압감을 갖고서 그 분위기를 지배하고 있다(525)"고 표현하고 있다. 그리고 등장인물들을 보면 "대체로 시시하고⋯⋯ 맥이 없고 답답하며, 한심스럽고 따분한 냄새가 나는 작가들이다"라면서 곳곳에서 "거기에 나타난 남자라는 더럽고 시시한 속물들⋯⋯", "시시하고 치사하고 메스꺼운 남편" 등 작가가 사용하지 않은 단어들을 사용하면서 크게 탄식을 하고 있다. 반면에 여자 주인공들은 "못난이 같은 남자들 그늘에서 고된 인생고를 겪고 있으나 자의식은 대단히 강한 여성들"이 대부분임을 알아챈다. 좀 길지만 인용해 보자.

---

48) 이동렬, 1988,〈삭막한 삶의 형상화〉《문학과 사회 묘사》민음사. 301-314.
49) 원윤수, 1976,〈꿈과 좌절〉《문학과 지성》여름호. 520-531쪽.

"그리고 그 여성들은 정신적으로는 그 수준이 대단하지만 물질적으로는 중류나 그 밑 정도에 미쳐 있다. 그리하여 골이 비었으나 돈으로 더럽게 치장을 하는 몰골사나운 다른 유형의 여인들을 매섭게 관찰하고 매도를 하고 있다. 그러면서도 그 비판하는 여인들의 푸념이 여기저기 들려오고 있다."

그 뒤에 원윤수는 또한 박완서의 작품들이 많은 깨우침을 준다고 평가하고 있다.

"박완서의 작품집들 속엔, 정말로 가르치는 것이 많다. 그것은 독자가 일상생활의 타성 때문에 무감각해진 또는 너무 흔한 일이 되어서 뭐 그런 거지 하고 생각하기 쉬운 것을 다시 되새겨 주는 것이 많기 때문이라 하겠다. 그리하여 설교조의 장황설에도 불구하고 독자를 매혹시키고 있는 것 같다."

나는 원윤수가 매우 정직하게 글을 쓴 데 대해 감사한다. 그의 글은 그가 남성의 역사를 살아온 남성임을 충분히 고려한다면 박완서의 글 쓰기를 이해하는 데 무척이나 중요한 암시를 주고 있기 때문이다. 첫째로 그는 박완서의 '결벽성'과 '정의감'을 말한다. 여성해방주의적 관점에서 볼 때 이것은 바로 여성인 박완서가 '섞어가는 문명'의 주변적 존재로 살아왔기 때문에 아직 덜 '오염'된 상태에 있다는 면에서 결벽성으로 해석될 수 있다. 그 정의감 역시 억압당한 입장에 서 보았기 때문에 체득한 것이 아닌가! 이런 주를 단다면 원윤수가 읽어낸 박완서는 상당히 정확하다는 생각을 하게 한다.

두번째로 그는 등장인물들에 대해서 언급한다. 그리고 작품 속에 묘사되고 있는 "지지리 못나고 시시한 것들"에 대해 상당히 분개를 하고 있다. 아마도 그가 아는 남성들 중에는 그렇게 "못나고 시시한 것들"이 드물거나, 아니면 그런 인물들이 많은데도 불구하고 의도적으로 그들의 존재를 무시해 왔기 때문이리라. 박완서는 그에게 "못난 남자"들을 마주보게 한다. 그

모습이 그가 가져온 남성상보다 더 실제에 가까운 모습일 수도 있지 않을까? 하여간 원윤수를 포함한 다수의 남성 비평가들이 박완서가 그려낸 남자의 '꼴'을 보기 싫어하는 것이 사실이며 박완서가 줄기차게 그런 모습을 그려냈다는 것 또한 사실이다. (그 고집!)

세번째로 박완서가 그려내는 여성들은 비판의식이 있는 중산층 여성들이라고 그는 규정하고 있다. 그런데 그들은 때로 자신들이 비판하는 여성들의 푸념을 들어주는, 또는 함께 푸념하는 여성들이다. 그들은 많은 것을 가르친다. "일상생활에서 권태를 주체 못하고 그것에 희생이 되고 있는 것이 남성들 뿐이라고 착각"해 왔던 것을 바로잡아준다. 그는 박완서의 작품들을 통해 여성들의 생활을 이해할 수 있게 되며 동시에 그들의 생활을 통해 자신(남성)들의 생활을 반추해 볼 계기를 갖게 되었음을 고백한다. 그리고 함께 '푸념'하는 여성들끼리 뭔가가 있을 것 같다는 생각을 잠시 한다. (역적모의?)

네번째로 그는 "이 작가만이 갖는 특이한 사설과 넉살좋게 그려대는 인생 제반사의 희화"에 고소를 금치 못한다. 그러나 그 이야기 속에는 "꿈도 없고 낭만도 허용되지 않고 있다." 대신 "차갑고 앙심 품은 냉소만을 지닌 시선"을 원윤수는 읽는다. 그는 그것을 "작가의 인생관 속에 잠겨 있을지도 모를 허무적 절망감"과 연결시킨다. "작가가 겪었을지도 모를 뼈아픈 인생체험"에서 오는 뼈아픈 절망. (그렇다. 무수한 대리체험을 포함하여 뼈아픈 절망을 여성으로서, 못 가진 자로서, 특권집단에 끼이지 않은 자로서 많은 체험을 해 왔음이 틀림없다!) 그래서 "미래에로의 기약을 뜻하는 움직임이 있어야 하는데" 그것이 없단다. "그리하여 박완서의 작품집을 읽고 난 다음에 느끼는 저항감은 반드시 시시하고 치사한 남자의 일원이기 때문에 앙심을 품고 반발하는 감정만은 아닐 것이다"고 그는 말한다.

원윤수는 자신의 글을 한 본보기로 여성과 남성이 같은 작품을 얼마나 다르게 읽을 수 있으며 같게 읽더라도 전혀 다른 메시지를 얻어가게 되는

지를 알려주고 있다. 그것이 그의 의도는 전혀 아니었지만 나는 그렇게 읽었다.

이제 박완서가 '사실묘사'를 탁월하게 해내는 작가라는 데 생각을 모아보자. 많은 남성들에게 그 사실묘사는 "한심스럽고 답답한 소소한 이야기"의 반복으로 읽힐 수 있는 반면에 여성들에게 그것은 단순한 현실의 재현이 아니라 그것에서 벗어나기 위한 '실천'을 촉구하는 재촉으로 읽힐 수 있다. 여기에서 우리는 글 쓰기의 정치성과 글 읽기의 당파성을 보게 된다. 박완서는 사설과 넉살, 익살과 엄살, 달램과 꾸짖음, 묘사와 설교라는 갖가지 방법으로 여성 독자들에게 다가간다. 똑똑한 이모가 되어, 달래는 언니가 되어, 꾸짖는 엄마가 되어, 조용한 성찰의 눈길을 보내는 친구가 되어 그는 '수다'를 떨기보다 책 읽기를 좋아하는 '여자 변종'들을 한데 불러 책을 통한 '수다'의 장을 열어간다. 또 '수다'를 분석하여 차원 높은 수다거리를 내놓는다. '수다'가 공적인 담론이 되어가고 있는 것이다. 훌륭한 작가는 이제 여성들 곁에 있다.

4. 여성의 체험을 애써 외면하는 '여성해방문학비평'

1980년대 후반부터 새로운 여성문학에 대한 글이 나오기 시작했다. 〈여성의 눈으로 본 한국문학의 현실〉(정은희 외, 1985), 〈한국여성문학의 흐름〉(고정희, 1986), 〈한국의 페미니즘 문학 어디까지 왔나?〉(조혜정, 1987), 〈여성해방의 시각에서 본 박완서의 작품세계〉(김경연 외, 1988), 〈여성문학론 정립을 위한 시론〉(김영혜 외, 1988), 〈여성문학론의 비판적 검토〉(김영희, 1988), 〈여성문화와 여성주의 문학 : 성의 사슬 풀고 자기 언어 가지기〉(조혜정, 1990), 〈여성주의문학 어디까지 왔는가? : 소재주의를 넘어 새로운 인간성의 실현으로〉(고정희, 1990), 〈여성문학의 흐름과 쟁점〉(이순예, 1990), 〈여성해방문학론에서 본 80년대의 문학〉(이명호 외, 1990) 등에서 여성 작가에 대한 재평가와 아울러 여성해방문학이 무엇인지를 탐구하는 작업이 시작된 것이다. 그러나 위의 제목들이 시사하듯 지난 몇 년간에 걸친 여성문학에 관련된 논의는 대개가 그런 작업의 필요성을 주장하는 내용이었지 본격적인 비평작업에 들어가지는 못하였다.

5년 전부터 서서히 진행되어온 여성문학에 관한 논의는 매우 초보적 단계에 머무르고 있는 상태이며 크게 두 개의 다른 노선에서 이루어져 왔다. 두 입장이란 〈또 하나의 문화〉 동인들의 입장과 〈여성사연구회〉의 입장으로 대별될 수 있다.[50] 다양한 입장을 포괄하는 편인 〈또 하나의 문화〉에 비해서 〈여성사연구회〉의 입장은 매우 분명하다. 김영혜 등(1988:290)[51]이 글에서 밝히고 있듯이 "자본주의 사회에 있어서 여성 문제의 핵심인 '여성 노동력의 착취'라는 모순을 가장 첨예하게 겪는 기층여성의 시각에 서지 않는 한, 여성문제에 대한 근본적이고 올바른 해결책을 모색해낼 수 없다"는 입장이 그것이다. 현 사회의 기본모순은 계급모순, 내지 분단과의 관련 속에서 찾아지며 그렇기 때문에 여성운동은 부문운동이어야 한다는 것이 그들의 입장이다. 그런 면에서 이들은 중산층 여성을 주인공으로 삼는 작품을 주로 써온 작가 박완서를 깊이 있게 읽어낼 의욕이나 이론적 토대를 애초부터 별로 갖고 있지 않은 편이다.

〈또 하나의 문화〉 동인 모임은 입장을 통일하거나 천명한 적이 없으나 고정희 동인이 "성모순이 계급모순과 민족모순의 유지기재로 이용되고 있다는 공동의 인식기반 위에서 출발, 여성들이 겪어온 역사적 사회적 정치적 경제적 심리적 차원의 억압 경험들이 여성문학의 기초가 되어야 한다"는

---

50) 〈여성사연구회〉는 최근에 〈한국여성연구회〉로 통합되었다.
51) 김영혜 외, 1988, 〈여성문학정립을 위한 시론〉《여성운동과 문학》

식으로 자신의 입장을 정리한 바 있다(고정희 1990:88).[52] 고정희는 또한 〈한국 여성문학의 흐름〉이라는 논문에서 "여성문학은 진정한 여성문화 양식을 형성"해 가는 데 중요한 역할을 해야 하는데 "이때 여성문화란 현재 우리가 직면해 있는 지배문화 혹은 가부장적 부성문화의 모순을 극복하려는 '대안문화'를 의미한다"고 밝히고 있다(1986:122).[53] 이 글에서 고정희는 70년대의 박완서, 오정희, 강은교 등의 활약은 '탈여류문학'을 본격화시킨 중요한 성과로 평가되어야 한다고 하였다. 역시 이 모임의 동인인 조혜정은 〈한국의 페미니즘 문학 어디까지 왔나?〉에서 여성해방문학을 "가부장적 억압구조에 대한 고발과 여성주의 시각에서의 현실 재조명, 그리고 그를 토대로 한 보다 평등하고 인간다운 사회에 대한 비전의 차원"으로 구분하는 것이 유용함을 밝히면서 박완서를 현실을 고발하고 재조명하는 본격적인 여성해방문학 작가로 평가하고 있다(1987:41).[54] 조혜정은 박완서가 작품을 통하여 가부장적 사회의 모순을 뛰어나게 그려내주고 있지만 사실주의적 고발 차원을 넘어 이상적 사회를 제시해 주지는 못하고 있음을 안타까와 하였다.

하여간 〈또 하나의 문화〉에서는 박완서 문학에 관한 본격적인 비평을 아직 내놓은 적이 없으므로 생략하고[55] 박완서론을 내놓은 적이 있는 〈여성사

---

52) 고정희, 1990, 〈여성문학 어디까지 왔는가? : 소재주의를 넘어 새로운 인간성의 실현으로〉,《문학사상》 1990년 2월. 82-93쪽.

53) 고정희, 1986, 〈한국 여성문학의 흐름〉《열린 사회, 자율적 여성》, 평민사. 96-126쪽.

54) 조혜정, 1987, 〈한국의 페미니즘 문학, 어디까지 왔나?〉《여성해방의 문학》. 평민사. 32-44쪽.

55) 애초에 이 글이 실린《작가세계》 8집 박완서 특집에 〈또 하나의 문화〉동인인 박혜란의 박완서 작품평 〈여자다움의 껍질벗기〉가 실려 있다. 참고하기 바란다. 그는 "박완서는 남녀관계가 억압자에게는 물론이거니와 피억압자에게까지 '아름답고 낯익은 미풍양속이란 탈'로 씌워져 있음에 주목한다"면서 여성이 조상대대로 써내려오는 동안 '거의 육화되어' 피를 흘리지 않고는 결코 벗어던

연구회) 회원들의 책 읽기를 살펴보고자 한다. 김경연, 전승희, 김영혜, 정영훈은 공동집필한 〈여성해방의 시각에서 본 박완서의 작품세계〉(1988)[56)]에서 "기층여성의 입장에 선 여성해방적 입장" 또는 "여성문학론은 민족・민중문학론의 요구와 맥을 같이해야 한다"는 입장을 천명하고 있다. 이 글은 장장 36페이지에 달하는 이제까지 박완서 작가론 중에 가장 긴 비평문이며 또 '여성해방'을 주창하는 여성운동권에서 나온 본격적인 작가론이라는 점에서 일단 주목을 끈다. 글 첫머리에서 "우리는 여성문학론이 민족, 민중문학론을 새로운 차원으로 고양시키는 논의로서, 구체적인 작품 분석에 있어서는 작품 전체의 리얼리즘적 성취를 따져보는 작업이 되어야 한다고 생각한다"(203)는 기본 입장을 밝힌 평자들은 박완서 비평을 하기로 한 이유를 다음과 같이 밝히고 있다. "우리 문단의 중견이자 민족, 민중 문학 논의에서 빼놓을 수 없는 대표작가의 한 사람인 동시에 여성문제에 대한 그 나름의 관심을 작품화하려는 의식적인 노력을 기울인 작가로서, 이 여성 작가의 작품세계가 이룩한 민족, 민중문학적 성과와 여성문학적 성과와의 상관관계를 연구함으로써 참다운 여성문학이 나아갈 길이 보다 뚜렷해질 것으로 여겨졌기 때문이다."(204)

이들은 첫머리에 6・25와 산업화에 관한 작품을 써온 박완서에게 기존의 평단이 꾸준한 관심을 보여왔으나 그 평가가 실은 매우 한정된 범위에서만

질 수 없는 '탈'벗기의 문제를 진지하게 다룬 작가로 박완서를 논하고 있다. 박혜란은 "박완서는 이 시대 여성의 삶을 몸으로 살았기 때문에 몸으로 글을 쓸 수 있었다. 그리고 이렇게 쓴 글은 여성들에게 몸으로 다가왔다. 머리로만 이해하는 경향을 지닌 남성 독자들에게 그의 글이 별로 읽히지 않는 이유도 바로 여기에 있다"면서 새로운 측면에서, 특히 여성주의 리얼리즘적 시각에서 박완서 작품을 읽어내고 있다. 65-66쪽.

56) 김영혜 외, 1988, 〈여성해방의 시각에서 본 박완서의 작품세계〉《여성》2. 창작과 비평사. 201-236쪽.

이루어져 왔음을 간단히 지적하고 있다. 예를 들어 박완서의 여성문제를 본격적으로 다루고 있는 《살아있는 날의 시작》(1980)이나 《서 있는 여자》(1985)에 대한 논의가 전무한 형편이라든지 작가의 여성에 대한 관심이 작가가 여성인 탓에 쉽게 접하게 된 소재의 측면이라는 식으로 간략히 처리된다든지 주인공 여성의 삶이 그 '성적 특수성'과 관련하여 조명되지 못하고 있다는 것이었다. 이런 기존 평단의 한계를 지적하면서 이들은 《나목》과 초기 단편들을 통해 박완서의 주요 관심사를 알아보고, 《휘청거리는 오후》를 통해 민족, 민중문학과 여성문학과의 관련성을, 그리고 끝으로 《살아있는 날의 시작》과 《서 있는 여자》를 비판하면서 자신들이 원하는 여성문학의 모습에 대해 정리를 하고 있다.

이들은 박완서의 작품을 하나의 일관된 태도로 읽어가고 있는데, 그것은 작품 속에서 여성문제와 민족민중문제가 함께 나타나지 않으면 금방 거부반응을 보인다는 점이다. 그런 면에서 《나목》이라든가 6·25가 언급된 작품은 이들로부터 호평을 받는 편이다. 6·25와 분단에 관련된 작품들은 "분단이 우리가 잊고 있는 사이에도 실은 얼마나 속속들이 우리의 현실을 규정짓고 있는가를 환기시키는 동시에 그같은 사실의 망각을 조장하는, 개인의 안일에만 열중하고 있는 중산층의 소시민적 삶의 자세를 비판해주고 있다"는 것이다. 이런 시각에서 이들은 《목마른 계절》의 결론에 대해서는 크게 불만을 드러낸다. 작품의 마무리가 "소시민적 개인주의, 안일주의로 귀결되어" "우리 현대사의 좋지 않은 의미의 현실주의로 강화되면서 외세 및 권력과 밀착하여 다수 대중의 희생을 바탕으로 이득을 챙기는 소수를 방조하는 데 일익을 담당해 왔음을 고려한다면 그러한 발언은 보다 신중한 맥락에서 나왔어야 했다"(207)는 것이다. 문학작품을 읽는다기보다 사회과학 논문을 평가하는 듯한 이러한 평자들의 논조에 독자는 잠시 당황하게 되지만 이러한 초기 작품의 한계를 지적한 후 그 이후의 단편들에서 "분단현실과 소시민적 상관관계"를 포착해 내고 있는 박완서의 통찰력을 높이 평가하는 부분에서 그들의 일관된 입장이 밝혀지면서 일단은 이해를 하게 된다.

'중산층 주부'에 관한 평에서도 이들은 비슷한 맥락에서 여성문제와 계층 관계를 읽어내고자 노력을 기울인다. 이 논의는 박완서 작품평에서 자주 주목의 대상이 되어온 "남편을 냉소적으로 바라보는 아내의 시선"에 관한 해석의 문제로 집약되는데, 이들은 그 시선이 일부 남성 비평가들이 내리고 있는 식의 해석, 즉 "남편의 일반 속성에 대한 고발"(김주연:1979:125)이 아니고 "안일한 현실주의로 흐르는 중산층 소시민의 삶의 현장에 존재하는 또 하나의 모순"으로 보아야 한다고 주장한다. 다시 말해서 문제가 되고 있는 그 시선은 "매사에 무감각과 냉담함이 몸에 밴 남편, 각각의 '패각'을 짓고 칩거해 버린 아들들……단조로운 가사 외에는 별 할일도 없이 하루 종일 시덥잖은 세간 나부랑이를 지키고 있어야 하는" 소외된 중산층 주부의 시선이지 계층적 지위를 불문한 모든 여성들의 시선은 아니라는 것이다. 그리고 이 지적은 옳은 면이 있다. 하층계급 여성들이 "제대로 벌어다주지 못하는 남편"에게 보내는 '시선'은 보다 강렬할지도 모르며 평자들의 말대로 "빈곤에도 불구하고 오히려 보다 주체적인 존재로 성장할 가능성이 있다는 면"에서 중산층 아내들이 보내는 "냉소적" 시선과는 차이가 날 것이다. 그렇다고 이 두 '시선'이 아주 다른 것일까? 계급적 지위를 불문하고 아내들이 공유하는 '시선'은 없을까? 김주연의 언급에 대해 이들이 지나치게 민감하게 반응하는 이유는 뭘까? 이는 뒤에서 정리하기로 하고 우선 질문만을 던져 놓자.

평자들은 앞에서와 마찬가지로 여기서도 작가의 '의식수준'을 의심한다. 중산층 주부의 존재 조건에 대한 작가의 인식이 철저하지 않다는 것이다. 문제 상황의 주인공들로 하여금 음주, 방황, 간음, 수면제 복용 등의 "개인적 차원의 일회적, 일탈적 방식"으로 문제해결을 시도하게 했다는 점에서 그러하다는 것이다. 이런 식으로 다룬 것은 이 문제가 "사회구조적 차원의 문제임을 역설적으로 전달해주는 것"이라 할 수 있지만 "이 작품들이 모두

작가의 비판적 시각에서의 자림매김 없이 그러한 일탈과 좌절을 제시하는 차원에서 끝나고 있다는 것은 작가 역시 중산층 여성의 소외문제를 감지하고 있으되, 구체적인 타개책을 설정할 수 있을 만큼 충분한 인식에까지는 아직 미치지 못했기 때문일 것이다"는 평가이다. 그래서 평자들은 이 작품이 "중산층 주부의 소외의 실상을 그리다가……때로는 여성 대 남성의 대립관계의 부각이라는 차원으로 읽힐 소지를 마련해 주고 있음"을 염려한다. 여기서 우리는 평자들에게 '여성 대 남성의 대립관계의 부각'이라는 것이 심한 거부감을 주는 무엇임을 알게 된다.

《휘청거리는 오후》에 대해서도 이들은 일단 긍정적 평을 한다. '맞선 광장'으로 나서는 초희를 통해 보여주는 '성의 상품화', '매매혼으로서의 성격'을 드러내는 현대의 결혼제도, 그리고 중산층의 속물적 삶을 날카롭게 간파하고 있다는 것이다. 그러나 여기서 비판의 목소리는 전보다 좀더 높아진다. 첫째로 "결혼제도와 매춘이 동전의 양면관계에 있다는 인식에는 미치지 못하고 있다"(216)는 것인데, 허성씨가 "늙은 창녀"를 찾아간 부분에 대해 언급하고 있다. 작가가 허성씨로 하여금 늙은 창녀로부터 마음의 평화를 찾게 한 것은 일단은 자연스러운 것이지만 "이런 식의 '여자다움'이 의미하는 바에 대한 반성의 여지 없이, 매춘으로 대표되는 이 사회 내 여성의 상품으로서의 위치를 정당화하고 있는" 일면을 갖기 때문에 비판의 대상이 되며 더 나아가 결혼제도와 매춘의 상관관계를 인식하지 못한 한계를 지닌다는 것이다. 사실상 뒤이어 평자들은 허성씨가 "여자가 돈 때문에 행복해하는 양을 물끄러미 바라보면서 허성씨는 어쩔 수 없이 아내를 생각했다. 돈을 받고 좋아하는 일순의 모습이 어쩌면 그렇게 아내와 비슷한지……세상없는 귀부인도 고정적으로 돈을 대주는 남자가 없어졌을 때 꼭 이 여자처럼 되지는 않더라도 제각기 개성에 맞게 비참해지리라"는 구절을 인용하고 있는데 내게는 이 인용문과 허성씨가 가정에서의 도피처로 '늙은 창녀'를 찾아간 점에서 작가는 결혼제도와 매춘의 관계를 너무나 잘 간파하고 있는 것으로 읽힌다. 가장 적절한 인용구까지 골라 놓았으면서 다른 해석(허성씨가 생각을 좀 하다가 곧 다시 일상으로 돌아감으로 상황이 그릇된 것이라는 반성으로 이어지지 못한다는 해석)을 하게 되는 근거는 뭘까? 작가의 인식의 한계를 어떻게든 빨리 지적해야 한다는 강박관념 때문이었을까?

작가의 '인식의 한계'를 지적하려는 평자들의 강박관념적 책 읽기는 이후 그대로 지속된다. "작가는 대학까지 나왔으면서도 그러한 (결혼) 문제에 대결하지 못하는 우희의 어리석음에 대해서만 언급할 뿐 우희가 문제의 본질을 잘못 파악하고 있다는 점에 대해서는 아무런 시사가 없다"라면서 "결국 작가 역시 우희의 결혼에서 드러나는 주된 여성문제는 이 사회의 가부장제 이데올로기의 문제라고 생각하는 듯하다"(218)라고 여성문제를 가부장제 이데올로기로 보는 것에 강한 거부반응을 드러낸다. 물론 이들의 평을 절반 정도 읽은 지금쯤에는 상식적 독자는 그 말이 의미하는 것이 무엇인지 안다. 그들은 여성문제가 계급과는 직접적 관련이 없어 보이는 듯이 그려지는 것을 그냥 보아넘기지 못하며 '가부장제'라는 것을 매우 편협하게 하나의 이데올로기로만 이해하고 있는 것이다.

작가가 여성문제를 가부장적 이데올로기로 환원시키고 있다는 주장을 하기 위해 이들은 말희의 결혼에 대해 언급한다. 말희의 경우를 초희와 우희의 그릇된 결혼상을 극복한 새로운 차원의 대안에 대한 탐색이라고 규정하고 작가가 결과적으로 내세운 결혼관은 "경제적 조건도 맞아야 하고 애정도 있어야 한다는 식의 애매하고 절충적인 결혼관"이라는 단정을 내린다. 내가 읽은 것은 이와 다르다. 나는 말희도 똑같이 불쌍한 아버지를 등쳐먹는 딸로서 집안이 망해가는데도 지참금을 받아가는 이기적 딸로 읽었다. 그녀 역시 언니들과 크게 다름이 없이 영악한 세상에 물들어서, 친구의 애인을 빼앗고 남의 고통 위에 자신들의 '사랑'을 키워가는 재미를 보는 평범한 대학생일 뿐이다. 다른 점이 있다면 언니들의 행태를 보면서 자라 좀 영리하게 처신을 할 줄 알고 특히 단단한 신랑감을 보는 눈을 가졌다는 점일 것이다. 나는 작가가 말희에게 특별한 애정을 갖고 말희를 통하여 문제를 해결하려 했다고 생각지 않는다. 미국이라는 '완충지대'에 아직은 크게 '하자'가 없는 부부를 보냄으로 이런 비극 속에서도 삶은 지속되고 또 변화할 것이라는 것을 암시하고자 할 뿐이었지 말희의 결혼을 이상적 결혼으로 제시했다고 보지는 않는다. 이것을 두고 곧바로 작가의 결혼관에 문제가 있다고 몰아치는 것은 재고해야 할 부분이라는 것이다. 박완서의 작품을 읽어본 이들은 그가 그런 경박한 일, 섣부른 판단을 내리고 결론을 제시하는 작가가 아님을 잘 알고 있을 것이다.(모든 훌륭한 이야기꾼은 그런 일을 않는다.) 그러나 평자들은 염무웅의 평을 인용하면서 "허성씨의 자살이 말희네의 외국행처럼 '문제의 참된 해결'이 아니"라고 비판하며, 이는 작가가 인간의 삶을 "소시민적 한계를 넘어서는 넓은 지평 속"에서 보지 못했기 때문이라고 우긴다.

《살아있는 날의 시작》에 대한 평에서도 평자들은 주인공 청희의 남편 인철이 "너무도 형편없는 까닭에" 문제를 "개인의 탓으로 축소시킬 위험성"을 내포하고 있다는 문제점을 지적한다. 여성해방문학의 핵심적인 작업 중 하나가 "극히 개인적인 것이 실은 사회구조적인 것임"을 보여주는 것인만큼 이 점에 대한 지적은 주의를 기울일 부분이다. 인물 설정이 지나치지 않아야 된다는 것인데, 인철이나 철민이가 "정도에 못 미치는 형편이 없는 인간"일 경우 작품의 설득력이 감소되는 것은 사실이다. 단 "형편없는 남자"에 대한 평가는 독자의 체험의 성격과 깊이에 따라 달라진다. 대부분의 남성중심적 비평가들은 박완서의 작품에 등장하는 인물들이 "지지리도 못난 것"들이라고 말하고 있으나 많은 여성 독자들은 그들이 매우 '정상적인' 남성상이라고 말하고 있다. 앞장에서도 지적하였지만 이러한 인지상의 차이는 상당히 중요한 의미를 담고 있다.

평자들은 또한 청희가 한 번도 '정면도전'을 하지 않고 남편에게 '소극적이고 폐쇄적인 대응"만 해온 것에 대해 작가가 "어떤 비판적 해석을 가하는 일이 없이 거의 전폭적인 공감을 표함으로써 문제를 개인들의 일로 축소시키는 데 한몫을 담당한다"고 비난하고 있다(225). 또 이들은 주인공을 전업주부가 아니라 경제적 능력이 있는 여자로 설정함으로써 작품의 의도를 약화시킨다고 주장하고 있다. 다시 말해서 주인공 청희가 직업이 있는 '능력 있는' 여자이므로 중산층 주부의 이혼 문제를 드러내기에 적합치 않다는 것이며 대신 이혼이 곧 생계상의 위기와 연결되기 때문에 더욱 '피 흘리는' 아픔과 용기가 필요한 직업 없는 가정주부가 주인공으로 설정되었어야 한다는 것이다. 이쯤 되면 독자는 평자들이 리얼리즘 소설이란 것이 무엇인지나 알고 있는지, 그리고 여성의 현실을 이해할 의도가 있는지 의심이 가기 시작한다.[57] 1977년 한국의 상황에서 생계 유지의 수단이 막연한 주부가 이혼을 하는 소재로 리얼리즘 소설을 써서 대중적 공감을 얻어낼 가능성이 얼마나 있었을까? 현실에 대한 평자들의 '교과서적' 인식은《서 있는

---

[57] 여기서 리얼리즘은 "있을 법한 현실을 그려내는" 재현의 문제와 관련하여 사용되었다. 리얼리즘 역시 역사적 현상이자 구성물인 만큼 시대에 따라 그 내용이 달라져 왔고 현재 리얼리즘은 무수한 접두사를 가진 다양한 얼굴을 하고 있다. 리얼리즘이라는 개념은 공상적 리얼리즘, 형식적 리얼리즘, 관념주의적 리얼리즘, 민족주의적 리얼리즘, 자연주의적 리얼리즘, 심리적 리얼리즘, 낭만주의적 리얼리즘, 풍자주의적 리얼리즘, 사회주의적 리얼리즘, 주관주의적 리얼리즘, 초주관주의적 리얼리즘, 환상적 리얼리즘, 비판적 리얼리즘 등 너무 광범위해서 효과적이지 않은 개념일 수도 있다. 내가 리얼리즘이라는 단어를 쓴 것은 새로운 비판적 시각을 갖지 않고는 보이지 않는 현상의 "전형적인 것을 포착해 내는" 작업의 중요성을 강조하는 면에서였다. 비판적 리얼리즘, 또는 여성주의적 리얼리즘의 입장에 서서 이 단어를 썼다고 할 수 있다. 현재 우리 사회 진보적 지식인들 사이에는 사회주의적 리얼리즘이 상당히 강하게 퍼지고 있고 그 개념을 몹시 경직되게 이해하는 경향도 있어 서로 입장이 다른 경우 오해를 불러일으키기도 한다. (D. 그랜트 1979,《리얼리즘》김종운 옮김, 서울대 출판부. 존 버거 1988,《사회주의 리얼리즘》김채현 옮김, 열화당. P.포그너 1980,《모더니즘》황동규 옮김, 서울대 출판부 참고할 것.)

여자》의 평에서 더욱 두드러진다.

《서 있는 여자》의 주인공 연지는 사춘기 시절 부모의 불평등한 관계에 충격을 받고 "절대로 평등한 부부관계를 가지기"로 약속해준, 친구처럼 지내던 철민이와 결혼한다. 그러나 결국 그 평등을 이루어내지 못하고 이혼을 하며 모든 것을 정리한 연지가 혼자만의 방에서 자신이 쓰고 싶어하던 글을 쓸 준비를 하는 장면에서 소설이 끝난다. 평자들은 이 작품에 대해 가장 비판적이다. 연지의 가사노동에 대한 시각이 지나치게 소박하며 그녀의 평등관이 혼란되고 불철저하다는 것이다. 그리고는 작가가 연지의 "이런 당돌하고도 외로운 싸움에 전폭적인 성원과 지지를 보내며"(230) 연지의 인식의 한계를 적절하게 지적하지 못하고 있는 것을 비난한다. 나는 이 소설에서 작가가 말하고자 하는 것이 바로 그 점, 남녀평등이 그리 쉽게 이루어지는 것이 아니라는 사실을 모르는 지금 시대의 "똑똑한 여자의 중대한 착오"에 대한 것이었으며 이 작품의 클라이막스는 바로 주인공 연지가 많은 방황과 고심 끝에 그 사실을 깨닫는 부분에 있다고 본다. 작품에서 성급하게 작가의 생각을 읽어 내려는 속단이 작품을 총체적으로 읽지 않고 파편으로 읽게 만들어 이런 실수를 범하게 하는가?

작품을 읽을 때 우리는 먼저 그 속에 들어가서 탐색해 보고 느끼고 배우는 과정을 거친다. 사실상 여기의 평자들은 대개가 20대 후반의 대학원생들로 존재조건상 연지와 가장 비슷한 상황에서 살고 있다. 이들이 연지의 깨달음이 더 잘난 남자를 만나지 못한 후회의 수준에 머무르고 있다고 읽은 것이나 연지가 "확실한 내 영역을 지니고" 싶어하는 절규를 바로 남자가 되고 싶어하는 절규로 파악한 것은 의미심장하다. 그들은 연지가 아버지 영역의 협소함과 배타성에 혐오를 느끼는 부분이 던지는 중요한 암시를 놓치고 있다. 그들은 연지가 홀로 서는 모습이 "남녀가 바뀌었다는 것 이외에는 다시 아무런 차이가 없는 것이다"라는 말로 《서 있는 여자》의 평을 마무리 짓는다. 정말 아무 차이가 없는 것일까? 누구보다 어렵게 '홀로 서기'를 하려고 안간힘을 기울이고 있을 그들이, 그리고 그 홀로 서기가 얼마나 어려운지를 날이 갈수록 절감할 그들이 연지의 홀로 서기를 그렇게 간단히 처리할 수 있을까? 이렇게 체험이 배제된 책 읽기도 가능한가?

여자가 자기의 방을 갖는다는 것의 의미는 일찌기 버지니아 울프가 훌륭히 묘사한 바 있다. 자신의 공간을 마련하지 못한 '피억압'적 존재는 자신의 억압을 뚫어갈 수 없다. 그 공간이 꼭 남자의 그것과 비길 것은 아니더라도 최소한의 자기 공간을 확보하는 것은 인간답게 사는 한 조건이다. 자기 공간이 전혀 없는 여자가 어떻게 일상을 돌아보면서 역사 속에 제 목소리를 만들어갈 수 있으며 여성문제를 풀어갈 수 있단 말인가? 빼앗긴 공간을 찾는 것과 주어진 공간을 확보하는 것에 아무런 차이가 없는가? 그리고 "내 글을 쓰고 싶다"는 끓어오르는 열망 속에서 하는 (연지의) 글 쓰기와 "아무도 읽어주기를 기대하지 않고 서재 속에 침잠한 (연지의 아버지로 상징되는) 교수의 글 쓰기"가 어떻게 같은 행위로 취급될 수 있을까?

〈여성사연구회〉 회원이 주축이 되어 만들어진 〈한국여성연구회〉 문학분과에서 나온 1990년 평에서도 이러한 태도는 그대로 고수된다. 김명호 등이 공동창작한 〈여성해방문학론에서 본 80년대의 문학〉이라는 제목의 26페이지짜리 글에서 박완서는 반 페이지로 처리되고 있다.[58] 인용해 보자.

"최근 박완서가 본격적인 여성문제 인식을 가지고 썼다는 《그대 아직도 꿈꾸고 있는가》 역시 자식을 둘러싸고 남자와 여자 사이에 벌어지는 밀고 당기는 식의 삼류드라마 수준을 넘어서지 못하고 있다……여성문제를 계급문제나 민족문제와 무관하게 순전히 남녀대립 구도로만 파악하면서 '드라마 게임'류의 유치한 여성권리선언으로 왜곡하는 이런 유의 작품이 진정한 여성해방문학이 될 수 없다. 오히려 이런 작품들은 우리 사회의 주요한 모순들을 은폐, 방조하기 위한 또 하나의

---

58) 김명호 외, 1990, 〈여성해방문학론에서 본 80년대의 문학〉, 《창작과 비평》 1990 봄호. 48-74쪽.

그럴듯한 구실을 '여성'이라는 이름에서 찾고 있을 뿐이다. 성문제, 계급문제, 민족문제 등 우리 시대 온갖 모순을 한몸에 짊어지고 있는 여성 노동자계급의 관점에 서지 않을 경우 여성 문제 소설들은 '절반의 실패'로 끝나는 것이 아니라 '완전한 실패'로 끝나버릴 것이다."(1990 : 67)

이제 이 정도로 정리를 하자. 평자들의 의도와 그로 인한 책 읽기 자세는 매우 분명해졌다. 이들은 '여성해방'을 주창하며 책을 읽고 글을 쓰고 있으나 중대한 실수를 범하고 있다. 이들은 '이론대로' "진정한 여성해방은 민족문제와 민중문제가 해결되고 완벽한 인간해방이 이루어질 때"라고 단단히 믿고 있고 그 완벽하고 총체적인 해방의 날을 성급하게 기다리고 있기 때문에 다른 모순과 중첩되지 않은 여성의 억압현상을 읽어낼 겨를이 없다. 사실상 이들이 가진 관념론적 급진주의의 시각에서는 실제로 아파하는 피억압집단의 체험은 설 자리가 없다. 이들의 눈에는 이론에 따른 모순의 중첩점만 보이고 또 그래야 하기 때문이다. 박완서의《그대 아직도 꿈꾸고 있는가?》의 평에서 드러내 보인 것처럼 이중모순이 한꺼번에 나타나는 것 외의 것을 언급하는 것 자체에 대해서 이들은 분노한다. 이들의 감정적 책 읽기와 그를 토대로 한 글 쓰기는 그런 면에서 여성혐오주의적인 비평가들의 것과 몹시 흡사하다. 작가를 의도적으로 오독하며 작가가 말하지 않은 것으로 작가를 공격하는 면에서 말이다. 원론적인 이론에 집착하고 기계적인 논리로 사고한다는 면에서, 또 여성들의 억압 경험을 보지 않으려고 한다는 면에서 이들은 일면 남성중심주의적 사고의 틀을 그대로 고수, 내지 모방을 하고 있다.

평자들은 현실에서 여성이 받는 억압의 체험을 느끼지 못하거나 느끼기를 스스로 거부하기 때문에 (그들의 이론대로라면 중산층 여성으로서 살 기반을 가진 그들이기에 그럴 수밖에 없다) 현실 체험을 바탕으로 뭔가를 말하고 있는 박완서의 작품들을 제대로 읽어낼 수가 없고 그래서 부당한 평을 할 수밖에 없었다. 이들이 현실에 대한 감각이 있다면, 그리고 여성에 대한 애정이 있다면 그렇게 마음껏 박완서의 작품세계를 비난하지는 못할 것이다. 어쩌면 이런 비평을 쓰기 전에 그들이 대변하고자 하는 기층여성들의 삶속에 들어가서 그들의 삶을 이해하기 위한 노력을 먼저 했었을 것이다. 그리고 그들의 삶의 회복을 위한 공동창작 작품이라도 썼을 것이다.

이들이 여성문제의 독자성을 밝히는 부분을 이렇게 완강하게 거부하는 이면에는 여성문제에 눈뜨고 싶지 않은 강한 심리적 저항이 있는지도 모른다. 성모순에 눈 뜬다는 것은 자신이 그동안 맺어온 기존의 관계의 끈을 끊기도 하고 준거집단을 떠나야 하는 아픔을 의미한다. 그것이 매우 고통스럽고 어쩌면 크게 '손해보는 일'일지도 모른다. 가부장제에 길들여진 '약은' 여성들은 이 점을 잘 알고 있다고 박완서도 그의 작품을 통해 이미 그려낸 바 있다. 가부장적 음모는 그토록 뿌리깊고 엄청난 것이다.

이들이 박완서의 작품세계를 이제라도 제대로 읽어내려면 먼저 자신과 정직하게 마주앉아 자신의 삶, 어머니와 친구들의 삶을 읽어가는 법을 배워야 할 것 같다. 상당한 가능성을 지닌 이들이, 그것도 여성해방 평론가가 절실히 필요한 시점에서 이제껏 남성들이 하다가 싫증이 난 추상적 주지주의에 빠져 양편(민중문학계와 아직 채 형성도 되지 않은 여성해방문학계)에다 대고 파괴의 펜대를 휘두르는 것은 여러 면에서 낭비이다. 자신의 삶과 정직하게 대면하면서 이제 방황을 끝내고 초희의 불행의 근원을 제대로 읽어낼 수 있었으면 한다. 또 연지의 불행이 억압당하고 있는 어머니에 대한 어릴 적의 기억, 그리고 그 한을 이어받지 않으려는 몸부림이었음을 알아갔으면 한다. 가정 안에서 싹을 틔어온 남녀의 불평등 관계가 사회 전체로 확대 재생산되고 또 그 재생산된 구조에 의해 더욱 억눌리는 악순환의 구조를 간과하지 않았으면 한다. 그래서 연지가 자기만의 방에서 시작한 외로운 '글쓰기'가 혁명을 향한 대장정의 시작이라는 것을 알아차리기 시작했으면 좋겠다.

박완서 작품이 담고 있는 생생한 상징과 느낌들을 현대 사회에서 억압당하고 있는 많은 힘없는 사람들, 특히 여성들의 체험에 근거해서 새롭게 읽어내고 평등한 미래를 준비하는 기운까지 살려내는 여성해방 문학평론을 읽고 싶다. 대부분의 남성들이 지루해 하는 박완서의 작품들이 여성들에게는 말할 수 없이 재미있으며 그것이 실은 여성 '자신을 위한' 글임을 알아차림으로 여성들은 얼마나 용기백배하는지!

5. 맺음말

　이 글에서 우리는 박완서의 문학이 비평가들에 의해 어떻게 읽혀지고 있는지를 살펴보았다. 그 결과 전통적인 여성성을 벗어난 내용을 다루고 있으며 글 쓰기 형식에서도 매우 다른 방법론을 가진 박완서의 작품들은 기존 평단으로부터 상당히 부당한 대우를 받고 있음을 알게 되었다. 그의 작품은 잘못 읽히고 있을 뿐 아니라 저항감을 느낀 많은 비평가들로부터 공격의 대상이 되고 있었다. 박완서에 대한 이러한 평가는 그 동안 우리 평단이 지극히 남성중심적이고 엘리트주의적이며 배타적인 문화를 형성해 왔음을 여실히 드러내는 단서임과 동시에 작가와 독자의 권리가 매우 무시당해 왔음을 드러내는 지표로 간주될 수 있다.
　단적으로 박완서의 경우는 워낙 인기가 있는 작가인데다가 6·25라든가 70년대 급격한 경제성장과 관련된 소시민사회의 속물적인 생태 등 시사성이 높은 주제를 다루어왔기 때문에 비평가들이 간단히 무시하지는 못하였다. 그러나 그 비평의 내용을 분석해 보면 박완서의 작품세계를 제대로 살려내는, 아니면 적어도 작품 읽기를 도와주는 비평은 찾아보기 힘들다. 이 글에서 나는 먼저 '남근중심적인 책 읽기'의 사례들을 살펴보았다. 여기에서는 작품보다 작가의 사생활에 더 많은 관심을 보이면서 자신의 성 고정관념을 여지없이 드러낸 인신공격조의 글, 그리고 박완서를 '대중작가'의 범주에 넣고 자신이 가진 얕은 지식으로 작가의 작품들을 무성의하고 독단적으로 처리해 버린 비평들이 다루어졌다.

두번째로 '남성중심적인 책 읽기'의 사례들을 살펴보았다. 이 부류의 비평들은 작품에 대해 최소한의 애정과 존중을 담고 있다. 그러나 평자들은 자신들이 가진 시각이 모든 사람들의 경험세계를 포괄하는 총체적인 것이 되지 못함을 인식하지 못하고 있으므로 작품 해설에 있어 한계를 드러낸다. 예를 들어 본격적 자본주의화 과정에서 드러나는 '생활세계의 식민화' 현상과 여성 억압의 역사 사이의 상관관계를 보지 못하여 박완서의 고발을 협소하게밖에 이해해 내지 못한 경우라든가 작가의 비판의식과 생명주의를 역사적 맥락에서 읽어내지 못하고 인간의 '원천적 고독', '야성', '고독' 등으로 처리해 버린 경우들을 보았다. 그외 기존의 남성중심적 시각에서 이해하기 힘든 것들은 "방법론의 부재", "생리적 감수성"에 따른 글 쓰기 등으로 괄호 안에 묶어 버리거나 소설의 뒷맛이 "미래가 없다", "절망적이다"라는 식으로 단언해 버리는 경향을 살펴보았다.

세번째로는 "여성해방운동은 민족, 민중운동과 맥을 같이해야 한다"는 입장을 가진 여성운동권에서 나온 비평을 분석하였다. 이 글에서 평자들은 여성문제의 독자성을 밝혀내는 데 강한 거부감을 갖고 있어서 계급적, 민족적 문제를 작품 속에서 충분히 다루지 않았다는 이유로 작가를 줄기차게 매도한다. 의도가 어쨌든 이들은 결과적으로는 남근중심적 비평가들과 크게 다름없이 박완서의 작품을 '죽이는' 비평을 하고 있는 것이다.

가부장제 사회에서 비평가들이 여성 작가의 작품 비평을 꺼려하거나 부당하게 평가하는 이유는 일차적으로 여성 작가의 작품에 공감을 느끼지 못하기 때문이며 다음으로는 여성 작가를 거론하면 비평가로서의 무게가 가벼워진다는 식으로 표출되는 잠재적인 '여성비하의식' 때문일 것이다. 여성과 남성의 경험 세계가 너무나 오래 동안, 그리고 철저하게 분리되어온 현실을 감안한다면 남성 비평가가 여성 작가의 작품에 공감하지 못한다는 것을 나무라는 것은 부당한 일일지도 모른다. 그러나 적어도 여러 상반된 이해집단으로 나뉘어져 있는 복잡한 현대를 사는 오늘날의 비평가들은 그런 면에서 좀더 자신의 위치에 대해 성찰적일 필요가 있다. 특히 자신의 경험과 그 경험에 근거한 해석의 한계를 알고 있어야 하며 자신의 해석을 타집단에 강요하지 않기 위해 자아 성찰력과 역사적 감성을 예민하게 살려두어야 한다. 모르는 부분은 배워가고 자신들이 못하는 작업일 경우는 그 미지의 세계를 들여다볼 수 있는 비평가를 길러내어 최소한 그 공백을 메움으로써 문학이 지향하는 삶의 진실을 드러낼 수 있도록 최선을 다해야 할 것이다.

나는 이 글에서 박완서의 작품세계에 관한 비평들을 비평하고 또 그 비평들을 거꾸로 읽음으로써 박완서의 작품세계를 새롭게 조명할 수 있었는데 그것은 크게 두 가지로 나누어 논의될 수 있다.

하나는 박완서가 작품 속에서 직접 제시하는 것으로서, 사람을 사람답게 살지 못하게 하는 현 사회의 보이지 않는 '거대한 음모'를 일상생활 속에서 훌륭히 집어내주고 있는 점이다. 그는 거대한 제도적 억압을 선언적으로 다루지 않는다. 그는 대중교육과 대중매체가 여론을 조작하며 생활세계를 장악하고 있는 소비사회에서 그 억압은 갖가지 기제를 통해 매우 교묘하게 인간의 자발적 동기를 유인하면서, 암묵적인 동의를 얻어내면서 이루어짐을 분명히 간파하고 있다. 그는 작품을 통해 인간적 삶의 마지막 보루인 가정마저 급격히 파괴되어 가고 있는 자본주의적 가부장제의 어두움을 낱낱이 해부하여 보여주며, 이 체제는 생명을 배반함으로써 남성과 여성 모두를 억압하는 체제임을 밝혀내고 있다. 그의 이러한 통찰력은 그의 '여성됨의 역사', 그가 일생을 통하여 산 피억압계급, 즉 여성의 일원으로서의 체험이 없었다면 결코 획득하지 못했을 '선물'이다.

구체적으로 박완서는 우리가 흔히 알고 있는 봉건적 가부장제의 질곡뿐만이 아니라 산업자본주의적 사회에서, 핵가족화 과정에서 남녀관계가 어떻게 변질되어 나타나는지를 잘 포착해내어 주고 있다. 역할에 얽매어 서로를 괴롭히면서도 서로를 필요로 하는 자학/가학적인 부부, 가뜩이나 피상적인 부부관계를 더욱 피상적인 것으로 몰고가는 부부간의 성, 동시대를 살면서 실은 각기 봉건과 현대를 사는 모녀간의 복잡한 심리, 자아분열증을 앓고 있는 중산층 가정주부들과 그들이 일상적으로 하고 있는 무수한 소극적 저항의 몸짓들, 이 와중에 표류하는 외로운 남편들, 그리고 여자들의 권리주장 앞에 더욱 공고해지는 남자들의 공모의식을 그대로 노출시키고 있다. 박완서는 그 동안 조용히 여성주의 리얼리즘 문학의 장을 열어가고 있었던 것이다.

이렇게 이제껏 미화되어온 가부장적 현상의 밑바닥을 노골적으로 공론화함으로써 그는 많은 독자들을 분노하거나 감동케 만들었다. 그리고 독자들은 박완서의 책을 읽고 각자의 입장에서 다른 사람들과 분쟁을 일으켜 왔다. 우리가 위의 비평에서 읽었던 내용도 실은 그 분쟁의 생생한 일부인 것이다. 바로 이 분쟁을 일으키고 있는 부분이 박완서가 작품을 통해 직접적으로 말하고 있지는 않으나 우리가 앞으로 주목해야 할 두번째 주제이다.

박완서는 여성 독자들에게 새로운 글 읽기 체험을 하게 하였다. 이제껏 여성들은 아버지의 서재를 기웃거리는 즐거움, 남자들만이 할 수 있는 여유 있는 방황과 방랑을 엿들으며 그것이 글 읽는 즐거움인 줄로만 알았다. 별로 재미없는 글도, 재미있는 척 읽어야 했으며 또 남성들의 글 쓰기 흉내를 내거나 그들의 기호에 맞는 글을 쓰느라고 많은 시간과 에너지를 쏟아왔다. 이제 박완서는 여자들로 하여금 직접 길을 떠나고 또 방황하게 함으로써 그 길 떠남이 책 읽는 재미에 그치는 것이 아님을 알게 한다. 또한 흉내내지 않는 글 쓰기의 맛을 보여주고 있다. 여자들로 하여금 서 있는 것, 글을 쓰는 것, 살아있는 것이 무엇인지에 대해 생각하게 하고 진지한 토론을 하게 하는 것이다. 한낱 사치였던 책 읽기가 이제 삶의 실천의 장으로 들어

왔다. 여자들의 안방을 사회와 연결시키고 여자들의 수다를 담론화한다. 여성들의 글 읽기와 글 쓰기의 정치성이 박완서의 작품을 통해, 그리고 그 작품에 관한 담론들을 통해 밝혀지고 있는 것이다.

여기서 여성 이야기꾼과 남성 이야기꾼이 즐겨 삼는 이야기의 주제, 등장인물의 성격, 이야기의 스타일이 다르고 또 똑같은 이야기를 들어도 독자가 남자인지 여자인지, 남성적인지, 여성적인지에 따라서 그 글 읽기가 상당히 달라진다는 점을 한번 더 강조할 필요가 있겠다. 우리가 궁극적으로 지향하는 사회는 구태여 이런 전제에 구애받지 않고 책을 쓰고 또 읽게 되는 세상일 것이다. 그런 세상을 만들기 위해서 우선 우리는 우리 사회가 얼마나 가부장적인 전제 위에 세워져 있는지를 알아내야만 하는 것인데 그것은 마치 물고기가 자신이 자유롭게 떠놀던 물의 성격을 알아가는 것과 같아서 어렵고 고통스러운 일일 수 있다. 결코 손쉬운 작업은 아니다. 그러나 우리는 해내야 한다.

* 덧붙임 : 비평가는 책을 읽는 사람이며 그 행위는 일반 독자가 하는 것과 본질적으로 다르지 않다는 것을 나는 여러 번 이 글에서 말하였다. 다른 점이 있다면 비평가는 이야기꾼을 격려할 임무를 수행하기 위해 그의 작품세계의 의미를 해독하는 데 좀더 많은 시간을 쓴다는 데 있을 것이다. 나 자신이 글을 쓰면서 성의 있는 독자이고자 노력을 했으나 여기에 언급한 모든 비평가들에게 당당할 수는 없다는 느낌이다. 언제쯤이나 '힘이 들어가지 않은 글'을 쓸 수 있을까? 경황없이 쓴, 무성의한 글, 그리고 독단적인 '죽임'의 글을 읽어야 하는 괴로움에 더하여 두어편의 비평문에 대해서는 '살려내기보다' 죽이는 일을 더 많이 하지 않았나 하는 찜찜함도 없지 않다. 끝마무리를 그나마 한 것은 '죽임'의 비평을 '죽임'으로써 결국은 '살림'의 글로 읽힐 것이라는 생각에서였다.

하여간 글은 한번 쓰면 글쓴이의 손을 떠나 공공적 재산이 되어버린다. 개개 이름이 무어 그리 중요할까? 내가 알아낸 몇 가지 새로운 사실들을 작가를 통해 확인할 의사가 애초부터 없었던 이유도 여기에 있다. 우리는 삶 읽기를 계속하고 있을 뿐이다. 나는 여기서 내가 한 책 읽기가 가장 옳은 것이었다는 주장을 하고 있지 않다. 어차피 우리는 주관적 인식에 근거하여 글을 쓰며 그 생각의 옳고 그름은 작가가, 독자가, 그리고 우리 모두가 어우러져 내는 담화 속에서 밝혀지는 것이다. 중요한 문제는 바로 그런 담화를 담아갈 열린 공동체를 형성해 가는 데 있다. 아니, 그냥 공동체를 형성해 가는 데 있다. 닫힌 것은 공동체가 아니니까…… ■

찾아보기

가부장적 227, 238, 248, 253
가부장적 사회 203, 210
가부장적 현상 252
가부장제 206, 207, 231, 242, 248
가부장제 사회 250
가부장제 이데올로기 242
가부장체제 206
가사 노동 245
가정 137, 160, 161, 223, 241, 248, 251
가정 주부 216, 223, 224, 228, 229, 244
가족 112, 140, 165, 222
가족 문화 28, 31, 120
가족주의 31
가족사 31, 36
가족주의 31, 102, 103
가치관 209, 225
가투 112
감응적 개념 180
감정이입적 210
강경대 119
강내희 30

강박 관념 166, 177, 242
강박적인 자기 부정 51
강은교 237
〈개구장이 스머프〉 72
개인사 231
개인적 구원 의지 216
개인적 성장 160
개인적 자유 216
개인적 집착 224
개인적 차원 228
개인적 체험 206, 228, 230
개인주의적 110
개인주의적 휴머니즘 217
객관성 74, 75, 76
객관적 144, 173, 175, 186, 193
객관적인 진리 176
객관화 31
《거꾸로 쓰는 세계사》 132
거대관료주의 14, 25
거대 이론 177
거시 사관 212

겉도는 연구 8
게토 34, 192
결혼 31, 209, 242
결혼관 242
결혼 제도 241
경전 읽기 167
경제 생산 223
경제 성장 161, 249
경제적 능력 244
경제적 물적 토대 108
경제적 조건 242
경제적 혁명 70
경험 세계 250, 210, 220, 225
경험 철학 106
계급 100, 103, 113, 114, 250
계급 모순 100, 236
계급 문제 112, 246, 247
계급 문화 100, 101, 102
계급 분석 115
계급 분화 100
계급 이동 102
계급 재생산 102
계급적 대립 113
계급적 지위 240
계급 투쟁 108, 111
계급 혁명 100
계몽주의 111
계몽주의 사상 115
계몽주의적 51
계층 101
계층 관계 240
계층 상승 102

계층적 103, 182, 240
고대사 152
고려 시대 162
고정희 9, 235, 236
공동체 9, 33, 254
공상적 리얼리즘 244
공적인 담론 235
〈공항에서 만난 사람〉 228
공해 문제 110, 158
과학기술주의 14, 25, 188
과학기술혁명 110
과학성 74, 75
과학적 세계관 109
과학적 이론 87
관념론 43
관념론적 급진주의 247
관념적 105, 178
관념주의적 리얼리즘 244
관능주의 228
《교육현장과 계급재생산》 100
교조적 유물론 121
교포 문학 160
구로사와 아끼라 29
구성적 분석 98
구성적인 과정 93
구원과 소설 225
구전동화 80
구조 146, 171, 172
구조주의 91, 119, 146, 178
국가 182
국가 경제 25
국가 교육 166

국가주의 165, 181
국민 국가 188
국민국가주의 182
국민헌장 166
국정교과서 44, 45, 135
권력구조 111
권력성 118
권력의 기술 90, 108, 109, 118
권력의지 193
권력 체계 21
권리주의 252
권영민 209
권위와 권력 58
권위적 언설 14, 25
〈그 가을의 사흘 동안〉 207, 228
《그대 아직도 꿈꾸고 있는가?》 246, 247, 210
그람시 18, 93
그림 형제 62, 73, 80
《그해 겨울은 따뜻했네》 211, 213
근대기획 188
근대사 96, 126, 152, 193
근대적 사고 167
근대적 언어 16
근대화 16, 221
근대화 과정 182
근본주의자 105
근원주의 167
글 쓰기 43, 49, 50, 55, 62, 168, 169, 170, 198, 199, 227, 232, 233, 235, 246, 247, 248, 249, 250, 252,
글 읽기 15, 17, 19, 35, 36, 43, 88, 125, 129, 139, 168, 174, 179, 18 199, 235, 252, 253
금서 136
급진적 보상주의 189
기계적인 논리 247
기능주의 178
기독교 155, 156, 158, 161
기든스, 안토니 18, 167
기본 모순 236
기술적인 혁명 70
기승전결 212, 231
기어츠 18
기저 89, 91, 94, 98
기층 103
기층 여성 236, 238, 248
김경연 235, 238
김광억 30
김명호 246
김성곤 29, 41, 48
김성기 88
김성례 197
김영혜 203, 204, 235, 236, 238
김영훈 100
김영희 235
김용옥 180, 182
김윤식 216, 219, 229, 231, 232
김종운 244
김주연 219, 225, 226, 227, 240
김지하 30, 86, 120
김찬호 100
김채현 244
김치수 219, 226

김현 198
김혜순 162
〈껍데기는 가라〉 154

《나목》 195, 216, 222, 227, 229, 239
〈나의 진술, 당신의 심문에 의한〉 29, 39, 40, 45
남근비평가 203
남근중심적 202, 203, 207, 249, 250
남근중심적 문단 문화 208
남근중심적 비평 208
남근중심적 비평가 204, 208, 250
남녀 관계 237, 251
남녀 대립 246
남녀 불평등 200, 248
남녀 평등 245
남성 199, 203, 207, 208, 210, 220, 223, 225, 226, 233, 234, 248, 249, 250, 251, 252
남성 독자 238
남성 비평가 234, 240, 251
남성상 234
남성의 시각 232
남성의 역사 224
남성의 현실 224
남성 이야기꾼 253
남성 작가 201
남성적 비평 200
남성적 사유경향 231
남성 중심 202, 203, 225, 243, 249, 250
남성중심주의 200, 247

남성 지식인 211
남아선호 사상 127
낭만주의적 리얼리즘 244
《낮게 나는 새가 자세히 본다》 162
《낮은 데로 임하소서》 211
내셔널리즘 181, 182
냉소주의 111
노동계급 111
노동 귀족 110
노동 모델 111
노동 사회 114
노동 운동 127
노동의 개념 114
노동의 소외 문제 114
노동자 110
노동자 계급 100, 117
노동자 문학 129, 199
노동자 문화 100, 101
노동자 집단 199
노동 조합 66, 67
노동해방 작가 199
노동 행위 117
노동 현장 128
〈노래를 찾는 사람들〉 72
노리스 29, 30
노예 사회 68
《노자 도덕경》 143
논리 178, 200
논리 물신성 179
논리성 174
논리적 구조 96
《누가 잠자는 공주를 깨웠는가?》 29,

258

61, 62
〈늑대와 새끼양〉 73
〈니체: 철학과 해체〉 30
니체 145

다글라스, 메리 18, 82
《다시 쓰는 한국 현대사》 132
단편 201, 216, 221, 232, 239
〈닮은 방들〉 223
담론 104, 109, 201, 253
담화 254
담화 공동체 47, 48
〈당신에 대해서〉 29, 39, 40
당파성 11, 30, 35, 61, 86, 120, 125, 235
당파주의 119
대안문화 77, 237
대안문화운동 81
대중 104, 110, 239
대중 교육 251
대중 매체 17, 118, 251
대중 문학 208, 209, 218
대중 문화 208, 213
대중 미디어 100
대중 사회 15, 110, 208, 209
대중성 213, 214, 230
대중 소설 200, 210, 211, 213, 215
대중 소설가 214, 218
대중 작가 208, 209, 210, 214, 250
대중 작가론 208
대화주의 47
《데미안》 131

데리다 18
도구적 합리성 223
도덕성 17
도스토예프스키 129
도시공학 34
도시 중산층 221
독서 29, 41, 140
독서 감상부 129
독서 습관 137
독서 지도 158
독서 토론회 154
독자 206, 208, 213, 214, 220, 228, 243, 244, 249, 252, 253, 254
독자중심비평 57
독점자본주의 사회 108
독점자본주의와 문화공간 30
동양 철학 152
동양학계 181
동양학과 144
《동양학, 어떻게 할 것인가?》 180
동유럽 87
동화 61, 62, 64, 66, 68, 70, 71, 72, 73, 74, 75, 76, 77, 78, 79, 81, 82, 139, 141, 143, 153, 158
동화 다시 쓰기 35
동화 다시 읽기 139
동화 분석 31
디즈니 58, 72
디킨스, 에밀리 202
또 하나의 문화 9, 31, 206, 236

〈라쇼문〉 29
라카프라 29, 30, 76
《레테의 연가》 211
로버트 벨라 20
〈로보트 태권브이〉 149
롯데월드론 30
루소 143
르뽀르따쥬 221
르페브르 18
《리얼리즘》 244
리얼리즘 56, 232, 238, 244
리얼리즘 소설 244
리지스터, 체리 200, 202, 208

마오쩌둥 69
《마음의 습관 Habits of the Heart》 20
〈마징거 제트〉 72
만병통치약 171, 185, 187, 193
만화 134, 143, 163
맑스, 칼 69, 70, 75, 84, 85, 88, 89, 90, 91, 92, 93, 106, 107, 110, 111, 114, 115, 116, 117, 118, 119, 132, 143, 168
맑스·레닌주의적 방법 71
맑스 이론 91, 92, 93, 95, 97, 112, 114, 116, 117
맑스주의 62, 68, 88, 90, 91, 92, 93, 94, 95, 96, 101, 103, 104, 107, 111, 112, 113, 115, 118, 161, 166
맑스주의자 88, 90, 100, 110
맑스 철학 62, 88, 105, 110, 115, 116, 118

매개 개념 93
매매혼 241
멜로드라마류 209
명랑 시대 134
《모더니즘》 244
모더니즘 54
모짜르트 42
《목마른 계절》 195, 239
몰가치성 52
무정부주의적 116
문명비판론 228
문어체 88
문예이론 93
문자근본주의, 문자근본주의자 167, 168
문자 매체 9, 17
문학론 215
문학비평 29, 41, 48, 197
문학비평가 38, 58, 197
문학비평계 201
문학의 상품화 214, 215
문학의 역사성 199
문헌학적 비평작업 74
문화 17, 18, 21, 35, 82, 83, 89, 91, 92, 93, 94, 95, 100, 104, 110, 119, 125, 146, 167, 220, 224
문화결정론 83, 119
문화공간 115
문화/권력 28, 30
문화/권력 연구모임 8
문화기술지 20, 25
문화맑시즘 35

문화 분석 99, 103
문화 비평 199, 198
문화비평가 8
문화사회학 91
문화와 언어 93
문화운동 78
문화이론 8, 18, 19, 28, 32, 35, 48, 92, 128, 132, 139, 146, 155, 157, 164, 188
문화인류학 18, 73, 101, 198
문화 읽기 11, 83, 87, 119, 121
문화적 각본 31
문화적 상대주의 개념 20
문화적 유물론 92
문화 창조, 문화 창조자 76, 82
물질주의 224
〈미국 여성해방문학비평〉 200
민족문학작가회의 자유실천위원회 227
민족, 민중 문학 239
민족, 민중 운동 250
민족 9, 182
민족·민중 문학론 238
민족 모순 236
민족 문제 246, 247
민족 문학 181
민족 민주 운동 111
민족 민중문제 239
민족주의 181, 182
민족주의 문학 220
민족주의적 감정 55
민족주의적 리얼리즘 244
민주/반민주 110

민주화 투쟁 154
민중 212
민중권력 쟁취 133
민중 문학 211, 248
민중적 62
민중 해방 247

박경리 220
박완서 11, 30, 36, 195-254
박혜란 237
박화성 203
반계몽주의적 115
반공 교육 88
반공 이데올로기 84, 107
반동 권력 133
반동적인 전설 62
반미 문학 129
반지성주의 102
반체제 학생운동 81
발전 이데올로기 84, 107
방법론의 부재 250
방법론적 개인주의 178
《배반의 여름》 201
배금주의적 216
배타성 116, 228
〈백설공주〉 62, 63, 64
백기완 73, 75
백낙청 201, 219, 221, 222
〈뱉어라 금나귀〉 68, 69
버거, 존 244
베버, 막스 146

베토벤 42
벤야민, 발터 197
벨라, 로버트 20, 146
변증법 71, 94, 107, 108, 117, 118
변증법적 유물론 109, 178
보드리야르, 장 18
보르디외 18
보상심리 222
보수 반동적 166
보편적 법칙(성) 108, 187, 189
보편적 이론에 대한 집착 188
보편적 종교성 227
보편적 진리 19, 20, 220
보편주의 188
복고주의 17
복사기 183
본격문학 210
본질과 현상 112
본질주의(자) 112, 167, 188
봉건 127, 252
봉건적 가부장제 251
《부끄러움을 가르칩니다》 201, 226
부르주아 계급 69
부르주아 이데올로기 92
부문운동 236
부부관계 245, 252
부성 문화 237
부족 사회 20, 219
〈부처님 근처〉 226
북한 사회 165
분단 상황, 분단 현실 182, 239
불룸, 해롤드 184

브론테, 에밀리 202
브루머 180
비공식 역사 212
비참여작가 201
비취업 가정주부 224
비판 의식 227
비판 이론 115, 116
비판적 리얼리즘 244
빈민 문학 129
빨간 책 135
《빨간머리 앤》 152
빨간 모자 소녀 72

사나이 주식회사 200
사랑 31
사르트르, 장 폴 117
사이드, 에드워드 29, 41, 48
사적 유물론 92, 107, 108, 109, 117
사회구성체론 118
사회 구조 141, 142, 240, 243
사회 모순 220, 224
사회 변동 146, 166
사회 변혁 137, 166
사회비평적 소설 219
《사회주의 리얼리즘》 244
사회주의적 리얼리즘 244
산업사회 17, 198
산업자본주의화 16, 181
산업화 21, 189, 238
살린즈 18
《살아 있는 날의 시작》 239, 243

3차 산업 71, 111
삼황오제 61
상대주의 83, 119, 167, 180
상대주의적 개념 20
상부구조 89, 92, 94, 103, 115
상상력 78, 152, 159, 174, 221
상상적 공간 184
상시몽 70
상식 140, 156
상징 수단 69
《새로 쓰는 사랑 이야기》 31
〈새로 쓰는 신데렐라 이야기〉 60
《생명의 힘, 진실의 힘》 227
생명주의 225, 227, 228, 229, 250
생산 관계 108, 111
생산력 98, 108, 111
생산력 발달 110
생산 양식 108, 114, 115
생산양식론 113, 117
생산의 자동화 109
생활세계 212, 222, 223, 114, 226, 229, 250, 251
서구 맑스주의 92
서구 사회 19, 183
서구 수정주의자 92
서구 시민사회 216
《서 있는 여자》 221, 226, 239, 245
성경, 성서 44, 45, 156, 163, 167
성모순 226, 236, 248
성 문제 31, 176, 247
성민엽 208, 214, 215, 216, 217
성 범주 208

성의 상품화 241
성차별 60, 72, 110, 202, 203
성폭력 25, 226
소극적 저항 192, 224, 252
소련 113
소비사회 103, 251
소서사 19, 177
소시민사회 249
소시민성 178
소시민적 221, 222, 239, 243
소외계층 217
소외문제 241
소장파 남성비평가 200
소호시대 61
쇼펜하우어 145
수정주의자 91
순수문학 201, 219, 219
스멜서 146
스미스, 바바라 202
스탈린주의 91
스탠리 피쉬 29, 41, 48
스포츠 서울 108
〈시네마천국〉 54
시민 사회 69, 189
시민 혁명 69, 70
식민지 5, 7, 15, 16, 22, 23, 25, 119
식민지 사회 189
식민지성 5, 15, 22, 23, 24, 25, 34, 188, 192
식민지 지배과정 188
식민지 지식인 7, 8, 87, 192
식민 통치 25

식민화 14, 25, 223, 226, 229
신과학 운동 152
신데렐라 60, 64, 65, 66, 67, 72, 73, 80, 81
신동엽 154
신식민지 24, 110, 111
실존주의적 맑시즘 110
실증적 연구 110
심리적 리얼리즘 244
심청가, 심청전 73
쌩떽쥐베리 162

아이누 158
아도르노 18
아파트족 221
《안클 톰의 이야기》 157
안희남 203
애국적 실천 87
《얄개시대》 134
언설 16, 17, 86, 90, 107, 108, 110, 114, 118, 120
언설과 권력 110
언설/실천 110, 111, 115, 117, 118
언어 19, 22, 153, 160, 188, 212, 226
언어의 회복 47
언어 행위 45
〈얼음의 집〉 30, 132
《엄마의 말뚝》 227
엘리트주의적 200, 218, 249
엥겔스, 프리드리히 69
여류 220, 201, 203, 204, 218

여성권리선언 246
여성 노동력 236
여성 노동자 계급 247
여성 대중작가 210
여성 독자 243, 252
여성됨 219, 220, 228, 232, 251
여성 문제 158, 176, 219, 200, 225, 226, 236, 238, 241, 242, 246, 247, 248, 250
여성 문학 235, 236, 237, 239
여성문학론 238
여성 문화 237
여성 비평가 200, 201
여성비하의식 203
여성사연구회 195, 236, 246
여성상 60, 208
여성성 202, 220, 249
여성 세계 218
여성 심리 207
여성 억압 202, 250
여성 운동 223, 238, 250
여성의 삶 223, 238
여성의 역사 224
여성의 체험 235
여성 이야기꾼 253
여성 작가 200, 201, 202, 203, 204, 206, 208, 209, 217, 218, 220, 224, 236, 238, 250, 251
여성주의 228
여성주의 리얼리즘 238, 244, 252
여성주의적 방법론 232
여성학 172, 176
여성학대 소설가 207, 209

여성해방 81, 202, 250, 200, 201, 233,
    238, 247, 248
여성해방문학 201, 235, 236, 237, 243,
    246, 248
여성해방주의적 문학비평 199
여성혐오주의적인 비평가 247
여성혐오형 203
역사문헌학 62
《역사적 삶과 비평》 204
역사적 유물론적 방법 62
연우무대 74
《열린 사회 자율적 여성》 237
염무웅 243
엽전론 17
영화 28, 34, 146, 148, 159, 176
예비지식인 11, 35, 125
예수 17, 156
예술 28, 93, 94, 229
예술성 210
오독, 잘못 읽기 58, 203, 247
오생근 208, 209
오스틴, 제인 202
《오만과 몽상》 210
오정호 106
오정희 206
〈우리들의 일그러진 영웅〉 30
운동권 120, 131, 168
울프, 버지니아 246
원윤수 219, 232, 233, 234
원전 98
원천적 고독 225, 250
윌리스, 폴 18, 100, 101

윌리엄스, 레이먼드 29, 35, 88, 89, 90,
    91, 92, 93, 94, 95, 96, 97, 98, 99, 100,
    104, 105, 107
유교 17
유교권 국가 25
유럽 공동체 25
유물론 83, 119
유신 136
〈유실〉 228
유종호 219, 221, 222, 227
6·25 211, 212, 216, 238, 239, 249
이광래 30
《이념과 문학》 29, 93
이단 논쟁 168
이데올로기 93, 94, 103, 108, 115, 165,
    201, 220
이동렬 231, 232
이동하 208, 210, 211, 212, 213
이명호 236
이문열 30, 210, 211
이방 문화 20
이분법 213, 214
이분법적 개념화 89
이분법적 구조 90
이산가족 211, 212
이산가족찾기 운동 211
이선영 219, 227, 228, 229
이순예 235
이인성 29, 35, 37, 39, 40, 41, 43, 44, 45,
    46, 47, 48, 49, 50, 51, 53, 54, 55, 56,
    57, 58, 76
이청준 211

이한열 106
일상성 188, 206, 213, 216, 224
일상적 삶 25, 128, 211, 217, 218, 219, 224, 231
일상적 주변 28
일상적 체험 189
입시 위주의 교육 23, 163, 167, 189
입시 전쟁 19, 125
입시 준비 131, 160, 161
입시 중독증 104, 126, 161, 164
잉여 가치 70

〈자루야 몽둥이〉 69
자기 성찰 15, 58, 128, 177, 217
자본주의 20, 51, 62, 99, 114, 115, 116, 127, 188, 216, 220, 223, 236
자본주의의 모순 100
자본주의적 가부장제 251
자본주의적 계급화 103
자본주의적 음모 224
자본주의화 100, 216, 222, 223, 250
자서전적 진술 54
자아분열증 252
자아 성찰 6, 7, 8, 16, 17, 168
자연주의적 리얼리즘 244
자유주의 115, 118
《잠자는 숲속의 공주》 59, 72
저속성 210
저항 이데올로기 182
적극적, 전면적 진실성 76, 183, 214, 217

전개과정 211
전승희 195, 238
전통 17, 30, 81, 202, 203, 208, 249
전통 문화 28
전통부활 85, 107
전통적 여성성 204, 207
절반의 실패 195, 247
정보 양식 111, 114, 115, 118
정보화 사회 103, 114, 117
정서구조 104, 105
정신분석학 62, 74
정신분열증 19
정영자 204, 207, 209
정은희 235
정전(正典) 125
정찬 30, 132
정창범 204
정체성 52, 135
정체 현상 74
제3세계 16, 23, 110, 182
제국주의 14, 20, 25, 96, 182, 182
제도 교육 155, 192
제임슨 18
〈조그만 체험기〉 222
조작적 개념 180
조혜정 30, 31, 173, 177, 235, 237
《죄와 벌》 129
《주부, 그 막힘과 트임》 206
주체성 76, 78, 93,
주체 의식 95, 205
주체적 문화 향유자 82
주체적 여성 202

〈죽음의 굿판을 당장 집어치워라〉 120
준거집단 193, 248
중심과 주변 25
〈지렁이의 울음소리〉 223
진보적 지식인 244
진보적 학문 공동체 87
《집 없는 시대의 문학》 210, 211
처세술 분석 31
천년왕국 156
청소년 136
초월적 심성 226, 227
초주관주의적 리얼리즘 244
총체 이론화 117
칸트, 임마누엘 181
칼라일 202
캠브리지 대학 19
컴퓨터 118, 148
쿤데라, 밀란 143
탈가부장제 25
탈구조주의 111
탈맑시즘 88
탈여류문학 237
탈이데올로기 90
탈정치화 165
텍스트 29, 41, 48
텔레비전 223
〈토끼와 거북이〉 74
토론 없는 토론 121
토착화 168
통속 소설 64
통일지향적 정권 110
통합국가주의 181

파슨스 146
파시스트적 17
판매부수 204
판본 62
패배주의 16, 51
페다고지 7
페미니스트 32
페처, 이링 29, 61, 62, 63, 64, 67, 68, 71, 72, 74, 75
펭퐁, 핑 68
포스터, 마크 29, 88, 107, 109, 114, 115, 116
포스트-맑스적 35
포스트모더니즘 110, 111, 146
《포스트모더니즘과 비판사회과학》 88
포스트 모던 57, 109
《포스트모던 시대의 작가들》 48
《폭풍의 언덕》 202
《푸코, 마르크시즘, 역사》 29, 107, 113
푸코, 미셸 18, 29, 39, 48, 56, 88, 90, 108, 107, 109, 112-119
풍속소설 211
풍자와 설교 232
풍자주의적 리얼리즘 244
프랑스 대혁명 69
프로이드 75
프롤레타리아 70, 111
프롤레타리아 혁명 69
피난민 의식 212
피상적 155, 252
피쉬, 스탠리 29, 41, 48
피식민지 25

하버마스, 위르겐 18, 223
하부구조 89, 92, 115
하층계급 여성 240
학생운동 103, 104, 112, 113, 146
학자 공동체 182
학점 따기 163
학회 19, 131, 142, 143, 146, 174
학회 세미나 138
학회활동 140, 146, 172
《한겨레 신문》 87, 108
한국 여성문학 235, 237
한국의 페미니즘 문학 235, 237
《한없이 낮은 숨결》 29
한국단편문학 140
한국 문학 143, 221
한국문학평론가협회 207
한국 여성 225, 228
한국여성연구회 236, 238, 246
한*탕주의 212
한태동 152
《해방구를 찾아서》 106
《해방 40년의 문학》 209
해석본 62
해석 집단 46, 76, 81
해석학 178
해체 25, 116
해체주의 49, 111, 146
《해체주의란 무엇인가?》 30
핵가족 103, 128, 251
핵 오염 110
〈행운아 한스〉 73
허무주의 51

헐리우드 54, 64, 81
헤게모니 91, 93, 94
헤세, 헤르만 143
〈헨젤과 그레텔〉 71
《현대문학》 204
현실주의 57, 239, 240
현학적 88, 95, 179, 105, 120
혈연성 188
형식적 리얼리즘 244
홀로 서기 245-246
홈스바움 18
홍정선 204, 205, 206, 207
화이어스톤 200
환경 운동 25
환상적 리얼리즘 244
환원주의 112
황동규 244
《황제를 위하여》 210
《황홀경의 사랑》 229
후기 구조주의 117
후기 산업사회 28, 111
후기자본주의 사회 116
후기자본주의적 7
후르시초프 91
《휘청거리는 오후》 201, 209, 222, 225, 239, 241
후거설 85, 107
휴머니스트 110
휴머니티 217
흑인(운동) 81, 202

조혜정

|

1948년 가을에 부산에서 태어났다.
연세대 사학과를 졸업하고
미국 미주리 대학교와 캘리포니아 대학교(U.C.L.A.)에서
문화인류학으로 석사와 박사 학위를 받았다.
1979년에 귀국하여 줄곧 연세대 사회학과에서 강의해 왔고,
현재 연세대 사회학과 교수로 재직중이다.
학사 논문은 서울 남산의 부락굿을
중심으로 한 민중적 의례에 관한 것이었고,
석사 논문은 뉴욕, 시카고, 로스엔젤레스 등
미국 대도시의 〈하레 크리시나〉절에서 한 현장연구를 토대로
1970년대 초반 미국의 반문화 운동에 관하여
썼다.
박사 논문은 제주 해녀 사회에 대한 문화기술지적 연구로,
이 이후 한국 사회의 가부장제에 관한 연구를 계속해 왔다.
저서로는 《한국의 여성과 남성》(1988, 문학과 지성사)이 있고,
마가렛 미드의 《세 부족 사회에서의 성과 기질》
(1988, 이대 출판부)을 번역했다.
역사와 생활세계가 만나는 지점에서
문화분석적인 탐구를 줄곧 해온 셈인데,
현재는 교육현장과 대중적 담론의 영역에서
작업을 하고 있다. 최근에는 자신의 연구 작업을
영상화하는 것에도 많은 관심을 쏟고 있다.

탈식민지 시대 지식인의
글 읽기와 삶 읽기 1

바로 여기 교실에서

초판 발행일	1992년 10월 7일
증보판 발행일	1995년 10월 9일
증보판 18쇄 발행일	2015년 6월 23일
지은이	조혜정
펴낸이	유승희
펴낸곳	도서출판 또 하나의 문화

121-899·서울 마포구 와우산로 174-5 대재빌라 302호
전화·(02) 324-7486
팩스·323-2934
전자우편 tomoon@tomoon.com 누리집 www.tomoon.com
등록번호 ──────── 1987년 12월 29일 제9-129호

※ 잘못된 책은 바꾸어 드립니다.
※ 책값은 뒤표지에 있습니다.

ⓒ 조혜정, 1994
ISBN 89-85635-03-4 03330